9급 공무원 전산직

정보보호론

기출문제 정복하기

KB158832

9급 공무원 전산직
정보보호론 기출문제 정복하기

초판 인쇄 2022년 1월 10일
초판 발행 2022년 1월 12일

편 저 자 | 공무원시험연구소
발 행 처 | ㈜서원각
등록번호 | 1999-1A-107호
주   소 | 경기도 고양시 일산서구 덕산로 88-45(가좌동)
교재주문 | 031-923-2051
팩   스 | 031-923-3815
교재문의 | 카카오톡 플러스 친구[서원각]
영상문의 | 070-4233-2505
홈페이지 | www.goseowon.com
책임편집 | 정유진
디 자 인 | 이규희

모든 시험에 앞서 가장 중요한 것은 출제되었던 문제를 풀어봄으로써 그 시험의 유형 및 출제 경향, 난도 등을 파악하는 데에 있다. 이를 통해 반복적으로 강조되어 온 이론 이나 내용을 확인하고 응용되는 문제 유형을 파악하여 보다 효율적으로 학습할 수 있다. 즉, 최단시간 내 최대의 학습효과를 거두기 위해서는 기출문제의 분석이 무엇보다도 중요하다는 것이다.

정보보호론 과목은 정보보호론에 관한 전반적인 사항 및 암호학, 보안, 디지털 포렌식, 관련 법령까지 전문적인 내용을 학습해야 한다. 그러므로 더욱 더 기출문제를 기반으로 빈출되는 문제를 확인하여 집중적인 학습이 필요하다.

9급 공무원 전산직 정보보호론 기출문제집은 이를 주지하고 그동안 시행되어온 국가직, 지방직, 서울시 기출문제를 연도별로 수록하여 수험생들에게 매년 다양하게 변화하고 있는 출제 경향에 적응하여 단기간에 최대의 학습효과를 거둘 수 있도록 하였다.

9급 공무원 시험의 경쟁률이 해마다 점점 더 치열해지고 있다. 이럴 때 일수록 기본적인 내용에 대한 탄탄한 학습이 빛을 발한다. 수험생 모두가 자신을 믿고 본서와 함께 끝까지 노력하여 합격의 결실을 맺기를 희망한다.

1%의 행운을 잡기 위한 99%의 노력! 본서가 수험생 여러분의 행운이 되어 합격을 향한 노력에 힘을 보탤 수 있기를 바란다.

Structure

● 기출문제 학습비법

step 01
실제 출제된 기출문제를 풀어보며 시험 유형과 출제 패턴을 파악해 보자! 스톱워치를 활용하여 풀이 시간을 체크해 보는 것도 좋다.

step 02
정답을 맞힌 문제라도 꼼꼼한 해설을 통해 기초부터 심화 단계까지 다시 한 번 학습 내용을 확인해 보자!

step 03
오답분석을 통해 내가 취약한 부분을 파악하자. 직접 작성한 오답노트는 시험 전 큰 자산이 될 것이다.

step 04
합격의 비결은 반복학습에 있다. 집중하여 반복하다보면 어느 순간 모든 문제들이 내 것이 되어 있을 것이다.

● **본서의 특징 및 구성**

기출문제분석
최신 기출문제를 비롯하여 그동안 시행된 기출문제를 수록하여 출제경향을 파악할 수 있도록 하였습니다. 기출문제를 풀어봄으로써 실전에 보다 철저하게 대비할 수 있습니다.

상세한 해설
매 문제 상세한 해설을 달아 문제풀이만으로도 학습이 가능하도록 하였습니다. 문제풀이와 함께 이론정리를 함으로써 완벽하게 학습할 수 있습니다.

Contents

기출문제

Success is the ability to go from one failure
to another with no loss of enthusiasm.

Sir Winston Churchill

공무원 시험
기출문제

정보보호론

1 다음에서 설명하는 공격방법은?

> 정보보안에서 사람의 심리적인 취약점을 악용하여 비밀정보를 취득하거나 컴퓨터 접근권한 등을 얻으려고 하는 공격방법이다.

① 스푸핑 공격   ② 사회공학적 공격

③ 세션 가로채기 공격   ④ 사전 공격

2 능동적 보안 공격에 해당하는 것만을 모두 고른 것은?

> ㉠ 도청   ㉡ 감시
> ㉢ 신분위장   ㉣ 서비스 거부

① ㉠, ㉡   ② ㉠, ㉢

③ ㉡, ㉢   ④ ㉢, ㉣

3 다음에서 설명하는 재해복구시스템의 복구 방식은?

> 재해복구센터에 주 센터와 동일한 수준의 시스템을 대기상태로 두어, 동기적 또는 비동기적 방식으로 실시간 복제를 통하여 최신의 데이터 상태를 유지하고 있다가, 재해 시 재해복구센터의 시스템을 활성화 상태로 전환하여 복구하는 방식이다.

① 핫 사이트(Hot Site)   ② 미러 사이트(Mirror Site)

③ 웜 사이트(Warm Site)   ④ 콜드 사이트(Cold Site)

1 사회공학적 공격이란 시스템이나 네트워크의 취약점을 이용한 해킹기법이 아니라 사회적이고 심리적인 요인을 이용하여 해킹하는 것을 가리키는 것으로 흔히 미숙한 사용자들이 능숙한 해커의 사회 공학적 공격 대상이 된다.

2 능동적 공격
  ㉠ **무차별 공격(Brute-Force)** : 암호 해독 가능성이 있어보이는 모든 조합을 대입하려는 시도
  ㉡ **신분위장(Masquerading)** : spoofing과 동의어. 권한을 가진 사람처럼 가장할 수 있는 데이터를 사용해 공격하는 방법이다.
  ㉢ **패킷 재사용(Packet Replay)** : 전송되는 패킷을 기록하여 이를 재사용 한다.
  ㉣ **메시지 수정(Message Modification)** : 전송되는 패킷을 가로채어 변경하고 이를 전송함으로써 본래의 메시지를 변형시키는 방법이다.
  ㉤ **서비스 거부 공격(Denial of service Attack)** : 한 사용자가 시스템의 리소스를 모두 독점하거나 파괴함으로써 다른 사용자들의 서비스 이용을 불가능하게 만드는 공격이다. SYN Flooding, ping Flooding, DDoS 등의 유형이 있다.

3 ① 핫 사이트(Hot Site)란 시스템 재해 복구 방안으로 주요 데이터 및 시스템과 애플리케이션 환경을 실시간으로 원격지에 복제하여 재해 발생 시 최단 시간 내에 데이터 유실 없이 복구할 수 있도록 이중화하는 방식이다. 시스템 환경이 이중화되어 있으므로 상시 시스템 검증이 가능한 이상적인 방식이나, 이중화 설비 투자 및 전용선 유지 비용이 많이 든다.
  ② 미러 사이트(Mirror Site)란 다른 사이트의 정보를 그대로 복사하여 관리하는 사이트이다.
  ③ 웜 사이트(Warm Site)란 쿨 사이트와 핫 사이트의 절충 사이트로서 이 사이트들에는 하드웨어가 있고 연결이 이미 확립되어 있지만 원래의 생산 사이트나 핫 사이트보다도 규모가 작은 편이다.
  ④ 콜드 사이트(Cold Site)란 재해 발생을 대비하여 평상시 주기적으로 주요 데이터를 백업해 보관하거나 소산해 두고 재해 발생 시에 시스템 운용을 재개할 수 있도록 별도의 물리적인 공간과 전원 및 배전 설비, 통신 설비 등을 이용하는 복구 방식이다.

정답 및 해설 1.② 2.④ 3.①

4 정보보안의 기본 개념에 대한 설명으로 옳지 않은 것은?

① Kerckhoff의 원리에 따라 암호 알고리즘은 비공개로 할 필요가 없다.
② 보안의 세 가지 주요 목표에는 기밀성, 무결성, 가용성이 있다.
③ 대칭키 암호 알고리즘은 송수신자 간의 비밀키를 공유하지 않아도 된다.
④ 가용성은 인가된 사용자에게 서비스가 잘 제공되도록 보장하는 것이다.

5 공개키 기반 구조(PKI : Public Key Infrastructure)의 인증서에 대한 설명으로 옳은 것만을 모두 고른 것은?

> ㉠ 인증기관은 인증서 및 인증서 취소목록 등을 관리한다.
> ㉡ 인증기관이 발행한 인증서는 공개키와 공개키의 소유자를 공식적으로 연결해 준다.
> ㉢ 인증서에는 소유자 정보, 공개키, 개인키, 발행일, 유효기간 등의 정보가 담겨 있다.
> ㉣ 공인인증서는 인증기관의 전자서명 없이 사용자의 전자서명만으로 공개키를 공증한다.

① ㉠, ㉡
② ㉠, ㉢
③ ㉡, ㉢
④ ㉢, ㉣

6 메시지 인증 코드(MAC : Message Authentication Code)를 이용한 메시지 인증 방법에 대한 설명으로 옳지 않은 것은?

① 메시지의 출처를 확신할 수 있다.
② 메시지와 비밀키를 입력받아 메시지 인증 코드를 생성한다.
③ 메시지의 무결성을 증명할 수 있다.
④ 메시지의 복제 여부를 판별할 수 있다.

4 대칭키 암호 알고리즘은 암호화 알고리즘의 한 종류로, 암호화와 복호화에 같은 암호키를 쓰는 알고리즘을 의미한다. 대칭키 암호에서는 암호화를 하는 측과 복호화를 하는 측이 같은 암호키를 공유해야 한다. 많은 암호화 통신에서는 비밀키 암호를 사용하여 대칭키 암호의 공통 키를 공유하고 그 키를 기반으로 실제 통신을 암호화하는 구조를 사용한다.

　※ 정보보안의 3요소
　　　㉠ 기밀성 : 비인가된 개인, 단체 등으로부터 정보보호를 한다.
　　　㉡ 무결성 : 정보의 저장, 전달시 비인가된 방식으로 정보와 소프트웨어가 변경·파괴·훼손되지 않도록 정확성, 완전성을 보호한다.
　　　㉢ 가용성 : 인가된 사용자가 정보나 서비스를 요구할 때 사용하도록 하는 것이다.

5　• 공개키 기반 구조(PKI : Public Key Infrastructure) … 공개키 암호방식에서 사용자의 공개키를 안전하고 신뢰성있게 인증하는 수단을 제공하며 사용자 공개키와 사용자 ID를 안전하게 전달하는 방법과 공개키를 신뢰성있게 관리하기 위한 수단을 제공한다.
　• 인증서 … 한 쌍의 공개키/개인키와 특정사람/기관을 연결시켜주는 해당 키가 특정인의 것이라는 것을 보증해 주는 것이다.
　• 인증기관(CA) … 인증정책을 수립하고, 인증서 및 인증서 효력정지 및 폐지목록을 관리하며, 다른 CA와 상호인증을 제공한다.

　※ 인증기관의 주요 역할
　　　㉠ 키 쌍의 작성 : 이용자가 키 쌍을 작성할 때는 PKI의 이용자가 행하는 경우와 인증기관이 행하는 경우 두 가지가 있다.
　　　㉡ 인증서 등록
　　　㉢ 인증서 폐지

6　메시지 인증 코드(MAC : Message Authentication Code)란 메시지에 붙여지는 작은 데이터 블록을 생성하기 위해 비밀키를 이용하는 것으로 전송되는 메시지의 무결성과 인증이 가능하다.

정답 및 해설 4.③ 5.① 6.④

7 위험 분석에 대한 설명으로 옳지 않은 것은?

① 자산의 식별된 위험을 처리하는 방안으로는 위험 수용, 위험 회피, 위험 전가 등이 있다.

② 자산의 가치 평가를 위해 자산구입비용, 자산유지보수비용 등을 고려할 수 있다.

③ 자산의 적절한 보호를 위해 소유자와 책임소재를 지정함으로써 자산의 책임추적성을 보장받을 수 있다.

④ 자산의 가치 평가 범위에 데이터베이스, 계약서, 시스템 유지보수 인력 등은 제외된다.

8 유닉스(Unix)의 로그 파일과 기록되는 내용을 바르게 연결한 것은?

㉠ history : 명령창에 실행했던 명령 내역

㉡ sulog : su 명령어 사용 내역

㉢ xferlog : 실패한 로그인 시도 내역

㉣ loginlog : FTP 파일 전송 내역

---

① ㉠, ㉡

② ㉠, ㉢

③ ㉡, ㉢

④ ㉢, ㉣

9 전송계층 보안 프로토콜인 TLS(Transport Layer Security)가 제공하는 보안 서비스에 해당하지 않는 것은?

① 메시지 부인 방지

② 클라이언트와 서버 간의 상호 인증

③ 메시지 무결성

④ 메시지 기밀성

7 위험분석이란 자산, 위협, 취약점, 기존 보호대책 등을 분석하여 종류와 규모를 결정하는 것이다.

※ 위험 평가를 위한 요소

ⓐ 자산(Asset) : 조직이 보호해야 할 대상으로 정보, 하드웨어, 소프트웨어, 시설 등을 말하며 인력 및 기업 이미지 등 무형 자산도 포함된다.

ⓑ 취약점(Vulnerability) : 정보시스템이나 조직의 결함으로 위협의 원인이 되는 관리적, 물리적, 기술적 약점이다.

ⓒ 위협(Threat) : 정보시스템이나 조직에 해를 끼치는 사건 및 행동으로, 가로채기, 가로막음, 변조 및 위조 등이 있다.

ⓓ 위험(Risk) : 비정상적인 일이 발생할 수 있는 가능성을 말하며, '자산 × 위협 × 취약점'으로 표현된다.

8 유닉스(Unix)의 로그 유형

ⓐ history : 명령창에 실행했던 명령 내역

ⓑ sulog : switch user 명령어 사용 내역

ⓒ xferlog : FTP 파일 전송 내역

ⓓ loginlog : 5번 이상 로그인 실패를 했을 때 로그인 실패 정보를 기록한다.

9 TLS(Transport Layer Security)란 전달되는 메일 내용을 암호화하여 비밀성을 유지하기 위해 사용하는 통신규약으로 메일을 송수신하는 과정에서 네트워크상에서 도청과 '스니핑'(네트워크상에서 자신이 아닌 다른 상대방들의 패킷 교환을 훔쳐보는 행위)을 방지할 수 있다.

TLS 프로토콜은 공개키 인증서에 의존하는 웹 환경에서 클라이언트와 서버 간의 일방향 또는 상호인증에 필요한 기능을 포함하고 있으며, TLS에서 제공되는 기능은 메시지의 기밀성과 무결성이다.

정답 및 해설 7.④ 8.① 9.①

10 다음에 제시된 〈보기 1〉의 사용자 인증방법과 〈보기 2〉의 사용자 인증도구를 바르게 연결한 것은?

〈보기 1〉

㉠ 지식 기반 인증
㉡ 소지 기반 인증
㉢ 생체 기반 인증

〈보기 2〉

A. OTP 토큰
B. 패스워드
C. 홍채

	㉠ ㉡ ㉢		㉠ ㉡ ㉢
①	A B C	②	A C B
③	B A C	④	B C A

11 다음에서 설명하는 스니퍼 탐지 방법에 이용되는 것은?

- 스니핑 공격을 하는 공격자의 주요 목적은 사용자 ID와 패스워드의 획득에 있다.
- 보안 관리자는 이 점을 이용해 가짜 ID와 패스워드를 네트워크에 계속 보내고, 공격자가 이 ID와 패스워드를 이용하여 접속을 시도할 때 스니퍼를 탐지한다.

① ARP
② DNS
③ Decoy
④ ARP watch

10 ㉠ 지식 기반 인증이란 사람의 지식에 따른 내용으로 인증하는 방식으로 사람의 습관에 따라 패스워드를 설정
　　함으로 인해 유추가 쉽고 보안성이 떨어지지만 관리가 편하고 구축이 용이하다는 장점이 있다.
　㉡ 소지 기반 인증이란 소지한 별도 매체의 고유정보를 직접 제시하거나 매체에 대한 분실우려가 있으며 대표
　　적으로 OTP토큰, 보안카드, 공인인증서가 있다.
　㉢ 생체 기반 인증이란 신체의 특성을 이용한 지문인식, 홍채인식, 망막인식, 손모양, 안면인식 등이 있고 행위
　　특성으로는 음성인식과 서명이 있다.

11 ① ARP : ping과 유사한 방법으로 위조된 ARP Request를 보냈을 때 ARP Response를 되돌려 보낸다.
　② DNS : 일반적으로 스니핑 프로그램은 사용자의 편의를 위해 스니핑한 시스템의 IP 주소를 Inverse – DNS lookup
　　을 수행한다. 이는 원격과 로컬에서 모두 사용할 수 있는 방법으로, 테스트 대상 네트워크로 Ping Sweep을
　　보내고 들어오는 Inverse-DNS lookup을 감시하여 스니퍼를 탐지한다.
　③ Decoy : 유인방법으로, 스니핑 공격을 하는 공격자의 주요 목적은 계정과 패스워드의 획득에 있다. 보안 관
　　리자는 이점을 이용해 가짜 계정과 패스워드를 네트워크에 계속 뿌린다. 공격자는 이 계정과 패스워드를 이
　　용해 접속을 시도하고 이 접속을 시도하는 시스템을 탐지함으로써 스니퍼를 탐지할 수 있다.
　④ ARP watch : 초기에 MAC 주소와 IP 주소의 매칭 값을 저장하고 ARP 트래픽을 모니터링하여 이를 변하게
　　하는 패킷이 탐지되면 관리자에게 메일로 알려주는 툴이다. 대부분의 공격 기법이 위조된 ARP를 사용하기
　　때문에 이를 쉽게 탐지할 수 있다.

정답 및 해설 10.③　11.③　12.③

12 「정보통신망 이용촉진 및 정보보호 등에 관한 법률」상 용어의 정의에 대한 설명으로 옳지 않은 것은?

① 정보통신서비스 : 「전기통신사업법」 제2조제6호에 따른 전기통신역무와 이를 이용하여 정보를 제공하거나 정보의 제공을 매개하는 것

② 정보통신망 : 「전기통신사업법」 제2조제2호에 따른 전기통신설비를 이용하거나 전기통신설비와 컴퓨터 및 컴퓨터의 이용기술을 활용하여 정보를 수집·가공·저장·검색·송신 또는 수신하는 정보통신체제

③ 통신과금서비스이용자 : 정보보호제품을 개발·생산 또는 유통하는 사람이나 정보보호에 관한 컨설팅 등과 관련된 사람

④ 침해사고 : 해킹, 컴퓨터바이러스, 논리폭탄, 메일폭탄, 서비스 거부 또는 고출력 전자기파 등의 방법으로 정보통신망 또는 이와 관련된 정보시스템을 공격하는 행위를 하여 발생한 사태

13 다음에서 설명하는 웹 서비스 공격은?

> 공격자가 사용자의 명령어나 질의어에 특정한 코드를 삽입하여 DB 인증을 우회하거나 데이터를 조작한다.

① 직접 객체 참조
② Cross Site Request Forgery
③ Cross Site Scripting
④ SQL Injection

14 안드로이드 보안에 대한 설명으로 옳지 않은 것은?

① 리눅스 운영체제와 유사한 보안 취약점을 갖는다.
② 개방형 운영체제로서의 보안정책을 적용한다.
③ 응용프로그램에 대한 서명은 개발자가 한다.
④ 응용프로그램 간 데이터 통신을 엄격하게 통제한다.

---

12 '통신과금서비스이용자'란 통신과금서비스제공자로부터 통신과금서비스를 이용하여 재화 등을 구입·이용하는 자를 말한다〈정보통신망 이용촉진 및 정보보호 등에 관한 법률 제2조 제12호〉.

13 SQL 삽입(SQL Injection) ⋯ 응용프로그램 보안 상의 허점을 의도적으로 이용해, 개발자가 생각지 못한 SQL문을 실행되게 함으로써 데이터베이스를 비정상적으로 조작하는 공격 방법이다.

14 안드로이드는 휴대 전화를 비롯한 휴대용 장치를 위한 운영체제와 미들웨어, 사용자 인터페이스 그리고 표준 응용 프로그램을 포함하고 있는 소프트웨어 스택이자 모바일 운영체제이다. 안드로이드 운영체제의 특징은 어느 스마트폰 제조사든 자사 제품에 적용할 수 있도록 한 '개방형 시스템'이다. 반면에 애플 iOS는 애플 제품에만 적용된다.

정답 및 해설 12.③ 13.④ 14.④

15 개인정보 보호 인증(PIPL) 제도에 대한 설명으로 옳은 것은?

① 물리적 안전성 확보조치 심사영역에는 악성 소프트웨어 통제 심사항목이 있다.
② 인증절차는 인증심사 준비단계, 심사단계, 인증단계로 구성되며, 인증유지관리를 위한 유지관리 단계가 있다.
③ 개인정보 보호를 위해 관리계획 수립과 조직구축은 정보주체 권리보장 심사영역에 속한다.
④ 인증을 신청할 수 있는 기관은 공공기관에 한정한다.

16 해킹에 대한 설명으로 옳지 않은 것은?

① SYN Flooding은 TCP 연결설정 과정의 취약점을 악용한 서비스 거부 공격이다.
② Zero Day 공격은 시그니처(signature) 기반의 침입탐지시스템으로 방어하는 것이 일반적이다.
③ APT는 공격대상을 지정하여 시스템의 특성을 파악한 후 지속적으로 공격한다.
④ Buffer Overflow는 메모리에 할당된 버퍼의 양을 초과하는 데이터를 입력하는 공격이다.

17 사용자와 인증 서버 간 대칭키 암호를 이용한 시도-응답(Challenge-Response) 인증방식에 대한 설명으로 옳지 않은 것은?

① 재전송 공격으로부터 안전하게 사용자를 인증하는 기법이다.
② 인증 서버는 사용자 인증을 위해 사용자의 비밀키를 가지고 있다.
③ 사용자 시간과 인증 서버의 시간이 반드시 동기화되어야 한다.
④ Response값은 사용자의 비밀키를 사용하여 인증 서버에서 전달받은 Challenge값을 암호화한 값이다.

15 개인정보 보호 인증(PIPL : personal information protection level) 제도 … 개인정보처리자의 개인정보 보호 관리 체계 구축 및 개인정보 보호조치 사항을 이행하고 일정한 보호 수준을 갖춘 경우에 인증 마크를 부여하는 제도로 개인정보 보호인증의 적용대상은 개인정보를 처리하는 공공기관, 민간기업 법인, 단체 및 개인 등 모든 공공기관 및 민간 개인정보처리자를 대상으로 한다.

16 제로 데이 공격(제로 데이 위협, Zero-Day Attack) … 컴퓨터 소프트웨어의 취약점을 공격하는 기술적 위협으로, 해당 취약점에 대한 패치가 나오지 않은 시점에서 이루어지는 공격을 말한다. 이러한 시점에서 만들어진 취약점 공격(익스플로잇)을 제로 데이 취약점 공격이라고도 한다.

17 시도-응답(Challenge-Response) 인증방식 … OTP와 유사하게 일회성 해시값을 생성하여 사용자를 인증하는 방식이다.
   ※ 인증절차
     ㉠ 네트워크 접속 서버나 인증서버가 랜덤값을 생성하여 클라이언트에 전송한다.
     ㉡ 클라이언트는 수신한 시도(Challenge)와 패스워드 함수 알고리즘을 적용한 결과를 반환한다.
     ㉢ 응답을 받은 서버는 클라이언트와 같은 해시 단계를 거쳐 클라이언트의 결과값과 비교한다.
     ㉣ 결과가 일치하면 인증완료가 된다.

정답 및 해설 15.② 16.② 17.③

18 국제공통평가기준(Common Criteria)에 대한 설명으로 옳지 않은 것은?

① 국가마다 서로 다른 정보보호시스템 평가기준을 연동하고 평가결과를 상호인증하기 위해 제정된 평가기준이다.

② 보호 프로파일(Protection Profiles)은 특정 제품이나 시스템에만 종속되어 적용하는 보안기능 수단과 보증수단을 기술한 문서이다.

③ 평가 보증 등급(EAL : Evaluation Assurance Level)에서 가장 엄격한 보증(formally verified) 등급은 EAL7이다.

④ 보안 요구조건을 명세화하고 평가기준을 정의하기 위한 ISO/IEC 15408 표준이다.

19 다음에서 설명하는 윈도우 인증 구성요소는?

> • 사용자의 계정과 패스워드가 일치하는 사용자에게 고유의 SID(Security Identifier)를 부여한다.
> • SID에 기반을 두어 파일이나 디렉터리에 대한 접근의 허용 여부를 결정하고 이에 대한 감사 메시지를 생성한다.

① LSA(Local Security Authority) ② SRM(Security Reference Monitor)
③ SAM(Security Account Manager) ④ IPSec(IP Security)

20 「개인정보 보호법」상 주민등록번호 처리에 대한 설명으로 옳지 않은 것은?

① 주민등록번호를 목적 외의 용도로 이용하거나 이를 제3자에게 제공하지 아니하면 다른 법률에서 정하는 소관 업무를 수행할 수 없는 경우, 개인인 개인정보처리자는 개인정보 보호위원회의 심의·의결을 거쳐 목적 외의 용도로 이용하거나 이를 제3자에게 제공할 수 있다.

② 행정안전부장관은 개인정보처리자가 처리하는 주민등록번호가 유출된 경우에는 5억원 이하의 과징금을 부과·징수할 수 있으나, 주민등록번호가 유출되지 아니하도록 개인정보처리자가 「개인정보 보호법」에 따른 안전성 확보에 필요한 조치를 다한 경우에는 그러하지 아니하다.

③ 개인정보처리자는 정보주체가 인터넷 홈페이지를 통하여 회원으로 가입하는 단계에서는 주민등록번호를 사용하지 아니하고도 회원으로 가입할 수 있는 방법을 제공하여야 한다.

④ 개인정보처리자는 주민등록번호가 분실·도난·유출·변조 또는 훼손되지 아니하도록 암호화 조치를 통하여 안전하게 보관하여야 한다.

18 국제공통평가기준(Common Criteria) ⋯ 세계 여러 국가에서 개발·생산되고 있는 정보보호제품에 대한 평가기준을 국제적으로 표준화한 체계로 국가마다 상이한 평가기준을 연동시키고 평가결과를 상호인증하기 위해 제정된 평가기준이다.

② 보호 프로파일은 정보보호 시스템의 보안 요구 사항을 국제공통평가기준을 준용하여 작성한 것으로 정보보호제품, 시스템 군별 보안기능 및 보안 요구사항 등이 포함된다.

19 보안 참조 모니터(SRM : Security Reference Monitor) ⋯ 사용자가 특정 객체에 액세스할 권리가 있는지, 또 해당 객체에 특정 행위를 할 수 있는지를 검사하는 기능이다. 접속확인과 보안 정책 및 사용자 인증을 위한 감사를 시행하며, 사용자가 파일이나 디렉토리에 접근하면 사용자의 계정을 검사해서 접근 허용 여부를 결정하고 필요 시 그 결과를 감사 메시지로 생성한다. 보안 참조 모니터(SRM)는 자원 형태에 상관 없이 시스템 전체에서 동일하게 보호될 수 있도록 접근 확인 코드를 가지고 있다.

20 ② 개인정보처리자는 다음 각 호의 어느 하나에 해당하는 경우에는 정보주체 또는 제3자의 이익을 부당하게 침해할 우려가 있을 때를 제외하고는 개인정보를 목적 외의 용도로 이용하거나 이를 제3자에게 제공할 수 있다. 다만, 이용자의 개인정보를 처리하는 정보통신서비스 제공자의 경우 제1호·제2호의 경우로 한정하고, 제5호부터 제9호까지의 경우는 공공기관의 경우로 한정한다.

※ 2020. 2. 4. 개정, 2020. 5. 8. 시행

1. 정보주체로부터 별도의 동의를 받은 경우
2. 다른 법률에 특별한 규정이 있는 경우
3. 정보주체 또는 그 법정대리인이 의사표시를 할 수 없는 상태에 있거나 주소불명 등으로 사전 동의를 받을 수 없는 경우로서 명백히 정보주체 또는 제3자의 급박한 생명, 신체, 재산의 이익을 위하여 필요하다고 인정되는 경우
4. 삭제 〈2020. 2. 4.〉
5. 개인정보를 목적 외의 용도로 이용하거나 이를 제3자에게 제공하지 아니하면 다른 법률에서 정하는 소관 업무를 수행할 수 없는 경우로서 보호위원회의 심의·의결을 거친 경우
6. 조약, 그 밖의 국제협정의 이행을 위하여 외국정부 또는 국제기구에 제공하기 위하여 필요한 경우
7. 범죄의 수사와 공소의 제기 및 유지를 위하여 필요한 경우
8. 법원의 재판업무 수행을 위하여 필요한 경우
9. 형(刑) 및 감호, 보호처분의 집행을 위하여 필요한 경우

정답 및 해설 18.② 19.② 20.①

1 대칭키 암호시스템과 공개키 암호시스템의 장점을 조합한 것을 하이브리드 암호시스템이라고 부른다. 하이브리드 암호시스템을 사용하여 송신자가 수신자에게 '문서'를 보낼 때의 과정을 순서대로 나열하면 다음과 같다. 각 시점에 적용되는 암호시스템을 순서대로 나열하면?

> ㉠ '키'를 사용하여 '문서'를 암호화할 때
> ㉡ '문서'를 암·복호화하는 데 필요한 '키'를 암호화할 때
> ㉢ '키'를 사용하여 암호화된 '문서'를 복호화할 때

① ㉠ 공개키 암호시스템 ㉡ 대칭키 암호시스템 ㉢ 공개키 암호시스템
② ㉠ 공개키 암호시스템 ㉡ 공개키 암호시스템 ㉢ 대칭키 암호시스템
③ ㉠ 대칭키 암호시스템 ㉡ 대칭키 암호시스템 ㉢ 공개키 암호시스템
④ ㉠ 대칭키 암호시스템 ㉡ 공개키 암호시스템 ㉢ 대칭키 암호시스템

2 현재 10명이 사용하는 암호시스템을 20명이 사용할 수 있도록 확장하려면 필요한 키의 개수도 늘어난다. 대칭키 암호시스템과 공개키 암호시스템을 채택할 때 추가로 필요한 키의 개수를 각각 구분하여 순서대로 나열한 것은?

① 20개, 145개
② 20개, 155개
③ 145개, 20개
④ 155개, 20개

3 패스워드가 갖는 취약점에 대한 대응방안으로 적절치 않은 것은?

① 사용자 특성을 포함시켜 패스워드 분실을 최소화한다.

② 서로 다른 장비들에 유사한 패스워드를 적용하는 것을 금지한다.

③ 패스워드 파일의 불법적인 접근을 방지한다.

④ 오염된 패스워드는 빠른 시간 내에 발견하고 새로운 패스워드를 발급한다.

---

1 하이브리드 암호 시스템의 단계별 구조
　㉠ 메시지는 대칭키 암호로 암호화 한다.
　㉡ 대칭키 암호의 암호화에서 사용한 세션키는 의사난수 생성키로 생성한다.
　㉢ 세션키는 공개키 암호로 암호화 한다.
　㉣ 메시지는 대칭키 암호로 복호화 한다.

2 대칭키의 암호 시스템의 키의 개수는 $N(N-1)/2$, 비대칭키의 암호시스템의 키의 개수는 $2N$이다.
　• 10명일 경우 : $(10 \times 9)/2 = 45$개, $2 \times 10 = 20$개
　• 20명일 경우 : $(20 \times 19)/2 = 190$개, $2 \times 20 = 40$개이다.
　각각 추가로 필요한 키의 개수는 $190 - 45 = 145$개, $40 - 20 = 20$개다.

3 패스워드는 주 컴퓨터의 운영체제(OS) 또는 데이터베이스관리시스템(DBMS)에 의하여 관리되며, 일반적으로 7문자 이상의 영문자와 숫자의 조합으로 구성되어 지정된다. 패스워드가 타인에게 알려지면 서비스가 불법으로 이용되거나 데이터가 파괴될 우려가 있으므로 주의해서 관리해야 하며, 타인이 쉽게 생각할 수 있는 것을 피해 의미 없는 문자의 조합으로 지정하고 수시로 변경할 필요가 있다. 미국 국립 컴퓨터보안 센터(NCSC)에서 제시하는 패스워드 결정 및 관리에 관한 지침에는 ㉠ 이름이나 전화번호, 생년월일, 지명 등 사용자를 쉽게 식별할 수 있는 패스워드를 지정하지 말 것, ㉡ 고도의 보안이 요구되는 패스워드는 자주 변경할 것, ㉢ 사용자가 자기의 컴퓨터 단말로부터 이탈할 때는 반드시 로그아웃할 것 등을 규정하고 있다.

정답 및 해설 1.④ 2.③ 3.①

4 다음은 오용탐지(misuse detection)와 이상탐지(anomaly detection)에 대한 설명이다. 이상 탐지에 해당되는 것을 모두 고르면?

> ㉠ 통계적 분석 방법 등을 활용하여 급격한 변화를 발견하면 침입으로 판단한다.
> ㉡ 미리 축적한 시그너처와 일치하면 침입으로 판단한다.
> ㉢ 제로데이 공격을 탐지하기에 적합하다.
> ㉣ 임계값을 설정하기 쉽기 때문에 오탐률이 낮다.

① ㉠, ㉢   ② ㉠, ㉣
③ ㉡, ㉢   ④ ㉡, ㉣

5 SYN flooding을 기반으로 하는 DoS 공격에 대한 설명으로 옳지 않은 것은?

① 향후 연결요청에 대한 피해 서버에서 대응 능력을 무력화 시키는 공격이다.
② 공격 패킷의 소스 주소로 인터넷상에서 사용되지 않는 주소를 주로 사용한다.
③ 운영체제에서 수신할 수 있는 SYN 패킷의 수를 제한하지 않은 것이 원인이다.
④ 다른 DoS 공격에 비해서 작은 수의 패킷으로 공격이 가능하다.

6 다음은 AES(Advanced Encryption Standard) 암호에 대한 설명이다. 옳지 않은 것은?

① 1997년 미 상무성이 주관이 되어 새로운 블록 암호를 공모했고, 2000년 Rijndael을 최종 AES 알고리즘으로 선정하였다.
② 라운드 횟수는 한 번의 암·복호화를 반복하는 라운드 함수의 수행 횟수이고, 10/12/14 라운 드로 이루어져 있다.
③ 128비트 크기의 입·출력 블록을 사용하고, 128/192/256 비트의 가변크기 키 길이를 제공한다.
④ 입력을 좌우 블록으로 분할하여 한 블록을 라운드 함수에 적용시킨 후에 출력값을 다른 블록에 적용하는 과정을 좌우 블록에 대해 반복적으로 시행하는 SPN(Substitution-Permutation Network) 구조를 따른다.

4 ⓒ은 오용탐지에 대한 설명이다.

ⓔ은 정상과 비정상 구분을 위한 임계치 설정이 어렵고 오탐률이 높다.

- 오용탐지(misuse detection)란 이미 발견되고 정립된 공격 패턴을 미리 입력해두고, 거기에 해당하는 패턴을 탐지하게 되었을 때 이를 알려 주는 것이다.
- 이상탐지(anomaly detection)란 정상적이고 평균적인 상태를 기준으로 하여, 이에 상대적으로 급격한 변화를 일으키거나 확률이 낮은지를 알리는 것이다.
- 인공지능과 면역 시스템 사용을 하며 인공지능 IDS는 공격에 대해 스스로 판단을 하고 이에 대한 결정을 내려 알려준다. 하지만 인공지능 시스템은 그 판단의 근거가 확실하지 않고 오판율 역시 높으며 면역 시스템은 새로운 공격을 당할 경우 그에 대한 학습을 스스로 하게 됨으로써, 다시 그 공격이 일어날 때 이에 대한 대응을 하도록 한 것이다.
- 어떤 행위가 정상적인지 비정상적인지를 결정할 수 있는 임계치를 설정하기 힘들다.
- 사전에 특정 지식 없이 공격 탐지 가능하다.

5 SYN flooding이란 TCP "Half Open" attack이라고도 불린다. 공격 대상에게 출발지 주소를 존재하지 않는 IP로 속여서 대량의 SYN 패킷을 보낸다. 그러면 공격 대상은 SYN ACK 응답을 해도 ACK 응답이 오지 않으니 SYN_RCVD 상태가 되어 서비스가 마비되는 공격이다.

※ DOS의 공격 유행에서 SYN flooding 공격의 방법

    ㉠ 서버에 수천 개의 TCP 접속(SYN) 요청 메시지를 보낸다. 이 때 이 패킷내부의 소스 IP 주소를 속이거나, 인터넷 상에서 사용하지 않는 IP 주소 값으로 변형한다.

    ㉡ 서버는 새로운 접속을 맺기 위해 실제로는 존재하지 않거나 동작하지 않는 IP 주소 값으로 SYN/ACK로 응답을 한다.

    ㉢ 서버는 SYN/ACK 응답을 보낸 클라이언트로부터 ACK가 올 때까지 기다리게 되는데, 서버는 ACK 메시지를 받지 못하게 된다.

    ㉣ 이렇게 되면 서버는 ACK 받을 때까지 버퍼와 같은 자원을 계속 종료하지 않고 열어두게 되는데, 계속 누적될 경우 결국은 시스템이 다운되거나 서비스를 중단하는 사태가 발생하는 것이다. (Dos / Ddos의 결과 현상)

6 AES 암호 … 미국국립표준기술 연구소(NIST)가 데이터 암호화 표준(DES)의 차세대 국제 표준 암호로 대체하는 순서 공개형의 대칭 키 암호 방식. 블록 길이는 128비트, 키의 길이는 128 / 192 / 256비트 중에서 선택 가능하며 주요 평가 항목은 안정성과 암호화 처리 속도이다. NIST는 1999년에 미국, 영국, 노르웨이 및 이스라엘 등을 대상으로 한 공모를 통해 2000년에 벨기에 암호학자가 개발한 'Rijindeal'을 최종 채택했다.

정답 및 해설 4.① 5.③ 6.④

7 다음은 접근통제(access control) 기법에 대한 설명이다. 강제 접근제어(Mandatory Access Control)에 해당되는 것은?

① 각 주체와 객체 쌍에 대하여 접근통제 방법을 결정함
② 정보에 대하여 비밀 등급이 정해지며 보안 레이블을 사용함
③ 주체를 역할에 따라 분류하여 접근권한을 할당함
④ 객체의 소유자가 해당 객체의 접근통제 방법을 변경할 수 있음

8 SET(Secure Electronic Transaction)의 설명으로 옳은 것은?

① SET 참여자들이 신원을 확인하지 않고 인증서를 발급한다.
② 오프라인상에서 금융거래 안전성을 보장하기 위한 시스템이다.
③ 신용카드 사용을 위해 상점에서 소프트웨어를 요구하지 않는다.
④ SET는 신용카드 트랜젝션을 보호하기 위해 인증, 기밀성 및 메시지 무결성 등의 서비스를 제공한다.

9 다음 중 커버로스(Kerberos)에 대한 설명으로 옳지 않은 것은?

① 커버로스는 개방형 분산 통신망에서 클라이언트와 서버 간의 상호인증을 지원하는 인증 프로토콜이다.
② 커버로스는 시스템을 통해 패스워드를 평문 형태로 전송한다.
③ 커버로스는 네트워크 응용 프로그램이 상대방의 신분을 식별할 수 있게 한다.
④ 기본적으로 비밀키 알고리즘인 DES를 기반으로 하는 상호인증시스템으로 버전4가 일반적으로 사용된다.

7 강제적 접근제어(MAC ; Mandatory Access Control) 정책 ··· 객체에 포함된 정보의 비밀성 또는 보안등급과 이러한 비밀데이터의 접근 정보에 대하여 사용자가 갖는 권한 또는 인가등급에 기초하여 정의된 조건이 만족하는 경우에만 객체에 대한 접근을 허용하고 또한 데이터의 흐름을 제어하는 방법이다.

8 ① SET 참여자들이 신원을 확인하고 인증서를 발급한다.
　② SET은 온라인 전자상거래의 안전성을 보장하기 위한 시스템이다.
　③ 신용카드 사용을 위해 상점에 소프트웨어를 요구하는 단점이 있다.
　※ SET
　　㉠ SET(Secure Electronic Transaction) : 간단히 말해 전자상거래에서 지불정보를 안전하고 비용 효과적으로 처리할 수 있도록 규정한 프로토콜을 말한다.
　　㉡ SET에서의 보안 서비스 : SET에서는 개방된 네트워크에서 보안대책에 필수적인 다음과 같은 보안서비스를 제공한다.
　　　• 기밀성(Confidentiality) : 통신회선상의 비밀정보 암호화 기능
　　　• 무결성(Integrity) : 통신회선상의 정보변질여부 확인 기능
　　　• 인증(Authentication) : 통신 상대방의 정당성 확인 기능
　　　• 부인봉쇄(Non-Repudiation) : 통신 상대방간 송 · 수신 사실부인 방지기능
　　㉢ 한편 SET에서는 전자상거래 참여자간의 데이터 송수신에 필요한 보안사항만 규정하고 있는 관계로 부적격자에 의한 내부 시스템으로의 침입 등을 방지하기 위한 시스템 보안 대책(방화벽 구축 등)은 해당기관에서 별도 수립 및 시행을 해야 한다.

9 커버로스(Kerberos) ··· 인증 프로토콜인 동시에 KDC(Key Distribution Center)이다. 개방된 컴퓨터 네트워크 내에서 서비스 요구를 인증하기 위해 대칭키 암호기법을 기반으로 한 인증 프로토콜이다. Kerberos는 두 가지 버전이 있는데 Kerberos version4에서는 DES 암호화 기법을 사용하였다. 또한 수년간 유닉스 시스템에서 사용되었고, 현재는 윈도우 서버 운영체제에서 기본 인증기법으로 사용되고 있다.
　㉠ 장점 : 당사자와 당사자가 인증을 요청하는 서비스 간의 통신 내용을 암호화 키 및 암호 프로세스를 이용하여 보호하기 때문에 데이터의 기밀성과 무결성을 보장한다.
　㉡ 단점 : 사용자의 비밀키가 사용자 시스템에 임시로 저장되기 때문에 사용자의 시스템 침입자에 의해 유출될 수 있으며 사용자의 세션키도 사용자의 시스템에 임의로 저장되기 때문에 침입에 취약하다. PASSWORD GUESSING 공격에 취약하며 사용자가 패스워드를 바꾸면 비밀키도 변경해야 하는 번거로움이 있다.

정답 및 해설 7.② 8.④ 9.②

10 다음에서 허니팟(honeypot)이 갖는 고유 특징에 대한 설명으로 옳지 않은 것은?

① 시스템을 관찰하고 침입을 방지할 수 있는 규칙이 적용된다.

② 중요한 시스템을 보호하기 위해서 잠재적 공격자를 유혹한다.

③ 공격자의 행동 패턴에 대한 유용한 정보를 수집할 수 있다.

④ 대응책을 강구하기에 충분한 시간 동안 공격자가 머물게 한다.

11 다음 중 해시함수의 설명으로 옳은 것은?

① 입력은 고정길이를 갖고 출력은 가변길이를 갖는다.

② 해시함수(H)는 다대일(n : 1) 대응 함수로 동일한 출력을 갖는 입력이 두 개 이상 존재하기 때문에 충돌(collision)을 피할 수 있다.

③ 해시함수는 일반적으로 키를 사용하지 않는 MAC(Message Authentication Code) 알고리즘을 사용한다.

④ MAC는 데이터의 무결성과 데이터 발신지 인증 기능도 제공한다.

12 Diffie−Hellman 알고리즘은 비밀키를 공유하는 과정에서 특정 공격에 취약할 가능성이 존재한다. 다음 중 Diffie−Hellman 알고리즘에 가장 취약한 공격으로 옳은 것은?

① DDoS(Distributed Denial of Service) 공격

② 중간자 개입(Man−in−the−middle) 공격

③ 세션 하이재킹(Session Hijacking) 공격

④ 강제지연(Forced−delay) 공격

10 ① 시스템을 관찰하고 침입을 방지할 수 있는 규칙이 적용되는 것은 방화벽의 특징이다.

※ **허니팟(honeypot)** ··· 컴퓨터 프로그램에 침입한 스팸과 컴퓨터 바이러스, 크래커를 탐지하는 가상 컴퓨터로 침입자를 속이는 최신 침입탐지기법으로 마치 실제로 공격을 당하는 것처럼 보이게 하여 크래커를 추적하고 정보를 수집하는 역할을 한다. 크래커를 유인하는 함정을 꿀단지에 비유하여 허니팟(honeypot)이란 명칭이 붙여지게 되었다.

11 해시함수란 하나의 문자열을 보다 빨리 찾을 수 있도록 주소에 직접 접근할 수 있는 짧은 길이의 값이나 키로 변환하는 알고리즘을 수식으로 표현한 것으로 해싱함수(hashing function) h(k)는 어떤 키 k에 대한 테이블 주소(table address)를 계산하기 위한 방법으로 주어진 키 값으로부터 레코드가 저장되어 있는 주소를 산출해 낼 수 있는 수식을 말한다. 문자열을 찾을 때 문자를 하나하나 비교하며 찾는 것보다는 문자열에서 해시 키를 계산하고 그 키에 해당하는 장소에 문자열을 저장해 둔다면, 찾을 때는 한 번의 해시 키 계산만으로도 쉽게 찾을 수 있게 된다.

① 입력은 가변길이를 갖고 출력은 고정길이를 갖는다.

② 해시함수는 동일한 출력을 갖는 입력이 두 개 이상 존재하기 때문에 충돌이 발생한다.

③ MAC 알고리즘은 키를 사용한다.

12 **Diffie-Hellman** ··· Diffie와 Hellman은 1976년 공개된 채널 상에서의 비밀키의 교환에 관한 다음 개념을 제안하였고, 언급된 트랩도어 개념의 필요성을 역설하였다. 이러한 동일한 비밀키를 얻게 되면 송신자와 수신자는 이 키를 공유하여, 각기 자신의 평문을 암호화하거나 암호문을 해독할 수 있게 된다.

※ **중간자 개입(Man-in-the-middle) 공격** ··· 통신하고 있는 두 당사자 사이에 끼어들어 당사자들이 교환하는 공개정보를 자기 것과 바꾸어버림으로써 들키지 않고 도청을 하거나 통신내용을 바꾸는 수법이다.

정답 및 해설 10.① 11.④ 12.②

13 다음은 공개키 기반 구조(PKI)에 대한 정의이다. 옳지 않은 것은?

① 네트워크 환경에서 보안 요구사항을 만족시키기 위해 공개키 암호화 인증서 사용을 가능하게 해 주는 기반 구조이다.

② 암호화된 메시지를 송신할 때에는 수신자의 개인키를 사용하며, 암호화된 서명 송신 시에는 송신자의 공개키를 사용한다.

③ 공개키 인증서를 발행하여 기밀성, 무결성, 인증, 부인방지, 접근 제어를 보장한다.

④ 공개키 기반 구조의 구성요소로는 공개키 인증서, 인증기관, 등록기관, 디렉터리(저장소), 사용자 등이 있다.

14 가설사설망(VPN)이 제공하는 보안 서비스에 해당하지 않는 것은?

① 패킷 필터링

② 데이터 암호화

③ 접근제어

④ 터널링

15 블록 암호는 평문을 일정한 단위(블록)로 나누어서 각 단위마다 암호화 과정을 수행하여 암호문을 얻는 방법이다. 블록암호 공격에 대한 설명으로 옳지 않은 것은?

① 선형 공격 : 알고리즘 내부의 비선형 구조를 적당히 선형화시켜 키를 찾아내는 방법이다.

② 전수 공격 : 암호화할 때 일어날 수 있는 모든 가능한 경우에 대해 조사하는 방법으로 경우의 수가 적을 때는 가장 정확한 방법이지만 일반적으로 경우의 수가 많은 경우에는 실현 불가능한 방법이다.

③ 차분 공격 : 두 개의 평문 블록들의 비트 차이에 대응되는 암호문 블록들의 비트 차이를 이용하여 사용된 키를 찾아내는 방법이다.

④ 수학적 분석 : 암호문에 대한 평문이 각 단어의 빈도에 관한 자료를 포함하는 지금까지 모든 통계적인 자료를 이용하여 해독하는 방법이다.

13 ② 암호화된 메시지를 송신할 때는 수신자의 공개키를 사용하며, 암호화된 서명 송신 시에는 송신자의 개인키를 사용한다.

※ PKI
  ㉠ PKI의 정의
   • 사용자의 공개키를 인증해주는 인증기관들의 네트워크
   • 모르는 사람과의 비밀 통신을 가능하게 하는 암호학적 키와 인증서의 배달 시스템
   • 공개키의 인증서를 이용해 공개키들을 자동적으로 관리해주는 기반구조
   • 공개키 인증서를 발행하고 그에 대한 접근을 제공하는 인증서 관리 기반구조
   • 이를 통합하여 정리하면 정보시스템 보안, 전자 상거래, 안전한 통신 등의 여러 응용분야에서 인증서 (certificate)의 사용을 용이하도록 하는 정책, 수단, 도구 등을 수립하고 제공하는 객체들의 네트워크이다.
  ㉡ PKI가 제공하는 서비스
   • 프라이버시 : 정보의 기밀성을 유지한다.
   • 접근 제어 : 선택된 수신자만이 정보에 접근하도록 허락한다.
   • 무결성 : 정보가 전송중에 변경되지 않았음을 보장한다.
   • 인증 : 정보의 원천지를 보장한다.
   • 부인 봉쇄 : 정보가 송신자에 의해 전송되었음을 보장한다.

14 ① 패킷 필터링은 방화벽의 보안 서비스이다.

※ 가설사설망(VPN) … 인터넷 같은 공중망을 사용하여 사설망을 구축하게 해주는 기술 또는 통신망으로 인터넷 이라는 공중망을 기본으로 하기 때문에 적절한 통신속도 및 대역폭에 대해 보장이 필요하다. 확실한 정보보 호를 위한 암호화 기술과 전자인증 기술이 가설사설망의 핵심 구현 기술이다.

15 ④ 통계적 분석에 대한 설명이다.

※ 블록 암호 공격 방법
  ㉠ 차분 공격 : 1990년 Biham과 Shamir에 의하여 개발된 선택된 평문 공격법으로, 두 개의 평문 블록들의 비트의 차이에 대하여 대응되는 암호문 블록들의 비트의 차이를 이용하여 사용된 암호열쇠를 찾아내는 방법이다.
  ㉡ 선형 공격(Linear Cryptanalysis) : 1993년 Matsui에 의해 개발되어 알려진 평문 공격법으로, 알고리즘 내부 의 비선형 구조를 적당히 선형화시켜 열쇠를 찾는 방법이다.
  ㉢ 전수 공격(Exhaustive key search) : 1977년 Diffie와 Hellman이 제안한 방법으로 암호화할 때 일어날 수 있는 모든 가능한 경우에 대하여 조사하는 방법으로 경우의 수가 적을 때는 가장 정확한 방법이지만, 일반적 으로 경우의 수가 많은 경우에는 실현 불가능한 방법이다.
  ㉣ 통계적 분석(Statistical analysis) : 암호문에 대한 평문의 각 단어의 빈도에 관한 자료를 포함하는 지금까 지 알려진 모든 통계적인 자료를 이용하여 해독하는 방법이다.
  ㉤ 수학적 분석(Mathematical analysis) : 통계적인 방법을 포함하며 수학적 이론을 이용하여 해독하는 방법 이다.

정답 및 해설 13.② 14.① 15.④

16 다음은 웹사이트와 브라우저에 대한 주요 공격 유형 중 하나이다. 무엇에 대한 설명인가?

> 웹페이지가 웹사이트를 구성하는 방식과 웹사이트가 동작하는 데 필요한 기본과정을 공략하는 공격으로, 브라우저에서 사용자 몰래 요청이 일어나게 강제하는 공격이다. 다른 공격과 달리 특별한 공격 포인트가 없다. 즉, HTTP 트래픽을 변조하지도 않고, 문자나 인코딩 기법을 악의적으로 사용할 필요도 없다.

① 크로스사이트 요청 위조   ② 크로스사이트 스크립팅
③ SQL 인젝션   ④ 비트플리핑 공격

17 전자서명(digital signature)은 내가 받은 메시지를 어떤 사람이 만들었는지를 확인하는 인증을 말한다. 다음 중 전자서명의 특징이 아닌 것은?

① 서명자 인증 : 서명자 이외의 타인이 서명을 위조하기 어려워야 한다.
② 위조 불가 : 서명자 이외의 타인의 서명을 위조하기 어려워야 한다.
③ 부인 불가 : 서명자는 서명 사실을 부인할 수 없어야 한다.
④ 재사용 가능 : 기존의 서명을 추후에 다른 문서에도 재사용할 수 있어야 한다.

18 다음 〈보기〉에서 설명하는 것은 무엇인가?

> 〈보기〉
> IP 데이터그램에서 제공하는 선택적 인증과 무결성, 기밀성 그리고 재전송 공격 방지 기능을 한다. 터널 종단 간에 협상된 키와 암호화 알고리즘으로 데이터그램을 암호화한다.

① AH(Authentication Header)
② ESP(Encapsulation Security Payload)
③ MAC(Message Authentication Code)
④ ISAKMP(Internet Security Association & Key Management Protocol)

16 크로스사이트 요청 위조란 새로운 공격은 아니지만, 간단하고 매우 위협적인 공격이다. 로그인한 피해자의 브라우저가 취약한 웹 애플리케이션에 요청을 보내도록 하여 피해자 대신 선택된 작동을 수행하도록 한다.

17 전자서명(digital signature)의 5가지 조건
ⓐ 위조불가란 합법적인 서명자만이 전자서명을 생성하는 것이 가능해야 한다.
ⓑ 서명자 인증이란 전자서명의 서명자를 불특정 다수가 검증할 수 있어야 한다.
ⓒ 부인방지란 서명자는 서명행위 이후에 서명한 사실을 부인할 수 없어야 한다.
ⓓ 변경불가란 서명한 문서의 내용을 변경할 수 없어야 한다.
ⓔ 재사용 불가란 전자문서의 서명을 다른 전자문서의 서명으로 사용할 수 없어야 한다.

18 ② ESP(Encapsulation Security Payload) : 모든 패킷이 암호화 되고, 변조방지(무결성) 및 인증을 위해 해시코드가 첨부된다. 거꾸로 이 패킷을 수신하는 장비는 모든 패킷의 해시코드를 검사하고 패킷을 복호화 한다. IP헤더의 프로토콜 번호는 50이다.
① AH(Authentication Header) : 암호화 기능은 없으며 변조방지(무결성) 및 인증을 위한 해시코드만 첨부된다.
③ MAC(Message Authentication Code) : 메시지의 인증을 위해 메시지에 부가되어 전송되는 작은 크기의 정보로 비밀키를 사용함으로써 데이터 인증과 무결성을 보장할 수 있다.
④ ISAKMP(Interonet Security Association & Key Management Protocol) : 인터넷 환경에서 안전하게 SA 및 세션 키를 관리(생성, 협상, 삭제) 할 수 있는 프로토콜을 말한다. ISAKMP 프로토콜은 SA를 생성, 수정, 삭제하기 위한 절차 및 패킷 구조를 정의하고 있으며 상당히 범용적인 프로토콜로 설계되었다.

정답 및 해설 16.① 17.④ 18.②

19 다음 〈보기〉에서 설명하고 있는 무선네트워크의 보안 프로토콜은 무엇인가?

〈보기〉

AP와 통신해야 할 클라이언트에 암호화키를 기본으로 등록해 두고 있다. 그러나 암호화 키를 이용해 128비트인 통신용 암호화키를 새로 생성하고, 이 암호화키를 10,000개 패킷마다 바꾼다. 기존보다 훨씬 더 강화된 암호화 세션을 제공한다.

---

① WEP(Wired Equivalent Privacy)

② TKIP(Temporal Key Integrity Protocol)

③ WPA-PSK(Wi-Fi Protected Access Pre Shared Key)

④ EAP(Extensible Authentication Protocol)

20 컴퓨터 포렌식(forensics)은 정보처리기기를 통하여 이루어지는 각종 행위에 대한 사실 관계를 확정하거나 증명하기 위해 행하는 각종 절차와 방법이라고 정의할 수 있다. 다음 중 컴퓨터 포렌식에 대한 설명으로 옳지 않은 것은?

① 컴퓨터 포렌식 중 네트워크 포렌식은 사용자가 웹상의 홈페이지를 방문하여 게시판 등에 글을 올리거나 읽는 것을 파악하고 필요한 증거물을 확보하는 것 등의 인터넷 응용프로토콜을 사용하는 분야에서 증거를 수집하는 포렌식 분야이다.

② 컴퓨터 포렌식은 단순히 과학적인 컴퓨터 수사 방법 및 절차뿐만 아니라 법률, 제도 및 각종 기술 등을 포함하는 종합적인 분야라고 할 수 있다.

③ 컴퓨터 포렌식 처리 절차는 크게 증거 수집, 증거 분석, 증거 제출과 같은 단계들로 이루어진다.

④ 디스크 포렌식은 정보기기의 주·보조기억장치에 저장되어 있는 데이터 중에서 어떤 행위에 대한 증거 자료를 찾아서 분석한 보고서를 제출하는 절차와 방법을 말한다.

19 WPA-PSK(Wi-Fi Protected Access Pre-Shared Key)

    ㉠ 802.11i 보안 표준 중 일부분으로 WEP 방식의 보안 문제점을 해결하기 위해 만들었다.

    ㉡ 암호화키를 이용해 128비트인 통신용 암호화키를 새로 생성하고 이 암호화키를 10,000개 패킷마다 바꾼다.

    ㉢ WPA-PSK는 암호화 알고리즘으로 TKIP(Temporal Key Integrity Protocol) 또는 AES알고리즘을 선택하여 사용하는 것이 가능하며, WEP보다 훨씬 더 강화된 암호화 세션을 제공한다.

    ㉣ AP에 접속하는 사용자마다 같은 암호화키를 사용한다는 점이 보안상 미흡하다.

20 컴퓨터 포렌식(computer forensics, 컴퓨터 법의학) 또는 디지털 포렌식은 전자적 증거물 등을 사법기관에 제출하기 위해 데이터를 수집, 분석, 보고서를 작성하는 일련의 작업을 말한다.

    ※ 포렌식의 유형

      ㉠ 네트워크 포렌식이란 네트워크에서 디지털 증거를 수집하고 분석하여 법정에 제출하는 일련의 과정이다. 인터넷을 통하여 발생하는 범죄에 대한 디지털 증거를 수집하고 분석하는 것이다.

      ㉡ 이메일 포렌식이란 이메일 데이터로부터 송수신자, 보낸·받은 시간, 내용 등의 증거 획득 및 분석이다.

      ㉢ 웹 포렌식이란 웹 브라우저를 통한 쿠키, 히스토리, 임시파일, 설정 정보 등을 통해 사용 흔적 분석이다.

      ㉣ 안티 포렌식이란 데이터의 완전삭제, 암호화, 스테가노그래피이다.

      ㉤ 데이터베이스 포렌식이란 방대한 데이터베이스로부터 유효한 증거 획득 및 분석이다.

정답 및 해설 19.③ 20.①

1 인터넷 보안 프로토콜에 해당하지 않는 것은?

① SSL

② HTTPS

③ S/MIME

④ TCSEC

2 데이터 소유자가 다른 사용자의 식별자에 기초하여 자신의 의지대로 데이터에 대한 접근 권한을 부여하는 것은?

① 강제적 접근 제어(MAC)

② 임의적 접근 제어(DAC)

③ 규칙 기반 접근 제어(Rule-based AC)

④ 역할 기반 접근 제어(RBAC)

3 생체 인증 기법에 대한 설명으로 옳지 않은 것은?

① 정적인 신체적 특성 또는 동적인 행위적 특성을 이용할 수 있다.

② 인증 정보를 망각하거나 분실할 우려가 거의 없다.

③ 지식 기반이나 소유 기반의 인증 기법에 비해 일반적으로 인식 오류 발생 가능성이 매우 낮다.

④ 인증 시스템 구축 비용이 비교적 많이 든다.

1 ④ TCSEC란 정보가 안전한 정도를 객관적으로 판단하기 위하여 보안의 정도를 판별하는 기준을 제시한 것이다. 인터넷 보안 프로토콜의 개념은 애플리케이션 또는 TCP/IP 프로토콜 부분에서 보안 서비스를 제공하는 기술이다.

※ 인터넷 보안 프로토콜의 유형
  ㉠ **응용 계층**: http와 내용보안을 위한 암호 시스템과 연계(PGP, S/MIME, S-HTTP)
  ㉡ **전송 계층**: 채널기반 전송계층 보안을 제공(SSL/TLS)
  ㉢ **IP 계층**: IP 계층에서 패킷에 대한 보안을 제공(IPSec)

2 ② 임의적 접근 제어(DAC) … 주체가 속해 있는 그룹의 신원에 근거하여 객체에 대한 접근을 제한하는 방법으로 객체의 소유자가 접근 여부를 결정한다. 구현이 쉽고 변경이 유연한 점이 있지만 하나하나의 주체마다 객체에 대한 접근 권한을 해야 하는 번거로움이 있다.

① **강제적 접근 제어(MAC)** … 주체의 보안레벨과 객체의 보안레벨을 비교하여 접근 권한을 부여하며 규칙 기반 접근 제어(Rule-based AC)라고도 한다.

④ **역할 기반 접근 제어(RBAC)** … 주체와 객체의 상호관계를 통제하기 위하여 역할을 설정하고 관리자는 주체의 역할에 할당한 뒤 그 역할에 대한 접근 권한을 부여하는 방식이다.

3 생체인증기법의 정의란 사람의 생체적, 행동적인 특성을 이용하여 개인을 식별하는 학문 또는 기술로 살아있는 사람의 신원을 생리학적 또는 행동 특징을 기반으로 인증하거나 인식하는 자동화된 기법이다.

정답 및 해설 1.④ 2.② 3.③

4 시스템 침투를 위한 일반적인 해킹 과정 중 마지막 순서에 해당하는 것은?

① 공격

② 로그기록 등의 흔적 삭제

③ 취약점 분석

④ 정보 수집

5 공개키를 사용하는 전자서명에 대한 설명으로 옳지 않은 것은?

① 송신자는 자신의 개인키로 서명하고 수신자는 송신자의 공개키로 서명을 검증한다.

② 메시지의 무결성과 기밀성을 보장한다.

③ 신뢰할 수 있는 제3자를 이용하면 부인봉쇄를 할 수 있다.

④ 메시지로부터 얻은 일정 크기의 해시 값을 서명에 이용할 수 있다.

6 침입탐지시스템(IDS)의 탐지 기법 중 하나인 비정상행위(anomaly) 탐지 기법의 설명으로 옳지 않은 것은?

① 이전에 알려지지 않은 방식의 공격도 탐지가 가능하다.

② 통계적 분석 방법, 예측 가능한 패턴 생성 방법, 신경망 모델을 이용하는 방법 등이 있다.

③ 새로운 공격 유형이 발견될 때마다 지속적으로 해당 시그니처(signature)를 갱신해 주어야 한다.

④ 정상행위를 가려내기 위한 명확한 기준을 설정하기 어렵다.

7 보안 해시 함수가 가져야 하는 성질 중 하나인 강한 충돌 저항성(strong collision resistance)에 대한 설명으로 옳은 것은?

① 주어진 해시 값에 대해 그 해시 값을 생성하는 입력 값을 찾는 것이 어렵다.

② 주어진 입력 값과 그 입력 값에 해당하는 해시 값에 대해 동일한 해시 값을 생성하는 다른 입력 값을 찾는 것이 어렵다.

③ 같은 해시 값을 생성하는 임의의 서로 다른 두 개의 입력 값을 찾는 것이 어렵다.

④ 해시 함수의 출력은 의사 난수이어야 한다.

---

4 일반적인 해킹 과정 … 정보 수집 → 포트 점검 → 배너 수집 → 패스워드 도청 → 루트 계정 획득 → 루트 권한으로 원하는 정보를 수집 → 침투한 흔적(로그) 삭제

5 전자서명이란 송신자는 서명 알고리즘을 통해 메시지에 서명을 한 후에 수신자에게 전송한다. 수신자는 메시지와 서명을 받고 검증 알고리즘을 적용하여 확인하며 부인방지가 가능하고 송신자의 개인키로서 서명을 하고, 그 서명은 송신자의 공개키로만 들 수가 있다.
→ 전자서명의 기능은 기밀성을 보장해주진 못하며 기밀성을 보장하기 위해서는 비킬키를 이용하거나 공개키를 이용해서 암호화해야 한다.

6 비정상행위(anomaly) 탐지 기법 … Behavior나 Statistical Detection이라고 불리기도 하며, 정상적인 시스템 사용을 기준으로 이에 어긋나는 행위를 탐지하는 방식이다. 시스템 가동 전에 정상적인 사용자의 로그인 횟수, CPU 사용량, 디스크 읽기/쓰기 횟수 등의 통계적 기준선을 설정한 뒤 IDS에게 기준선을 초과하는 비정상 행위를 탐지하게 한다. 탐지 과정에서 기존의 기준선을 수정하거나 새로 갱신할 수 있다. 비정상 행위 탐지는 알려지지 않은 침입도 감지할 수 있는 장점이 있다. 그러나 감사 자료만 가지고 침입을 판단하기에는 무리가 있으며 시간의 범위나 횟수를 설정하는 것도 어렵다.

7 강한 충돌 저항성(stong collision resistance) … 정해지지 않은 랜덤한 해시값에 대해 서로 다른 두 개의 메시지가 발견되는 것이 어렵다는 성질이다.

정답 및 해설 4.② 5.② 6.③ 7.③

8 사용자 A와 B가 Diffie-Hellman 키 교환 알고리즘을 이용하여 비밀키를 공유하고자 한다. A는 3을, B는 2를 각각의 개인키로 선택하고, A는 B에게 $21(=7^3 \bmod 23)$을, B는 A에게 $3(=7^2 \bmod 23)$을 전송한다면 A와 B가 공유하게 되는 비밀키 값은? (단, 소수 23과 그 소수의 원시근 7을 사용한다.)

① 4

② 5

③ 6

④ 7

9 「전자서명법」상 공인인증기관이 발급하는 공인인증서에 포함되어야 할 사항이 아닌 것은?

① 가입자의 전자서명검증정보

② 공인인증기관의 전자서명생성정보

③ 공인인증서의 유효기간

④ 공인인증기관의 명칭 등 공인인증기관임을 확인할 수 있는 정보

10 서비스 거부 공격 방법이 아닌 것은?

① ARP spoofing

② Smurf

③ SYN flooding

④ UDP flooding

8 A : 3 B : 2

$7^3 \bmod 23 = 21 \quad 7^2 \bmod 23 = 3$

$7^{3\times2} \bmod 23 \qquad 7^{2\times3} \bmod 23$

$7^6 \bmod 23 = ((7^2 \bmod 23) \times (7^2 \bmod 23) \times (7^2 \bmod 23)) \bmod 23$

$\qquad\qquad = 3^3 \bmod 23 = 4$

9 공인인증기관이 발급하는 공인인증서에는 다음 각 호의 사항이 포함되어야 한다〈전자서명법 제15조 제2항〉.

㉠ 가입자의 이름(법인의 경우에는 명칭을 말한다)

㉡ 가입자의 전자서명검증정보

㉢ 가입자와 공인인증기관이 이용하는 전자서명 방식

㉣ 공인인증서의 일련번호

㉤ 공인인증서의 유효기간

㉥ 공인인증기관의 명칭 등 공인인증기관임을 확인할 수 있는 정보

㉦ 공인인증서의 이용범위 또는 용도를 제한하는 경우 이에 관한 사항

㉧ 가입자가 제3자를 위한 대리권 등을 갖는 경우 또는 직업상 자격 등의 표시를 요청한 경우 이에 관한 사항

㉨ 공인인증서임을 나타내는 표시

※ 「전자서명법」은 2020. 6. 9. 전부개정되어 2020. 12. 10. 시행된다. 개정법에는 공인인증서 관련 조항은 규정되어 있지 않으며, 구법에 따라 발급된 유효한 공인인증서에 대해서는 종전의 공인인증서 관련 규정을 따른다.

10 ARP Spoofing … 로컬 상(LAN 구간)에서 사용자와 게이트웨이 통신 간에 ARP 테이블의 cache 정보를 속이고 끼어들어 도청하는 것을 말한다. 보통 사용자와 게이트웨이나 외부로 통신을 적어도 한번이라도 하면 ARP 테이블에 IP 주소와 MAC 주소값이 매핑되어 등록이 된다. 이 등록되어 있는 정보를 IP는 게이트웨이 주소로 남겨두고 MAC 주소를 자신의 MAC 주소로 슬쩍 바꿔치기한다.

※ 서비스 거부 공격 … 공격대상의 시스템을 공격하여 공격대상 서버의 정상적인 서비스 제공을 방해하거나 시스템 자원을 부족하게 하여 차단하는 공격유형이다.

※ 서비스 거부 공격의 종류

㉠ Smurf : 출발지 주소가 공격 대상으로 바꾸어진 ICMP Request 패킷을 시스템이 충분히 많은 네트워크로 브로드캐스트 한다. ICMP Request 패킷을 받은 시스템들이 공격 대상에게 ICMP Reply 를 보내게 하여 공격대상을 과부하 상태로 만든다.

㉡ SYN Flooding : TCP의 연결과정인 3방향 핸드셰이킹의 문제점을 악용한 공격방법이다.

정답 및 해설 8.① 9.② 10.①

11 ISO 27001의 ISMS(Information Security Management System) 요구사항에 대한 내용으로 옳지 않은 것은?

① 자산 관리 : 정보 보호 관련 사건 및 취약점에 대한 대응

② 보안 정책 : 보안 정책, 지침, 절차의 문서화

③ 인력 자원 보안 : 인력의 고용 전, 고용 중, 고용 만료 후 단계별 보안의 중요성 강조

④ 준거성 : 조직이 준수해야 할 정보 보호의 법적 요소

12 MS 오피스와 같은 응용 프로그램의 문서 파일에 삽입되어 스크립트 형태의 실행 환경을 악용하는 악성 코드는?

① 애드웨어

② 트로이 목마

③ 백도어

④ 매크로 바이러스

13 데이터베이스 보안의 요구사항이 아닌 것은?

① 데이터 무결성 보장

② 기밀 데이터 관리 및 보호

③ 추론 보장

④ 사용자 인증

11 ISO 27001 관리 항목 요구사항
- 자산 관리 : 조직의 자산에 대한 적절한 보안책을 유지
- 정보보호정책 : 정보보호관리에 대한 방침과 지원사항을 제공하기 위함
- 정보보호조직 : 조직 내에서 정보보호를 효과적으로 관리, 정보보호에 대한 책임을 설정
- 인력자원보안 : 사람에 의한 보안의 중요성 강조, 고용 전, 고용 중, 고용 만료로 분류
- 물리적 및 환경보안 : 비인가된 접근, 손상과 사업장 및 정보에 대한 영향을 방지
- 통신 및 운영관리 : 정보처리 설비의 정확하고 안전한 운영을 보장
- 접근통제 : 정보에 대한 접근통제
- 정보시스템 구축, 개발 및 유지 : 정보 시스템 내에 보안이 수립되었음을 보장
- 정보보호사고관리 : 정보시스템과 관련된 정보보호사건이나 약점 중에 대해 적절하고 의사소통이 되면서 대응 책을 신속히 수립하기 위함
- 사업 연속성 관리 : 사업 활동에 방해요소를 완화시키며, 주요 실패 및 재해의 영향으로부터 주요 사업 활동을 보호
- 적법성 : 조직의 정보보호정책이나 지침 등을 준수

12 ① 애드웨어 : 무료로 사용되는 프리웨어나 일정한 금액으로 제품을 구매해야 하는 셰어웨어 등에서 광고 보는 것을 전제로 사용이 허용되는 프로그램이다.
② 트로이 목마 : 컴퓨터 사용자의 정보를 빼가는 악성 프로그램이다.
③ 백도어 : 시스템 설계자나 관리자에 의해 고의로 남겨진 시스템의 보안 허점으로 응용프로그램이나 운영체제에 삽입된 프로그램 코드이다.

13 데이터베이스 시스템 요구사항
ⓐ **부적절한 접근방지** : 승인된 사용자의 접근요청을 DBMS에 의해 검사
ⓑ **추론방지** : 일반적 데이터로부터 비밀정보를 획득하는 추론이 불가능함
ⓒ **데이터베이스의 무결성 보장** : 데이터베이스의 일관성 유지를 위하여 모든 트랜잭션은 원자적이어야 하고, 복구시 스템은 로그파일을 이용하여 데이터에 수행된 작업, 트랜잭션 제어, 레코드 수정 전 후 값 등을 기록해야 함
ⓓ **데이터의 운영적 무결성 보장** : 트랜잭션의 병행처리 동안에 데이터베이스 내의 데이터에 대한 논리적인 일관성을 보장함
ⓔ **데이터의 의미적 무결성 보장** : 데이터베이스는 데이터에 대한 허용값을 통제함으로써 변경 데이터의 논리적 일관성을 보장함
ⓕ **감사기능** : 데이터베이스에 대한 모든 접근의 감사기록을 생성해야 함
ⓖ **사용자 인증** : DBMS는 운영체제의 사용자 인증보다 엄격한 인증 요구함

정답 및 해설 11.① 12.④ 13.③

14 OSI참조 모델의 제7계층의 트래픽을 감시하여 안전한 데이터만을 네트워크 중간에서 릴레이하는 유형의 방화벽은?

① 패킷 필터링(packet filtering) 방화벽

② 응용 계층 게이트웨어(application level gateway)

③ 스테이트풀 인스펙션(stateful inspection) 방화벽

④ 서킷 레벨 게이트웨이(circuit level gateway)

15 IPSec에 대한 설명으로 옳지 않은 것은?

① 네트워크 계층에서 패킷에 대한 보안을 제공하기 위한 프로토콜이다.

② 인터넷을 통해 지점들을 안전하게 연결하는 데 이용될 수 있다.

③ 전송 모드와 터널 모드를 지원한다.

④ AH(Authentication Header)는 인증 부분과 암호화 부분 모두를 포함한다.

16 커버로스(Kerberos)에 대한 설명으로 옳지 않은 것은?

① 네트워크 기반 인증 시스템으로 공개키 기반구조를 이용하여 사용자 인증을 수행한다.

② 인증 서버는 사용자를 인증하며 TGS(Ticket Granting Server)를 이용하기 위한 티켓을 제공한다.

③ TGS는 클라이언트가 서버로부터 서비스를 받을 수 있도록 티켓을 발급한다.

④ 인증 서버나 TGS로부터 받은 티켓은 클라이언트가 그 내용을 볼 수 없도록 암호화 되어 있다.

17 사용자 패스워드의 보안을 강화하기 위한 솔트(salt)에 대한 설명으로 옳지 않은 것은?

① 여러 사용자에 의해 중복 사용된 동일한 패스워드가 서로 다르게 저장되도록 한다.

② 해시 연산 비용이 증가되어 오프라인 사전적 공격을 어렵게 한다.

③ 한 사용자가 동일한 패스워드를 두 개 이상의 시스템에 사용해도 그 사실을 알기 어렵게 한다.

④ 솔트 값은 보안 강화를 위하여 암호화된 상태로 패스워드 파일에 저장되어야 한다.

14 ② 응용 계층 게이트웨어 : OSI 7계층 모델 중 애플리케이션 계층까지 동작하며 지나가는 패킷의 헤더안의 DATA 영역까지도 체크하며 통제한다. 단점으로는 트래픽이 OSI 7계층에서 처리되기 때문에 다른 방식과 비교해서 방화벽의 성능이 떨어지며, 또한 일부 서비스에 대해서는 사용자에게 투명한 서비스를 제공하기 어렵다. 방화벽에서 새로운 서비스를 제공하기 위해서 새로운 프락시 데몬이 추가적으로 필요하기 때문에, 새로운 서비스에 대한 유연성이 떨어진다.

① 패킷 필터링 방화벽 : 관리자가 필터링을 위해 정의한 IP와 PORT를 목록으로 작성하여, 차단 목록을 기반으로 네트워크 계층과 전송계층에서 차단할 수 있는 필터링 기법이다.

③ 스테이트풀 인스펙션 방화벽 : 패킷 필터링 방식과 애플리케이션 게이트웨이 방식의 완벽한 방화벽 기능을 수행하지 못하고, 속도가 저하되는 등의 여러 가지 단점을 극복하고 장점만을 구현한 새로운 개념의 방화벽 방식이다.

④ 서킷 레벨 게이트웨이 : OSI 7계층 구조 중 세션 계층에 위치하며 애플리케이션 계층 사이에서 접근제어를 실시하는 방화벽을 말한다.

15 IPSec란 안전에 취약한 인터넷에서 안전한 통신을 실현하는 통신규약이다.

네트워크 계층인 인터넷 프로토콜에서 보안성을 제공해 주는 표준화된 기술로 데이터 송신자의 인증을 허용하는 인증 헤더(AH)와, 송신자의 인증 및 데이터 암호화를 함께 지원하는 ESP 등 두 종류의 보안 서비스가 있으며, 보안 게이트웨이 간의 보안 터널을 제공하는 터널모드와 종단 호스트 간의 보안 터널을 제공하는 트랜스포드 모드를 제공한다.

※ AH(Authentication Header)란 무결성과 데이터 원본 인증을 제공하며 일련번호를 사용으로 재생공격으로부터 보호한다.

16 커버로스란 인증 프로토콜인 동시에 KDC이다. 개방된 컴퓨터 네트워크 내에서 서비스 요구를 인증하기 위해 대칭키 암호기법을 기반으로 한 인증 프로토콜이다.

KDC란 키 분배 서버이며 커버로스에서 가장 중요한 시스템이다.

17 솔트(salt)란 해시의 원래 데이터에 추가하는 문자열로서 솔트에 의해 보이는 패스워드를 길게 하는 것과 함께 솔트를 유저마다 다른 것으로 하면 패스워드가 같더라도 다른 해시값을 생성할 수 있다.

정답 및 해설 14.② 15.④ 16.① 17.④

18 스택 버퍼 오버플로(overflow) 공격에 대응하기 위한 방어 수단에 해당하지 않는 것은?

① 문자열 조작 루틴과 같은 불안전한 표준 라이브러리 루틴을 안전한 것으로 교체한다.

② 함수의 진입과 종료 코드를 조사하고 함수의 스택 프레임에 손상이 있는지를 검사한다.

③ 한 사용자가 프로그램에 제공한 입력이 다른 사용자에게 출력될 수 있도록 한다.

④ 매 실행 시마다 각 프로세스 안의 스택이 다른 곳에 위치하도록 한다.

19 디지털 증거의 법적 효력을 인정받기 위해 포렌식 과정에서 지켜야 하는 원칙이 아닌 것은?

① 정당성의 원칙

② 무결성의 원칙

③ 재현의 원칙

④ 연계추적불가능의 원칙

20 「정보통신망 이용촉진 및 정보보호 등에 관한 법률」에서 규정하고 있는 내용이 아닌 것은?

① 주요정보통신기반시설의 보호체계

② 정보통신망에서의 이용자 보호 등

③ 정보통신망의 안정성 확보 등

④ 개인정보의 보호

18 스택 버퍼 오버플로(overflow) 공격이란 어떤 프로그램이 그 프로그램의 호출 스택 상의 의도된 자료구조, 보통 고정된 길이의 버퍼 바깥의 메모리 주소에 쓸 때 발생한다.

19 디지털 포렌식 … 전자 증거물 등을 사법기관에 제출하기 위해 용의자의 유전자(DNA)나 지문, 휴대폰, PDA, 컴퓨터 하드디스크, 기업 회계 자료 등의 데이터를 수집, 복원, 분석, 보고서를 작성하는 일련의 작업을 말한다.

※ 디지털 포렌식 기본 원칙 … 정당성의 원칙, 무결성의 원칙, 재현의 원칙, 절차연속성의 원칙, 신속성의 원칙이 있다.

1. 정당성의 원칙이란 증거가 적법한 절차에 의해 수집되었는가?
2. 재현의 원칙이란 같은 조건과 상황에서 항상 동일한 결과가 나오는가?
3. 신속성의 원칙이란 디지털 포렌식의 전 과정이 신속하게 진행되었는가?
4. 절차 연속성의 원칙이란 증거물의 수집, 이동, 보관, 분석, 법정 제출의 각 단계에서 담당자 및 책임자가 명확한가?
5. 무결성의 원칙이란 수집된 증거가 위·변조되지 않았는가?

20 「정보통신망 이용촉진 및 정보보호 등에 관한 법률」의 규정사항
제1장 총칙
제2장 정보통신망의 이용촉진
제3장 삭제
제4장 개인정보의 보호 → 정보통신서비스의 안전한 이용환경 조성〈개정 2020. 2. 4.〉
제5장 정보통신망에서의 이용자 보호 등
제6장 정보통신망의 안정성 확보 등
제7장 통신과금서비스
제8장 국제협력
제9장 보칙
제10장 벌칙

정답 및 해설 18.③ 19.④ 20.①

1 사용자 인증에 사용되는 기술이 아닌 것은?

① Snort

② OTP(One Time Password)

③ SSO(Single Sign On)

④ 스마트 카드

2 보안 요소에 대한 설명과 용어가 바르게 짝지어진 것은?

> ㉠ 자산의 손실을 초래할 수 있는 원하지 않는 사건의 잠재적인 원인이나 행위자
> ㉡ 원하지 않는 사건이 발생하여 손실 또는 부정적인 영향을 미칠 가능성
> ㉢ 자산의 잠재적인 속성으로서 위협의 이용 대상이 되는 것

	㉠	㉡	㉢
①	위협	취약점	위험
②	위협	위험	취약점
③	취약점	위험	위험
④	위험	위협	취약점

3 공개키 암호 알고리즘에 대한 설명으로 옳은 것은?

① Diffie-Hellman 키 교환 방식은 중간자(man-in-the-middle) 공격에 강하고 실용적이다.

② RSA 암호 알고리즘은 적절한 시간 내에 인수가 큰 정수의 소인수분해가 어렵다는 점을 이용한 것이다.

③ 타원곡선 암호 알고리즘은 타원곡선 대수문제에 기초를 두고 있으며, RSA 알고리즘과 동일한 안전성을 제공하기 위해서 더 긴 길이의 키를 필요로 한다.

④ ElGamal 암호 알고리즘은 많은 큰 수들의 집합에서 선택된 수들의 합을 구하는 것은 쉽지만, 주어진 합으로부터 선택된 수들의 집합을 찾기 어렵다는 점을 이용한 것이다.

1 ① Snort는 오픈소스이며, 실시간으로 트래픽 분석과 패킷을 기록하는 침입 방지 시스템이다.

② OTP(One Time Password)는 오직 한 번만 사용되는 패스워드이다. 이런 패스워드에는 도청이나 도난이 무의미해진다.

③ SSO(Single Sign On)은 한 번의 시스템 인증을 통하여 접근하고자하는 다양한 정보시스템에 재인증 절차 없이 접근할 수 있도록 하는 통합 로그인 솔루션이다.

④ 스마트 카드는 실질적으로 정보를 처리할 수 있다는 점에서 메모리 카드보다 발전된 기술이다. 마이크로 프로세스, 카드 운영체제, 보안 모듈, 메모리 등으로 구성되어 특정 업무를 처리할 수 있는 능력을 갖추고 있어야 한다.

2 위협·위험·취약점

㉠ **위협**(Threat) : 손실이나 손상의 원인이 될 가능성을 제공하는 환경의 집합이다. 보안에 해를 끼치는 행동이나 사건이다.

㉡ **위험**(Risk) : 예상되는 위협에 의해 자산에 발생할 가능성이 있는 손실의 기대치. 자산의 가치 및 취약점과 위협 요소의 능력, 보호 대책의 효과 등에 의해 영향을 받는다.

㉢ **취약점**(Vulnerability) : 위협의 이용대상으로 관리적, 물리적, 기술적 약점이다.(정보보호 대책 미비)

3 ① Diffie-Hellman 키 교환 방식은 인증단계가 없기 때문에 중간자(man-in-the-middle) 공격에 취약하다.

③ 타원곡선 암호 알고리즘은 타원곡선 대수문제에 기초를 두고 있으며, RSA 알고리즘과 동일한 안전성을 제공하기 위해서 더 짧은 길이의 키를 필요로 한다.

④ ElGamal 암호 알고리즘은 이산대수 문제에 근거한다. 많은 큰 수들의 집합에서 선택된 수들의 합을 구하는 것은 쉽지만, 주어진 합으로부터 선택된 수들의 집합을 찾기 어렵다는 점을 이용하는 것은 배낭 문제에 대한 설명이다.

※ RSA 암호 알고리즘

㉠ RSA는 공개키 암호시스템의 하나로, 암호화뿐만 아니라 전자서명이 가능한 최초의 알고리즘으로 알려져 있다.

㉡ RSA가 갖는 전자서명 기능은 인증을 요구하는 전자 상거래 등에 RSA의 광범위한 활용을 가능하게 하였다.

㉢ 1978년 로널드 라이베스트(Ron Rivest), 아디 샤미르(Adi Shamir), 레너드 애들먼(Leonard Adleman)의 연구에 의해 체계화되었으며, RSA라는 이름은 이들 3명의 이름 앞글자를 딴 것이며 RSA 암호체계의 안정성은 큰 숫자를 소인수 분해하는 것이 어렵다는 것에 기반을 두고 있다.

정답 및 해설 1.① 2.② 3.②

4 ISO/IEC 27001의 보안 위험 관리를 위한 PDCA 모델에 대한 설명으로 옳지 않은 것은?

① IT기술과 위험 환경의 변화에 대응하기 위하여 반복되어야 하는 순환적 프로세스이다.

② Plan 단계에서는 보안 정책, 목적, 프로세스 및 절차를 수립한다.

③ Do 단계에서는 수립된 프로세스 및 절차를 구현하고 운영한다.

④ Act 단계에서는 성과를 측정하고 평가한다.

5 메시지의 무결성을 검증하는 데 사용되는 해시와 메시지 인증 코드(MAC)의 차이점에 대한 설명으로 옳은 것은?

① MAC는 메시지와 송·수신자만이 공유하는 비밀키를 입력받아 생성되는 반면에, 해시는 비밀키 없이 메시지로부터 만들어진다.

② 해시의 크기는 메시지 크기와 무관하게 일정하지만, MAC는 메시지와 크기가 같아야 한다.

③ 메시지 무결성 검증 시, 해시는 암호화되어 원본 메시지와 함께 수신자에게 전달되는 반면에, MAC의 경우에는 MAC로부터 원본 메시지 복호화가 가능하므로 MAC만 전송하는 것이 일반적이다.

④ 송·수신자만이 공유하는 비밀키가 있는 경우, MAC를 이용하여 메시지 무결성을 검증할 수 있으나 해시를 이용한 메시지 무결성 검증은 불가능하다.

6 DMZ(demilitarized zone)에 대한 설명으로 옳은 것만을 고른 것은?

㉠ 외부 네트워크에서는 DMZ에 접근할 수 없다.

㉡ DMZ 내에는 웹 서버, DNS 서버, 메일 서버 등이 위치할 수 있다.

㉢ 내부 사용자가 DMZ에 접속하기 위해서는 외부 방화벽을 거쳐야 한다.

㉣ DMZ는 보안 조치가 취해진 네트워크 영역으로, 내부 방화벽과 외부 방화벽 사이에 위치할 수 있다.

---

① ㉠, ㉢

② ㉡, ㉢

③ ㉡, ㉣

④ ㉠, ㉣

4 ISO 27001은 영국의 BSI(British Standards Institute)에서 제정한 BS7799를 기반으로 구성되어 있는, 일종의 보안 인증이자 보안 프레임워크이다. 어떤 조직이 ISO 27001 인증을 획득했다고 하면 이는 ISO 27001에서 제시한 프레임워크에 따라 회사의 위험을 관리하고, 이를 개선해나가는 체계를 갖추었다는 의미이다.

※ 보안 위험 관리 PDCA 모델

    ⊙ P(Plan) : 모든 공정은 실행하기 전에 정확하게 계획할 수 있다.

    ⓒ D(Do) : 공정을 세워진 계획에 따라 실행해야만 한다.

    ⓒ C(Check) : 공정은 계속 감시되어야 하며, 모든 공정이 완료되면 목표치와 결과치를 비교해야 한다.

    ⓔ A(Act) : 비교 결과를 통해 오차의 근원을 제거한다.

5 메시지 인증코드와 해시함수

    ⊙ 메시지 인증코드는 임의 길이의 메시지와 송신자 및 수신자가 공유하는 키라는 2개의 입력을 기초로 해서 고정 비트길이의 출력을 계산하는 함수이다. 이 출력을 MAC값이라 부른다.

    ⓒ 해시함수는 전자서명에 사용된다고 했는데, 이것은 서명자가 특정 문서에 자신의 개인키를 이용하여 연산함으로써 데이터의 무결성과 서명자의 인증성을 함께 제공하는 방식이다. 메시지 전체에 직접 서명하는 것은 공개키 연산을 모든 메시지 블록마다 반복해야 하기 때문에 매우 비효율적이다. 따라서 메시지에 대한 해쉬값을 계산한 후, 이것에 서명함으로써 매우 효율적으로 전자서명을 생성할 수 있다. 서명자는 메시지 자체가 아니라 해쉬값에 대해 서명을 하였지만, 같은 해쉬값을 가지는 다른 메시지를 찾아내는 것이 어렵기 때문에 이 서명은 메시지에 대한 서명이라고 인정된다.

6 DMZ … 인터넷과 같은 확신할 수 없는 영역에 해당 조직의 외부 서비스를 하기 위한 물리적 또는 논리적 서브 네트워크를 말한다. 내부 네트워크와 외부 네트워크 사이에 DMZ라는 레이어를 두어 외부공격자가 침투 시에 내부 네트워크 대신 DMZ까지만 공격당하게 하는 논리이다.

외부에서 접속할 수 있어야 하며 보호되어야 할 시스템은 주로 DMZ 네트워크에 배치한다. 보통 DMZ 안에 있는 시스템은 회사의 웹사이트, 이메일 서버 또는 DNS 서버와 같이 반드시 외부로 연결할 수 있어야 한다.

정답 및 해설 4.④ 5.① 6.③

7 「정보통신망 이용촉진 및 정보보호 등에 관한 법률」상 정보통신서비스 제공자가 이용자의 개인정보를 이용하려고 수집하는 경우 이용자들에게 알리고 동의를 받아야 하는 내용이 아닌 것은?

① 개인정보의 수집 · 이용 목적
② 수집하는 개인정보의 항목
③ 개인정보의 보유 · 이용 기간
④ 개인정보 처리의 위탁기관명

8 임의접근제어(DAC)에 대한 설명으로 옳지 않은 것은?

① 사용자에게 주어진 역할에 따라 어떤 접근이 허용되는지를 말해주는 규칙들에 기반을 둔다.
② 주체 또는 주체가 소속되어 있는 그룹의 식별자(ID)를 근거로 객체에 대한 접근을 승인하거나 제한한다.
③ 소유권을 가진 주체가 객체에 대한 권한의 일부 또는 전부를 자신의 의지에 따라 다른 주체에게 부여한다.
④ 전통적인 UNIX 파일 접근제어에 적용되었다.

9 식별된 위험에 대처하기 위한 정보보안 위험 관리의 위험 처리 방안 중, 불편이나 기능 저하를 감수하고라도, 위험을 발생시키는 행위나 시스템 사용을 하지 않도록 조치하는 방안은?

① 위험 회피
② 위험 감소
③ 위험 수용
④ 위험 전가

7 개인정보의 수집·이용 동의 등〈정보통신망 이용촉진 및 정보보호 등에 관한 법률 제22조〉

※ 2020. 2. 4. 삭제, 2020. 8. 5. 시행

① 정보통신서비스 제공자는 이용자의 개인정보를 이용하려고 수집하는 경우에는 다음의 모든 사항을 이용자에게 알리고 동의를 받아야 한다. 다음의 어느 하나의 사항을 변경하려는 경우에도 또한 같다.

    1. 개인정보의 수집·이용 목적

    2. 수집하는 개인정보의 항목

    3. 개인정보의 보유·이용 기간

② 정보통신서비스 제공자는 다음의 어느 하나에 해당하는 경우에는 ①에 따른 동의 없이 이용자의 개인정보를 수집·이용할 수 있다.

    1. 정보통신서비스의 제공에 관한 계약을 이행하기 위하여 필요한 개인정보로서 경제적·기술적인 사유로 통상적인 동의를 받는 것이 뚜렷하게 곤란한 경우

    2. 정보통신서비스의 제공에 따른 요금정산을 위하여 필요한 경우

    3. 이 법 또는 다른 법률에 특별한 규정이 있는 경우

8 임의접근제어(DAC)

㉠ 접근 제어 정책의 하나로, 시스템 객체에 대한 접근을 사용자 개인 또는 그룹의 식별자를 기반으로 하는 방법. 임의라는 말은 어떤 종류의 접근 권한을 갖는 사용자는 다른 사용자에게 자신의 판단에 따라 권한을 줄 수 있다는 뜻이다.

㉡ 주체 및 객체의 신분이나 임의 접근 제어 규칙에 기초하여 객체에 대한 주체의 접근을 제어하는 기능이다.

① 역할 기반 접근 제어(Role-Based Access Control)는 사용자의 조직에서의 역할을 기반으로 접근 권한을 특정 사용자가 아닌 해당 역할을 가진 사용자 그룹에게 부여하는 방식이다.

9 위험 회피(Risk avoidance)

㉠ 위험이 존재하는 프로세스나 사업을 수행하지 않고 포기하는 것이다. 자산 매각이나 설계변경 등 다른 대안을 선택하여 해당 위험이 실현되지 않도록 하는 것이다.

㉡ 이것은 보통 편리함의 상실이나 조직에 유용한 기능을 수행할 수 있는 능력의 상실을 초래할 수 있다.

※ 위험처리 전략설정은 위험수용, 위험감소, 위험회피, 위험전가의 4가지로 나눈다.

    ㉠ 위험수용 : 위험을 받아들이고 비용을 감수함

    ㉡ 위험감소 : 위험을 감소시킬 수 있는 대책을 채택하여 구현함

    ㉢ 위험회피 : 위험이 존재하는 프로세스나 사업을 포기함

    ㉣ 위험전가 : 잠재적 비용을 제3자에게 이전하거나 할당함

정답 및 해설 7.④ 8.① 9.①

10 Bell-LaPadula 보안 모델의 *-속성(star property)이 규정하고 있는 것은?

① 자신과 같거나 낮은 보안 수준의 객체만 읽을 수 있다.

② 자신과 같거나 낮은 보안 수준의 객체에만 쓸 수 있다.

③ 자신과 같거나 높은 보안 수준의 객체만 읽을 수 있다.

④ 자신과 같거나 높은 보안 수준의 객체에만 쓸 수 있다.

11 버퍼 오버플로우에 대한 설명으로 옳지 않은 것은?

① 프로세스 간의 자원 경쟁을 유발하여 권한을 획득하는 기법으로 활용된다.

② C 프로그래밍 언어에서 배열에 기록되는 입력 데이터의 크기를 검사하지 않으면 발생할 수 있다.

③ 버퍼에 할당된 메모리의 경계를 침범해서 데이터 오류가 발생하게 되는 상황이다.

④ 버퍼 오버플로우 공격의 대응책 중 하나는 스택이나 힙에 삽입된 코드가 실행되지 않도록 하는 것이다.

12 침입탐지시스템(IDS)에서 알려지지 않은 공격을 탐지하는 데 적합한 기법은?

① 규칙 기반의 오용 탐지

② 통계적 분석에 의한 이상(anomaly) 탐지

③ 전문가 시스템을 이용한 오용 탐지

④ 시그니처 기반(signature based) 탐지

13 「전자서명법」상 공인인증기관이 발급한 공인인증서의 효력 소멸 또는 폐지의 사유에 해당하지 않는 것은?

① 공인인증서의 유효기간이 경과한 경우

② 가입자의 전자서명검증정보가 유출된 경우

③ 공인인증기관이 가입자의 사망·실종선고 또는 해산 사실을 인지한 경우

④ 가입자 또는 그 대리인이 공인인증서의 폐지를 신청한 경우

10 Bell-LaPadula 보안 모델 … 허가된 비밀정보에 허가되지 않는 방식의 접근을 금지하는 기밀성을 강조한 모델로서 정보흐름 모델, 최초의 수학적 모델이다.

- ㉠ No read up : S(주체)가 O(객체)에 접근할 때 자신의 Clearance보다 높은 Classification을 가질 경우 접근 불가
- ㉡ No write down(No Write down or ＊Property) : S(주체)가 자신이 가지고 있는 Clearance보다 낮은 Classification에 Write(작성) 할 수 없다. 반대로 낮은 주체가 높은 객체를 쓸 수는 있음

11 버퍼 오버플로우 … 경계선 관리가 적절하게 수행되어 덮어쓸 수 없는 부분에 해커가 임의의 코드를 덮어 쓰는 것을 말한다.

12 이상 탐지(Anomaly detection) 기법 … 이상 탐지(Anomaly detection)기법은 침입자에 의한 불법적인 사용을 탐지하는 기법이다. 일반적인 행위 패턴으로부터 벗어난 비정상적인 행위나 사용에 근거한 이상 침입을 탐지하는 방법으로 알려지지 않은 침입 방법까지도 탐지할 수 있는 장점이 있으나, 침입이 아닌데도 침입으로 판단되는 단점도 있다. 통계적인 방법, 특징 추출, 비정상적인 행위 측정 방법의 결합, 예측 가능한 패턴 생성, 신경망 기술, 인공지능, 학습 능력 등이 적용된다.

13 공인인증서의 효력의 소멸 등〈전자서명법 제16조〉
① 공인인증기관이 발급한 공인인증서는 다음의 1에 해당하는 사유가 발생한 경우에는 그 사유가 발생한 때에 그 효력이 소멸된다.
1. 공인인증서의 유효기간이 경과한 경우
2. 공인인증기관의 지정이 취소된 경우
3. 공인인증서의 효력이 정지된 경우
4. 공인인증서가 폐지된 경우
※ 공인인증서의 폐지〈전자서명법 제18조〉
① 공인인증기관은 공인인증서에 관하여 다음의 1에 해당하는 사유가 발생한 경우에는 당해 공인인증서를 폐지하여야 한다.
1. 가입자 또는 그 대리인이 공인인증서의 폐지를 신청한 경우
2. 가입자가 사위 기타 부정한 방법으로 공인인증서를 발급받은 사실을 인지한 경우
3. 가입자의 사망·실종선고 또는 해산 사실을 인지한 경우
4. 가입자의 전자서명생성정보가 분실·훼손 또는 도난·유출된 사실을 인지한 경우
※ 「전자서명법」은 2020. 6. 9. 전부 개정되어 2020. 12. 10. 시행된다. 개정법에는 공인인증서 관련 조항은 규정되어 있지 않으며, 구법에 따라 발급된 유효한 공인인증서에 대해서는 종전의 공인인증서 관련 규정을 따른다.

정답 및 해설 10.④ 11.① 12.② 13.②

14 가상사설망(VPN)에 대한 설명으로 옳지 않은 것은?

① 공중망을 이용하여 사설망과 같은 효과를 얻기 위한 기술로서, 별도의 전용선을 사용하는 사설망에 비해 구축비용이 저렴하다.

② 사용자들 간의 안전한 통신을 위하여 기밀성, 무결성, 사용자 인증의 보안 기능을 제공한다.

③ 네트워크 종단점 사이에 가상터널이 형성되도록 하는 터널링 기능은 SSH와 같은 OSI 모델 4계층의 보안 프로토콜로 구현해야 한다.

④ 인터넷과 같은 공공 네트워크를 통해서 기업의 재택근무자나 이동 중인 직원이 안전하게 회사 시스템에 접근할 수 있도록 해준다.

15 ISO/IEC 27002 보안 통제의 범주에 대한 설명으로 옳지 않은 것은?

① 보안 정책 : 비즈니스 요구사항, 관련 법률 및 규정을 준수하여 관리 방향 및 정보 보안 지원을 제공

② 인적 자원 보안 : 조직 내의 정보 보안 및 외부자에 의해 사용되는 정보 및 자원 관리

③ 자산 관리 : 조직의 자산에 대한 적절한 보호를 성취하고 관리하며, 정보가 적절히 분류될 수 있도록 보장

④ 비즈니스 연속성 관리 : 비즈니스 활동에 대한 방해에 대처하고, 중대한 비즈니스 프로세스를 정보 시스템 실패 또는 재난으로부터 보호하며, 정보 시스템의 시의 적절한 재개를 보장

16 윈도우즈에서 지원하는 네트워크 관련 명령어와 주요 기능에 대한 설명으로 옳지 않은 것은?

① route : 라우팅 테이블의 정보 확인

② netstat : 연결 포트 등의 네트워크 상태 정보 확인

③ tracert : 네트워크 목적지까지의 경로 정보 확인

④ nslookup : 사용자 계정 정보 확인

14 가상사설망(VPN : Virtual Private Network)은 인터넷 같은 Public Network를 이용하여 Private Network를 구성하는 기술이다. 기존의 전용선을 이용한 Private Network에 비해 훨씬 저렴한 비용으로 보다 연결성이 뛰어나면서도 안전한 망을 구성할 수 있다.

15 외부자 보안과 인적 보안
  ㉠ 외부자 보안(KISA-ISMS) : 계약 및 서비스수준협약 보안관리, 외부자 보안 실행관리
  ㉡ 인적 보안(KISA-ISMS) : 책임할당 및 규정화, 비밀유지, 적격심사 및 주요 직무 담당자 관리

16 ④ nslookup 명령어는 네트워크 관리 명령 줄 인터페이스 도구로서 많은 컴퓨터 운영 체제에서 사용 가능하며, 도메인 네임을 얻거나 IP 주소 매핑 또는 다른 특정한 DNS 레코드를 도메인 네임 시스템(DNS)에 질의할 때 사용된다.

정답 및 해설 14.③ 15.② 16.④

17 OWASP(The Open Web Application Security Project)에서 발표한 2013년도 10대 웹 애플리케이션 보안 위험 중 발생 빈도가 높은 상위 3개에 속하지 않는 것은?

① Injection

② Cross-Site Scripting

③ Unvalidated Redirects and Forwards

④ Broken Authentication and Session Management

17 ③ Unvalidated Redirects and Forwards(검증되지 않은 리다이렉트, 포워드)는 2013년 발표한 OWASP의 10위이다.

※ 10대 웹 애플리케이션 보안 위험

1. Injection : SQL 삽입, 명령어 삽입, LDAP 삽입과 같은 취약점이 포함되며, 주요 원인은 신뢰할 수 없는 외부 값에 의해 발생되며, 명령어 실행 또는 접근이 불가한 데이터에 대한 접근 등의 취약점을 발생시킨다.
2. 인증 및 세션 관리 취약점(Broken Authentication and Session Management) : 인증과 세션 관리와 관련된 애플리케이션의 비정상적인 동작으로 인해 패스워드, 키, 세션 토큰 및 사용자 도용과 같은 취약점을 발생시킨다.
3. 크로스 사이트 스크립트(XSS) : 신뢰할 수 없는 외부 값을 적절한 검증 없이 웹 브라우저로 전송하는 경우 발생되는 취약점으로 사용자 세션을 가로채거나, 홈페이지 변조, 악의적인 사이트 이동 등의 공격을 수행할 수 있다.
4. 취약한 직접 개체 참조(Insecure Direct Object References) : 파일, 디렉터리, 데이터베이스 키와 같은 내부적으로 처리되는 오브젝트가 노출되는 경우, 다운로드 취약점 등을 이용하여 시스템 파일에 접근하는 경우 등을 의미한다.
5. 보안 설정 오류(Security Misconfiguration) : 애플리케이션, 프레임워크, 애플리케이션 서버, 데이터베이스 서버 플랫폼 등에 보안설정을 적절하게 실정하고, 최적화된 값으로 유지하며, 또한 소프트웨어는 최신의 업데이트 상태로 유지하여야 한다.
6. 민감데이터 노출(Sensitive Data Exposure) : 대다수의 웹 애플리케이션은 카드번호 등과 같은 개인정보를 적절하게 보호하고 있지 않기 때문에, 개인정보 유출과 같은 취약점이 발생되고 있다. 이를 보완하기 위해서는 데이터 저장 시 암호화 및 데이터 전송 시에도 SSL 등을 이용해야 한다.
7. 기능 수준의 접근통제 누락(Missing Function Level Access Control) : 가상적으로는 UI에서 보여 지는 특정 기능을 수행 전, 기능접근제한 권한을 검증해야 하나, 애플리케이션은 각 기능에 대한 접근 시 동일한 접근통제검사 수행이 요구된다. 만일 적절하게 수행되지 않는 경우 공격자는 비 인가된 기능에 접근하기 위해, 정상적인 요청을 변조할 수 있다.
8. 크로스 사이트 요청 변조(CSRF) : 로그온 된 피해자의 웹 브라우저를 통해, 세션 쿠키 및 기타 다른 인증정보가 포함된 변조된 HTTP 요청을 전송시켜 정상적인 전송적인 요청처럼 보이게 하는 기법으로 물품구매, 사이트 글 변조 등의 악의적인 행동을 하는 취약점을 의미한다.
9. 알려지지 않은 취약점이 있는 컴포넌트 사용(Using Components with Known vulnerabilities) : 슈퍼 유저 권한으로 운영되는 취약한 라이브러리, 프레임워크 및 기타 다른 소프트웨어 모듈로 인해 데이터 유실 및 서버 권한 획득과 같은 취약성이 존재한다.
10. 검증되지 않은 리다이렉트 및 포워드(Unvalidated Redirects and Forwards) : 마치 안전할 듯한 것처럼 위장된 사이트로 리다이렉트를 하여 사용자가 공격자가 원하는 사이트로 접속하도록 하는 공격하는 취약점을 말하는 것이다.

정답 및 해설 17.③

18 전자우편의 보안 강화를 위한 S/MIME(Secure/Multipurpose Internet Mail Extension)에 대한 설명으로 옳은 것은?

① 메시지 다이제스트를 수신자의 공개키로 암호화하여 서명한다.

② 메시지를 대칭키로 암호화하고 이 대칭키를 발신자의 개인키로 암호화한 후 암호화된 메시지와 함께 보냄으로써 전자우편의 기밀성을 보장한다.

③ S/MIME를 이용하면 메시지가 항상 암호화되기 때문에 S/MIME 처리 능력이 없는 수신자는 전자우편 내용을 볼 수 없다.

④ 국제 표준 X.509 형식의 공개키 인증서를 사용한다.

19 국내 정보보호관리체계(ISMS)의 관리 과정 5단계 중 위험 관리 단계의 통제항목에 해당하지 않는 것은?

① 위험 관리 방법 및 계획 수립

② 정보보호 대책 선정 및 이행 계획 수립

③ 정보보호 대책의 효과적 구현

④ 위험 식별 및 평가

20 공개키 기반 전자서명에서 메시지에 서명하지 않고 메시지의 해시 값과 같은 메시지 다이제스트에 서명하는 이유는?

① 공개키 암호화에 따른 성능 저하를 극복하기 위한 것이다.

② 서명자의 공개키를 쉽게 찾을 수 있도록 하기 위한 것이다.

③ 서명 재사용을 위한 것이다.

④ 원본 메시지가 없어도 서명을 검증할 수 있도록 하기 위한 것이다.

18 S/MIME(Secure/Multipurpose Internet Mail Extensions)은 MIME 데이터를 안전하게 송수신하는 방법을 제공한다. 인터넷의 MIME 표준에 의거하여 S/MIME은 전자 메시지에 있어서 인증, 메시지 무결성, 송신처의 부인방지(전자서명 이용), 프라이버시와 데이터 보안(암호 이용)과 같은 암호학적 보안 서비스를 제공한다. S/MIME은 기존의 우편 서비스의 사용자 에이전트(MUA, Mail User Agent)에 송신하는 메시지에 암호 서비스를 부가시키고 수신 받은 메시지의 암호 서비스를 해석하는 데 이용된다. 그러나, S/MIME은 전자우편에만 한정되어 있지는 않다. HTTP와 같은 MIME 데이터를 전달하는 전송 메커니즘에도 사용된다. 따라서, S/MIME은 MIME의 객체 기반적인 특징을 이용하며 여러 가지 전송 시스템 내의 메시지의 교환을 제공한다.

19 ISMS(Information Security Management System)를 흔히 정보 보안 경영시스템이라고 해석한다. BSI에서는 기업이 민감한 정보를 안전하게 보존하도록 관리할 수 있는 체계적 경영시스템이라고 정의한다.

정보보호 정책수립 및 범위설정	• 정보보호정책의 수립 • 범위설정
경영진 책임 및 조직구성	• 경영진 참여 • 정보보호, 조직구성 및 자원할당
위험관리	• 위험관리 방법 및 계획수립 • 위험 식별 및 평가 • 정보보호 대책 선정 및 이행계획 수립
정보보호대책 구현	• 정보보호대책의 효과적 구현 • 내부공유 및 교육
사후관리	• 법적요구사항 준수 검토 • 정보보호 관리체계 운영현황관리 • 내부감사

20 ① 디지털서명 시스템에서 메시지는 일반적으로 매우 길지만 그래도 비대칭키 시스템을 사용해야만 한다. 이 경우에 비효율성 문제를 해결하기 위해 실제 메시지보다 훨씬 짧은 메시지 다이제스트에 서명을 하는 방법을 이용한다.

1 보안 공격 유형 중 소극적 공격으로 옳은 것은?

① 트래픽 분석(traffic analysis)
② 재전송(replaying)
③ 변조(modification)
④ 신분 위장(masquerading)

2 네트워크 공격에 대한 설명으로 옳지 않은 것은?

① Spoofing : 네트워크에서 송·수신되는 트래픽을 도청하는 공격이다.
② Session hijacking : 현재 연결 중인 세션을 가로채는 공격이다.
③ Teardrop : 네트워크 프로토콜 스택의 취약점을 이용한 공격 방법으로 시스템에서 패킷을 재조립할 때, 비정상 패킷이 정상 패킷의 재조립을 방해함으로써 네트워크를 마비시키는 공격이다.
④ Denial of Service : 시스템 및 네트워크의 취약점을 이용하여 사용 가능한 자원을 소비함으로써, 실제 해당 서비스를 사용하려고 요청하는 사용자들이 자원을 사용할 수 없도록 하는 공격이다.

3 암호학적 해시 함수가 가져야 할 특성으로 옳지 않은 것은?

① 서로 다른 두 입력 메시지에 대해 같은 해시값이 나올 가능성은 있으나, 계산적으로 같은 해시값을 갖는 서로 다른 두 입력 메시지를 찾는 것은 불가능해야 한다.
② 해시값을 이용하여 원래의 입력 메시지를 찾는 것은 계산상으로 불가능해야 한다.
③ 입력 메시지의 길이에 따라 출력되는 해시값의 길이는 비례해야 한다.
④ 입력 메시지와 그 해시값이 주어졌을 때, 이와 동일한 해시값을 갖는 다른 메시지를 찾는 것은 계산상으로 불가능해야 한다.

1 보안공격

㉠ 기밀성을 위협하는 공격(소극적 공격)
- 스누핑(Snooping) : 도청(탈취)을 의미
- 트래픽 분석(Traffic Analysis) : 전송의 성향을 추측하는데 도움, 질의와 응답을 수집

㉡ 무결성을 위협하는 공격(적극적 공격)
- 재전송(replaying) : 시간이 경과한 후에 재전송 함으로써 지연
- 변조(modification) : 법으로 수정하거나, 메시지 전송을 지연, 순서 변경
- 신분 위장(masquerading) : 다른 형태의 적극적 공격과 병행해서 수행

㉢ 가용성을 위협하는 공격
- 서비스 거부 : 서비스를 느리게 하거나 완전히 차단

※ 소극적 공격, 적극적 공격
  ㉠ 소극적 공격 : 시스템에 해를 끼치지 않는다.(기밀성)
  ㉡ 적극적 공격 : 방어하기보단 탐지하는 것이 더 쉽다.(무결성, 가용성)

2 ① 스푸핑(spoofing)은 '속이기'라는 뜻으로 네트워크에서 가짜인데 진짜인 것으로 속여 원하는 정보를 가로채는 해킹 기법을 말한다. 스푸핑은 MAC 주소, IP 주소, 포트 등과 같이 네트워크 통신과 관련된 모든 것을 속이기 대상으로 할 수 있다

3 해시함수 특징

㉠ 임의 길이의 메시지로부터 고정 길이의 해시값을 계산한다.

㉡ 해시값을 고속으로 계산할 수 있다.

㉢ 일방향성을 갖는다.

㉣ 메시지가 다르면 해시값도 다르다.

※ 보안적 요구사항
  ㉠ **역상저항성** : 주어진 임의의 출력값 y에 대해 $y = h(x)$를 만족하는 입력값 x를 찾는 것이 계산적으로 불가능하다.
  ㉡ **두번째 역상 저항성**(=약한 충돌 내성) : 주어진 입력값 x에 대해 $h(x) = h(x')$, $x \neq x'$을 만족하는 다른 입력값 x'을 찾는 것이 계산적으로 불가능하다.
  ㉢ **충돌 저항성**(=강한 충돌 내성) : $h(x) = h(x')$을 만족하는 임의의 두 입력값 x, x'을 찾는 것이 계산적으로 불가능하다.

※ **충돌** … 2개의 다른 메시지가 같은 해시값을 갖는 것

정답 및 해설 1.① 2.① 3.③

4 다음 내용에 해당하는 공개키 기반 구조(PKI)의 구성요소로 옳은 것은?

> • 사용자에 대한 공개키 인증서를 생성하고 이를 발급한다.
> • 필요 시 사용자 인증서에 대한 갱신 및 폐기 기능을 수행한다.
> • 인증서 폐기 목록(certificate revocation list)을 작성한다.

① 사용자

② 등록기관

③ 인증기관

④ 디렉토리

5 ㉠과 ㉡에 들어갈 용어로 옳은 것은?

> (㉠)은(는) 디지털 콘텐츠를 구매할 때 구매자의 정보를 삽입하여 불법 배포 발견 시 최초의 배포자를 추적할 수 있게 하는 기술이다.
> (㉡)은(는) 원본의 내용을 왜곡하지 않는 범위 내에서 사용자가 인식하지 못하도록 저작권 정보를 디지털 콘텐츠에 삽입하는 기술이다.

	㉠	㉡
①	크래커(Cracker)	커버로스(Kerberos)
②	크래커(Cracker)	워터마킹(Watermarking)
③	핑거프린팅(Fingerprinting)	커버로스(Kerberos)
④	핑거프린팅(Fingerprinting)	워터마킹(Watermarking)

6 정보보호 시스템에서 사용된 보안 알고리즘 구현 과정에서 곱셈에 대한 역원이 사용된다. 잉여류 Z_{26}에서 법(modular) 26에 대한 7의 곱셈의 역원으로 옳은 것은?

① 11

② 13

③ 15

④ 17

4 ③ 인증기관(CA) : 인증서를 발급해 주며, 인증서는 최종 객체를 인증하는 전자 증명서 역할

① 사용자 : 공개키 인증서를 사용하는 사람 또는 시스템

② 등록기관(RA) : 인증기관을 대신해 사용자의 신분을 확인, 발급된 인증서 및 해당CA, 상위기관의 공개키를 사용자에게 전달

④ 디렉토리 : 공개키 기반구조에서 관리되는 사항들을 저장 및 검색할 수 있는 장소(인증서, 인증서 취소목록, 사용자 정보 등)

※ 공개키 기반 구조(PKI : Public Key Infrastructure)는 전자상거래 시스템과 같은 정보시스템에 안전성을 부여하며, 통신 시스템의 신뢰성을 높이기 위한 기반 구조이다.

5 핑거프린팅(Fingerprinting)과 워터마킹(Watermarking)

㉠ 핑거프린팅은 디지털 콘텐츠를 구매할 때 구매자의 정보를 삽입하여 불법 배포 발견 시 최초의 배포자를 추적할 수 있게 하는 기술이다.

㉡ 워터마킹은 원본의 내용을 왜곡하지 않는 범위 내에서 사용자가 인식하지 못하도록 저작권 정보를 디지털 콘텐츠에 삽입하는 기술이다.

※ 크래커와 커버로스

㉠ 크래커(Cracker) : 네트워크 등을 통해 컴퓨터 시스템에 불법으로 침입하는 자

㉡ 커버로스(Kerberos) : 분산 컴퓨팅 환경에서 대칭키 암호를 이용하여 사용자 인증을 제공하는 중앙 집중형 인증 방식

6 $(7 * x) \bmod 26 = 1$이 되는 x를 찾는 것이다.

보기에서 3번의 경우 $7 * 15 = 105$가 되어, $105 \bmod 26 = 1$이다.

정답 및 해설 4.③ 5.④ 6.③

7 다음 내용에 해당하는 암호블록 운용 모드를 바르게 나열한 것은?

> ㉠ 코드북(codebook)이라 하며, 가장 간단하게 평문을 동일한 크기의 평문블록으로 나누고 키로 암호화하여 암호블록을 생성한다.
> ㉡ 현재의 평문블록과 바로 직전의 암호블록을 XOR한 후 그 결과를 키로 암호화하여 암호블록을 생성한다.
> ㉢ 각 평문블록별로 증가하는 서로 다른 카운터 값을 키로 암호화하고 평문블록과 XOR하여 암호블록을 생성한다.

	㉠	㉡	㉢
①	CBC	ECB	OFB
②	CBC	ECB	CTR
③	ECB	CBC	OFB
④	ECB	CBC	CTR

8 스택 버퍼 오버플로우 공격의 수행 절차를 순서대로 바르게 나열한 것은?

> ㉠ 특정 함수의 호출이 완료되면 조작된 반환 주소인 공격 쉘 코드의 주소가 반환된다.
> ㉡ 루트 권한으로 실행되는 프로그램 상에서 특정 함수의 스택 버퍼를 오버플로우시켜서 공격 쉘 코드가 저장되어 있는 버퍼의 주소로 반환 주소를 변경한다.
> ㉢ 공격 쉘 코드를 버퍼에 저장한다.
> ㉣ 공격 쉘 코드가 실행되어 루트 권한을 획득하게 된다.

① ㉠→㉡→㉢→㉣
② ㉠→㉢→㉡→㉣
③ ㉢→㉡→㉠→㉣
④ ㉢→㉠→㉡→㉣

7 **블록 암호 알고리즘** … 암호학에서 블록 암호(block cipher)란 기밀성 있는 정보를 정해진 블록 단위로 암호화하는 대칭키 암호 시스템이다. 만약 암호화하려는 정보가 블록 길이보다 길 경우에는 특정한 운용 모드가 사용된다.(**데**, ECB, CBC, OFB, CFB, CTR)

   ⓐ ECB(Electronic Codebook, 전자 부호표 모드) : 가장 간단한 모드로 기밀성이 가장 낮으며 평문 블록을 암호화 한 것이 그대로 암호문 블록이 된다.

   ⓑ CBC(Cipher Block Chaining, 암호 블록 연쇄 모드) : 암호문 블록을 마치 체인처럼 연결시키기 때문에 붙여진 이름이다. CBC는 암호화 입력 값이 이전 결과에 의존하기 때문에 병렬화가 불가능하지만, 복호화의 경우 각 블록을 복호화한 다음 이전 암호화 블록과 XOR하여 복구할 수 있기 때문에 병렬화가 가능하다.

   ⓒ CFB(Cipher Feedback, 암호 피드백 모드) : 암호 피드백(cipher feedback, CFB) 방식은 CBC의 변형으로, 블록 암호를 자기 동기 스트림 암호로 변환한다. CFB의 동작 방식은 CBC와 비슷하며, 특히 CFB 암호 해제 방식은 CBC 암호화의 역순과 거의 비슷하다.

   ⓓ OFB(Output Feedback, 출력 피드백 모드) : 출력 피드백(output feedback, OFB)은 블록 암호를 동기식 스트림 암호로 변환하며 XOR 명령의 대칭 때문에 암호화와 암호 해제 방식은 완전히 동일하다.

   ⓔ Counter(CTR, 카운터 모드) : 카운터(Counter, CTR) 방식은 블록 암호를 스트림 암호로 바꾸는 구조를 가진다. 카운터 방식에서는 각 블록마다 현재 블록이 몇 번째인지 값을 얻어, 그 숫자와 nonce를 결합하여 블록 암호의 입력으로 사용한다. 그렇게 각 블록 암호에서 연속적인 난수를 얻은 다음 암호화하려는 문자열과 XOR한다.

8 **스택 버퍼 오버플로우 공격 수행 절차**

   ⓐ 공격 쉘 코드를 버퍼에 저장한다.

   ⓑ 루트 권한으로 실행되는 프로그램 상에서 특정 함수의 스택 버퍼를 오버플로우시켜서 공격 쉘 코드가 저장되어 있는 버퍼의 주소로 반환 주소를 변경한다.

   ⓒ 특정 함수의 호출이 완료되면 조작된 반환 주소인 공격 쉘 코드의 주소가 반환된다.

   ⓓ 공격 쉘 코드가 실행되어 루트 권한을 획득하게 된다.

   ※ **스택 버퍼 오버플로우 공격** … 입력값을 확인하지 않는 입력 함수에 정상적인 크기보다 큰 입력값을 입력하여 ret 값을 덮어씌움으로써 임의의 코드를 실행하는 것을 말한다.

정답 및 해설 7.④ 8.③

9 접근통제(access control) 모델에 대한 설명으로 옳지 않은 것은?

① 임의적 접근통제는 정보 소유자가 정보의 보안 레벨을 결정하고 이에 대한 정보의 접근제어를 설정하는 모델이다.

② 강제적 접근통제는 중앙에서 정보를 수집하고 분류하여, 각각의 보안 레벨을 붙이고 이에 대해 정책적으로 접근제어를 설정하는 모델이다.

③ 역할 기반 접근통제는 사용자가 아닌 역할이나 임무에 권한을 부여하기 때문에 사용자가 자주 변경되는 환경에서 유용한 모델이다.

④ Bell-LaPadula 접근통제는 비밀노출 방지보다는 데이터의 무결성 유지에 중점을 두고 있는 모델이다.

10 개인정보 보호법령상 개인정보 영향평가에 대한 설명으로 옳지 않은 것은?

① 공공기관의 장은 대통령령으로 정하는 기준에 해당하는 개인정보파일의 운용으로 인하여 정보주체의 개인정보 침해가 우려되는 경우에는 위험요인분석과 개선 사항 도출을 위한 평가를 하고, 그 결과를 행정안전부장관에게 제출하여야 한다.

② 개인정보 영향평가의 대상에 해당하는 개인정보파일은 공공기관이 구축·운용 또는 변경하려는 개인정보파일로서 50만명 이상의 정보주체에 관한 개인정보파일을 말한다.

③ 영향평가를 하는 경우에는 처리하는 개인정보의 수, 개인정보의 제3자 제공 여부, 정보주체의 권리를 해할 가능성 및 그 위험 정도, 그 밖에 대통령령으로 정한 사항을 고려하여야 한다.

④ 행정안전부장관은 제출받은 영향평가 결과에 대하여 보호위원회의 심의·의결을 거쳐 의견을 제시할 수 있다.

11 응용 계층 프로토콜에서 동작하는 서비스에 대한 설명으로 옳지 않은 것은?

① FTP : 파일전송 서비스를 제공한다.

② DNS : 도메인 이름과 IP 주소 간 변환 서비스를 제공한다.

③ POP3 : 메일 서버로 전송된 메일을 확인하는 서비스를 제공한다.

④ SNMP : 메일전송 서비스를 제공한다.

9 벨라파둘라 모델(BLP, Bell-LaPadula Cinfidentiality Model)

ⓐ 허가된 비밀정보에 허가되지 않는 방식의 접근을 금지하는 기밀성을 강조한 모델로서 정보흐름 모델, 최초의 수학적 모델이다.

ⓑ 정보를 극비, 비밀, 일반 정보로 구분하고 MAC 방식으로 접근을 제어한다.

10 개인정보 영향평가〈개인정보 보호법 제33조〉

※ 2020. 2. 4. 행정안전부장관 → 보호위원회로 개정, 2020. 8. 5. 시행

① 공공기관의 장은 대통령령으로 정하는 기준에 해당하는 개인정보파일의 운용으로 인하여 정보주체의 개인정보 침해가 우려되는 경우에는 그 위험요인의 분석과 개선 사항 도출을 위한 평가(이하 "영향평가")를 하고 그 결과를 보호위원회에 제출하여야 한다. 이 경우 공공기관의 장은 영향평가를 보호위원회가 지정하는 기관(이하 "평가기관") 중에서 의뢰하여야 한다.

② 영향평가를 하는 경우에는 다음의 사항을 고려하여야 한다.

  1. 처리하는 개인정보의 수
  2. 개인정보의 제3자 제공 여부
  3. 정보주체의 권리를 해할 가능성 및 그 위험 정도
  4. 그 밖에 대통령령으로 정한 사항

③ 보호위원회는 제출받은 영향평가 결과에 대하여 의견을 제시할 수 있다.

④ 공공기관의 장은 영향평가를 한 개인정보파일을 등록할 때에는 영향평가 결과를 함께 첨부하여야 한다.

⑤ 보호위원회는 영향평가의 활성화를 위하여 관계 전문가의 육성, 영향평가 기준의 개발·보급 등 필요한 조치를 마련하여야 한다.

⑥ 평가기관의 지정기준 및 지정취소, 평가기준, 영향평가의 방법·절차 등에 관하여 필요한 사항은 대통령령으로 정한다.

⑦ 국회, 법원, 헌법재판소, 중앙선거관리위원회(그 소속 기관을 포함)의 영향평가에 관한 사항은 국회규칙, 대법원규칙, 헌법재판소규칙 및 중앙선거관리위원회규칙으로 정하는 바에 따른다.

⑧ 공공기관 외의 개인정보처리자는 개인정보파일 운용으로 인하여 정보주체의 개인정보 침해가 우려되는 경우에는 영향평가를 하기 위하여 적극 노력하여야 한다.

※ "개인정보파일"이란 개인정보를 쉽게 검색할 수 있도록 일정한 규칙에 따라 체계적으로 배열하거나 구성한 개인정보의 집합물(集合物)을 말한다〈개인정보 보호법 제2조 제4호〉.

11 ④ 간이망 관리 프로토콜(Simple Network Management Protocol, SNMP)은 IP 네트워크상의 장치로부터 정보를 수집 및 관리하며, 또한 정보를 수정하여 장치의 동작을 변경하는 데에 사용되는 인터넷 표준 프로토콜이다.

정답 및 해설 9.④ 10.② 11.④

12 「개인정보 보호법」상 용어 정의로 옳지 않은 것은?

① 개인정보 : 살아 있는 개인에 관한 정보로서 성명, 주민등록번호 및 영상 등을 통하여 개인을 알아볼 수 있는 정보(해당 정보만으로는 특정 개인을 알아볼 수 없더라도 다른 정보와 쉽게 결합하여 알아볼 수 있는 것을 포함한다)

② 정보주체 : 업무를 목적으로 개인정보파일을 운용하기 위하여 스스로 또는 다른 사람을 통하여 개인정보를 처리하는 공공기관, 법인, 단체 및 개인

③ 처리 : 개인정보의 수집, 생성, 연계, 연동, 기록, 저장, 보유, 가공, 편집, 검색, 출력, 정정, 복구, 이용, 제공, 공개, 파기, 그 밖에 이와 유사한 행위

④ 개인정보파일 : 개인정보를 쉽게 검색할 수 있도록 일정한 규칙에 따라 체계적으로 배열하거나 구성한 개인정보의 집합물

13 다음 설명에 해당하는 OECD 개인정보보호 8원칙으로 옳은 것은?

> 개인정보는 이용 목적상 필요한 범위 내에서 개인정보의 정확성, 완전성, 최신성이 확보되어야 한다.

① 이용 제한의 원칙(Use Limitation Principle)

② 정보 정확성의 원칙(Data Quality Principle)

③ 안전성 확보의 원칙(Security Safeguards Principle)

④ 목적 명시의 원칙(Purpose Specification Principle)

14 전자서명 방식에 대한 설명으로 옳지 않은 것은?

① 은닉 서명(blind signature)은 서명자가 특정 검증자를 지정하여 서명하고, 이 검증자만이 서명을 확인할 수 있는 방식이다.

② 부인방지 서명(undeniable signature)은 서명을 검증할 때 반드시 서명자의 도움이 있어야 검증이 가능한 방식이다.

③ 위임 서명(proxy signature)은 위임 서명자로 하여금 서명자를 대신해서 대리로 서명할 수 있도록 한 방식이다.

④ 다중 서명(multisignature)은 동일한 전자문서에 여러 사람이 서명하는 방식이다.

12 ② 정보주체란 처리되는 정보에 의하여 알아볼 수 있는 사람으로서 그 정보의 주체가 되는 사람을 말한다〈개인정보 보호법 제2조 제3호〉. 업무를 목적으로 개인정보파일을 운용하기 위하여 스스로 또는 다른 사람을 통하여 개인정보를 처리하는 공공기관, 법인, 단체 및 개인 등은 개인정보처리자이다.

　① 개인정보란 살아 있는 개인에 관한 정보로서 다음 각 목의 어느 하나에 해당하는 정보를 말한다. ※ 2020. 2. 4. 개정, 2020. 5. 8. 시행

　가. 성명, 주민등록번호 및 영상 등을 통하여 개인을 알아볼 수 있는 정보

　나. 해당 정보만으로는 특정 개인을 알아볼 수 없더라도 다른 정보와 쉽게 결합하여 알아볼 수 있는 정보. 이 경우 쉽게 결합할 수 있는지 여부는 다른 정보의 입수 가능성 등 개인을 알아보는 데 소요되는 시간, 비용, 기술 등을 합리적으로 고려하여야 한다.

　다. 가목 또는 나목을 제1호의2에 따라 가명처리(개인정보의 일부를 삭제하거나 일부 또는 전부를 대체하는 등의 방법으로 추가 정보가 없이는 특정 개인을 알아볼 수 없도록 처리하는 것)함으로써 원래의 상태로 복원하기 위한 추가 정보의 사용·결합 없이는 특정 개인을 알아볼 수 없는 정보

13 OECD 개인정보보호 8원칙

　㉠ **수집 제한의 법칙**(Collection Limitation Principle) : 개인정보는 적법하고 공정한 방법을 통해 수집되어야 한다.

　㉡ **정보 정확성의 원칙**(Data Quality Principle) : 이용 목적상 필요한 범위 내에서 개인정보의 정확성, 완전성, 최신성이 확보되어야 한다.

　㉢ **목적 명시의 원칙**(Purpose Specification Principle) : 개인정보는 수집 과정에서 수집 목적을 명시하고, 명시된 목적에 적합하게 이용되어야 한다.

　㉣ **이용 제한의 원칙**(Use Limitation Principle) : 정보 주체의 동의가 있거나, 법 규정이 있는 경우를 제외하고 목적 외 이용되거나 공개될 수 없다.

　㉤ **안전성 확보의 원칙**(Security Safeguard Principle) : 개인정보의 침해, 누설, 도용 등을 방지하기 위한 물리적, 조직적, 기술적 안전 조치를 확보해야 한다.

　㉥ **공개의 원칙**(Openness Principle) : 개인정보의 처리 및 보호를 위한 정책 및 관리자에 대한 정보는 공개되어야 한다.

　㉦ **개인 참여의 원칙**(Individual Participation Principle) : 정보 주체의 개인정보 열람/정정/삭제 청구권은 보장되어야 한다.

　㉧ **책임의 원칙**(Accountability Principle) : 개인정보 관리자에게 원칙 준수 의무 및 책임을 부과해야 한다.

14 은닉 서명(blind signature) … 기본적으로 임의의 전자서명을 만들 수 있는 서명자와 서명 받을 메시지를 제공하는 제공자로 구성되어 있는 서명 방식으로, 제공자의 신원과 메시지-서명 쌍을 연결시킬 수 없는 특성을 유지하는 서명이다

정답 및 해설 12.② 13.② 14.①

15 현행 우리나라의 정보보호관리체계(ISMS) 인증에 대한 설명으로 옳지 않은 것은?

① 「정보통신망 이용촉진 및 정보보호 등에 관한 법률」에 근거를 두고 있다.

② 인증심사의 종류에는 최초심사, 사후심사, 갱신심사가 있다.

③ 인증에 유효기간은 정해져 있지 않다.

④ 정보통신망의 안정성·신뢰성 확보를 위하여 관리적·기술적·물리적 보호조치를 포함한 종합적 관리체계를 수립·운영하고 있는 자에 대하여 인증 기준에 적합한지에 관하여 인증을 부여하는 제도이다.

16 보안 서비스에 대한 설명를 바르게 나열한 것은?

> ㉠ 메시지가 중간에서 복제·추가·수정되거나 순서가 바뀌거나 재전송됨이 없이 그대로 전송되는 것을 보장한다.
> ㉡ 비인가된 접근으로부터 데이터를 보호하고 인가된 해당 개체에 적합한 접근 권한을 부여한다.
> ㉢ 송·수신자 간에 전송된 메시지에 대해서, 송신자는 메시지 송신 사실을, 수신자는 메시지 수신 사실을 부인하지 못하도록 한다.

	㉠	㉡	㉢
①	데이터 무결성	부인봉쇄	인증
②	데이터 가용성	접근통제	인증
③	데이터 기밀성	인증	부인봉쇄
④	데이터 무결성	접근통제	부인봉쇄

17 SSH(Secure SHell)를 구성하고 있는 프로토콜 스택으로 옳지 않은 것은?

① SSH User Authentication Protocol

② SSH Session Layer Protocol

③ SSH Connection Protocol

④ SSH Transport Layer Protocol

15 ISMS인증

 ㉠ 인증 유효기간 : 정보보호 관리체계는 인증일로부터 3년간 유효하다. 매년 정보보호관리체계(ISMS)를 지속적
  으로 유지하고 있는지에 대한 사후심사와 3년마다 인증유효기간을 연장하기 위한 갱신심사를 받아야 한다.

 ㉡ 인증제도 : 기업(조직)이 각종 위협으로부터 주요 정보자산을 보호하기 위해 수립·관리·운영하는 종합적인 체
  계(정보보호 관리체계)의 적합성에 대해 인증을 부여하는 제도이다.

 ㉢ 임증심사의 종류

  • 최초심사 : 정보보호관리체계 인증 취득을 위한 심사

  • 사후심사 : 정보보호관리체계를 지속적으로 유지하고 있는지에 대한 심사(연 1회 이상)

  • 갱신심사 : 유효기간(3년) 만료일 이전에 유효기간의 연장을 목적으로 하는 심사

  ※ 인증을 받은 정보보호 관리체계 범위 내에서 중대한 변경이 발생한 경우 최초심사 수행

16 ㉠ 데이터 무결성이란 메시지가 중간에서 복제·추가·수정되거나 순서가 바뀌거나 재전송됨이 없이 그대로 전송
  되는 것을 보장한다.

 ㉡ 접근통제란 비인가된 접근으로부터 데이터를 보호하고 인가된 해당 개체에 적합한 접근 권한을 부여한다.

 ㉢ 부인봉쇄란 송·수신자 간에 전송된 메시지에 대해서, 송신자는 메시지 송신 사실을, 수신자는 메시지 수신
  사실을 부인하지 못하도록 한다.

17 SSH(Secure SHell)

 ㉠ secure shell의 약어. PGP와 마찬가지로 공개 키 방식의 암호 방식을 사용하여 원격지 시스템에 접근하여 암
  호화된 메시지를 전송할 수 있는 시스템. 따라서 LAN 상에서 다른 시스템에 로그인할 때 스니퍼에 의해서
  도청당하는 것을 막을 수 있다.

 ㉡ SSH(Secure SHell) **프로토콜 구성**

 • Transport Layer Protocol

  – 전 방향성 완전 안정성(PFS : Perfect Forward Secrecy) : 한 세션에서 세션키나 영구 개인키가 손상되더라
   도, 이전 세션들의 안전에 영향을 미치지 않음

  – PFS를 만족하는 서버 인증, 데이터 기밀성과 무결성 제공

  – 압축 기능은 옵션

 • User Authentication Protocol : 사용자를 서버에게 인증

 • Connection Protocol : SSH 연결을 사용하여 하나의 채널 상에서 여러 개의 논리적 통신 채널을 다중화

정답 및 해설 15.③ 16.④ 17.②

18 위험분석 방법에 대한 설명을 바르게 나열한 것은?

> ㉠ 시스템에 관한 전문적인 지식을 가진 전문가 집단을 구성하고 토론을 통해 정보시스템이 직면한 다양한 위협과 취약성을 분석하는 방법이다.
> ㉡ 자산의 가치 분석, 위협 분석, 취약점 분석을 수행하여 위험을 분석하는 방법이다.
> ㉢ 표준화된 보호대책의 세트를 체크리스트 형태로 구현하여 이를 기반으로 보호대책을 식별하는 방법이다.

	㉠	㉡	㉢
①	시나리오법	기준선 접근법	상세 위험 분석 접근법
②	시나리오법	상세 위험 분석 접근법	기준선 접근법
③	델파이법	기준선 접근법	상세 위험 분석 접근법
④	델파이법	상세 위험 분석 접근법	기준선 접근법

19 다음에 해당하는 방화벽의 구축 형태로 옳은 것은?

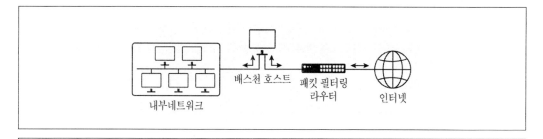

> • 인터넷에서 내부 네트워크로 전송되는 패킷을 패킷 필터링 라우터에서 필터링함으로써 1차 방어를 수행한다.
> • 배스천 호스트에서는 필터링 된 패킷을 프록시와 같은 서비스를 통해 2차 방어 후 내부 네트워크로 전달한다.

① 응용 레벨 게이트웨이(Application-level gateway)
② 회로 레벨 게이트웨이(Circuit-level gateway)
③ 듀얼 홈드 게이트웨이(Dual-homed gateway)
④ 스크린 호스트 게이트웨이(Screened host gateway)

18 ㉠ 델파이법 : 시스템에 관한 전문적인 지식을 가진 전문가 집단을 구성하고 토론을 통해 정보시스템이 직면한 다양한 위협과 취약성을 분석하는 방법이다.

㉡ 상세 위험 분석 접근법 : 자산의 가치 분석, 위험 분석, 취약점 분석을 수행하여 위험을 분석하는 방법이다.

㉢ 기준선 접근법 : 표준화된 보호대책의 세트를 체크리스트 형태로 구현하여 이를 기반으로 보호대책을 식별하는 방법이다.

19 ④ 스크린 호스트 게이트웨이(Screened host gateway) : 최소한 하나의 라우터와 하나의 네트워크 접속을 가진 호스트로 구성된 침입 차단 시스템 방식. 외부 네트워크에서 직접 접속 가능한 호스트는 라우터에 직접 연결되어 있고, 라우터는 외부 네트워크로부터의 모든 패킷을 통제하게 된다. 라우터는 일반적으로 내부 네트워크와 연결된 호스트의 특정 포트에 대한 통신만 가능하고, 또한 외부 네트워크상의 특정 호스트로부터의 통신 요청만을 허용할 수 있다.

① 응용 레벨 게이트웨이(Application-level gateway) : 애플리케이션의 운용을 의식해서 접근을 제어하는 침입 차단(firewall) 방식의 하나. 다른 방식에 비해 안전 수준이 높은 편이며 클라이언트 소프트를 변경시키지 않는 것이 최대 특징이다. 안전 규칙에 따라서 입력된 패킷의 중계 여부를 결정하게 된다. 성능 면에서는 패킷 필터링형보다 떨어지는 것으로 알려져 있다.

② 회로 레벨 게이트웨이(Circuit-level gateway) : 전송 레벨로 제어하는 침입 차단 시스템(firewall system). 애플리케이션 레벨 게이트웨이가 클라이언트 소프트를 변경하지 않아도 되는 반면, 이 방식에서는 전용의 클라이언트 소프트가 필요하다. 애플리케이션의 처리에 따른 접속 제어는 할 수 없고 접속구 번호와 주소만으로 제어할 수 있는데, 이 의미는 패킷 필터링과 유사하다. 따라서 본래 사용해야 할 접속구에 대해서 별도의 애플리케이션으로 접속한 경우에 통과할 수 있도록 된 것도 있다.

③ 듀얼 홈드 게이트웨이(Dual-homed gateway) : 최소한 2개의 네트워크에 접속된 1개의 시스템으로 구성된 침입 차단 시스템 방식. 한 네트워크로부터 다른 네트워크로 직접 패킷이 전송되지 않도록 게이트웨이로 정의된 장치와 통신하게 되며, 양방향의 직접적인 인터넷 프로토콜(IP) 트래픽을 제한한다. 이와 같은 환경에서 외부 네트워크 간의 응용 프로그램 패킷을 전달하는 역할을 담당하는 대리자(proxy) 프로그램이 있어서 클라이언트와 서버가 직접 통신을 하지 않고 서로 대리자와 통신하게 되는 것이다.

정답 및 해설 18.④ 19.④

20 「정보통신망 이용촉진 및 정보보호 등에 관한 법률」상 개인정보취급방침에 포함되어야 할 사항이 아닌 것은?

① 이용자 및 법정대리인의 권리와 그 행사 방법
② 개인정보에 대한 내부 관리 계획
③ 인터넷 접속정보파일 등 개인정보를 자동으로 수집하는 장치의 설치 · 운영 및 그 거부에 관한 사항
④ 개인정보의 수집 · 이용 목적, 수집하는 개인정보의 항목 및 수집 방법

20 개인정보 처리방침의 공개〈정보통신망 이용촉진 및 정보보호 등에 관한 법률 제27조의2〉

※ 2020. 2. 4. 삭제, 2020. 8. 5. 시행

㉠ 정보통신서비스 제공자등은 이용자의 개인정보를 처리하는 경우에는 개인정보 처리방침을 정하여 이용자가 언제든지 쉽게 확인할 수 있도록 대통령령으로 정하는 방법에 따라 공개하여야 한다.

㉡ 개인정보 처리방침에는 다음의 사항이 모두 포함되어야 한다.

1. 개인정보의 수집·이용 목적, 수집하는 개인정보의 항목 및 수집방법

2. 개인정보를 제3자에게 제공하는 경우 제공받는 자의 성명(법인인 경우에는 법인의 명칭을 말한다), 제공받는 자의 이용 목적과 제공하는 개인정보의 항목

3. 개인정보의 보유 및 이용 기간, 개인정보의 파기절차 및 파기방법(제29조제1항 각 호 외의 부분 단서에 따라 개인정보를 보존하여야 하는 경우에는 그 보존근거와 보존하는 개인정보 항목을 포함한다)

4. 개인정보 처리위탁을 하는 업무의 내용 및 수탁자(해당되는 경우에만 처리방침에 포함한다)

5. 이용자 및 법정대리인의 권리와 그 행사방법

6. 인터넷 접속정보파일 등 개인정보를 자동으로 수집하는 장치의 설치·운영 및 그 거부에 관한 사항

7. 개인정보 보호책임자의 성명 또는 개인정보보호 업무 및 관련 고충사항을 처리하는 부서의 명칭과 그 전화번호 등 연락처

㉢ 정보통신서비스 제공자등은 개인정보 처리방침을 변경하는 경우에는 그 이유 및 변경내용을 대통령령으로 정하는 방법에 따라 지체 없이 공지하고, 이용자가 언제든지 변경된 사항을 쉽게 알아 볼 수 있도록 조치하여야 한다.

정답 및 해설 20.②

1 다음 중 X.509 v3 표준 인증서에 포함되지 않는 것은?

① 인증서의 버전(Version)

② 서명 알고리즘 식별자(Signature Algorithm ID)

③ 유효기간(Validity Period)

④ 디렉토리 서비스 이름(Directory Service Name)

2 다음 중 성격이 다른 공격 유형은?

① Session Hijacking Attack

② Targa Attack

③ Ping of Death Attack

④ Smurf Attack

1 인증서(certificate)

　㉠ 공개키와 해당 공개키의 소유자를 연결짓는 전자문서. 인증서는 일반적으로 CA(Certification Authority)가 전자서명을 통해 생성. 오늘날 사용되는 대부분의 인증서는 X.509 버전 3 표준을 따른다.

　㉡ 인증서의 구성

　• 일련번호 : 인증서를 발급한 인증기관 내의 유일번호
　• 버전 : X.509의 버전을 나타냄. 현재 3.0이 사용
　• 서명 알고리즘 : 인증서 발급 시 사용된 알고리즘의 식별자
　• 발급자 : 인증서를 발급한 CA의 DN(Distinguished Name ; X.500 표준에 따라 명명됨)
　• 유효기간 : 인증서의 유효기간. 시작일과 만료일로 구성
　• 주체 : 인증서의 소유자 DN
　• 주체의 공개키 정보 : 공개키 값, 알고리즘 식별자 등으로 구성

2 ① 세션 하이재킹(Session Hijacking Attack) : 세션 가로채기로 다른 사람의 세션 상태를 훔치거나 도용하여 액세스하는 해킹 기법이다.

　② Targa Attack : Targa는 여러 종류의 서비스 DoS공격을 실행할 수 있도록 만든 '공격 도구'로 Mixter에 의해 만들어졌다. 즉, 이미 나와 있는 여러 DoS 공격 소스들을 사용해 통합된 '공격도구'를 만든 것이다.

　③ Ping of Death Attack : ICMP 패킷을 일반보다 훨씬 큰 65,500바이트의 크기로 보내, 하나의 패킷이 네트워크를 통해 공격 대상에게 전달되는 동안 여러 개의 ICMP 패킷으로 나누어져 공격 시스템에 과부하를 일으키게 한다.

　④ Smurf Attack = ICMP Flooding : DoS공격 중에서 가장 피해가 크며, 가장 인지도가 있는 공격이다. 출발지 주소가 공격 대상으로 바뀐 ICMP Request 패킷을 시스템이 충분히 많은 네트워크로 브로드캐스트한다. ICMP Request 패킷을 받은 시스템들이 공격 대상에게 ICMP Reply를 보내게 하여 공격 대상을 과부하 상태로 만든다.

　※ 서비스 거부 공격(DoS)이란 시스템에 과도한 부하를 일으켜서 시스템의 사용을 방해하는 공격이다.

　• 종류 : Targa Attack, Ping of Death Attack, Smurf Attack,

정답 및 해설 1.④　2.①

3 Stack에 할당된 Buffer overflow Attack에 대응할 수 있는 안전한 코딩(Secure Coding) 기술의 설명으로 옳지 않은 것은?

① 프로그램이 버퍼가 저장할 수 있는 것보다 많은 데이터를 입력하지 않는다.
② 프로그램은 할당된 버퍼 경계 밖의 메모리 영역은 참조하지 않으므로 버퍼 경계 안에서 발생될 수 있는 에러를 수정해 주면 된다.
③ gets()나 strcpy()와 같이 버퍼 오버플로우에 취약한 라이브러리 함수는 사용하지 않는다.
④ 입력에 대해서 경계 검사(Bounds Checking)를 수행해 준다.

4 전자화폐(Electronic Cash)에 대한 설명으로 옳지 않은 것은?

① 전자화폐의 지불 과정에서 물품 구입 내용과 사용자 식별 정보가 어느 누구에 의해서도 연계되어서는 안된다.
② 전자화폐는 다른 사람에게 즉시 이전할 수 있어야 한다.
③ 일정한 가치를 가지는 전자화폐는 그 가치만큼 자유롭게 분산이용이 가능해야 한다.
④ 대금 지불 시 전자화폐의 유효성 확인은 은행이 개입하여 즉시 이루어져야 한다.

3 버퍼 오버플로우 공격(Buffer Overflow Attack)

ㄱ 메모리를 다루는 데에 오류가 발생하여 잘못된 동작을 하는 프로그램 취약점이다.

ㄴ 컴퓨터 보안과 프로그래밍에서 이는 프로세스가 데이터를 버퍼에 저장할 때 프로그래머가 지정한 곳 바깥에 저장하는 것이다. 벗어난 데이터는 인접 메모리를 덮어 쓰게 되는데 다른 데이터가 포함되어 있을 수도 있으며, 손상을 받을 수 있는 데이터는 프로그램 변수와 프로그램 흐름 제어 데이터도 포함된다.

ㄷ 시스템 해킹 분야에서의 버퍼 오버플로우는 메모리 오류를 이용해 타겟 프로그램의 실행흐름을 제어하고 최종적으로 공격자가 원하는 임의의 코드를 실행하는 것이다.

ㄹ 언어에서는 변수에 값을 할당할 때 값의 크기가 변수의 메모리 경계를 벗어나지 않는지 검사하는 내부 과정이 없기 때문에 프로그래머의 실수나 에러로 충분히 취약점이 존재할 수 있게 된다.

ㅁ Secure Coding 기술

- 버퍼 오버플로우를 일으킬 여지가 있는 표준 라이브러리 함수를 사용하지 말아야 한다.
  버퍼의 경계 검사를 하지 않는 표준 C라이브러리의 strcpy(), strcat(), gets(), sprintf() 등의 함수들은 해커들의 표적이 되는 함수이다.
- 입력 값 검사를 해야 한다. 모든 입력을 받아들이고 특정 입력을 차단하는 방식에서 특정 입력만 받아들이고, 나머지를 차단하는 방식을 고려해야 한다.
- 프로그래밍 시 버퍼 경계 검사를 해야 한다.
- 버퍼 오버플로우에 안전한 라이브러리를 사용해야 한다.
- 각종 버퍼 오버플로우 방지 기법을 사용해야 한다. Libsafe, StackGuard 등이 이에 해당된다.
- 버퍼 오버플로우 정적 분석 도구를 사용해야 한다. 많은 분석 도구가 이 버퍼 오버플로우 결함을 탐지해낼 수 있다.

4 전자화폐(Electronic Cash)

ㄱ IC카드 또는 네트워크에 연결된 컴퓨터에 은행예금이나 돈 등이 전자적 방법으로 저장된 것으로 현금을 대체하는 전자 지급 수단으로 휴대가 편하고, 누가 어떤 상점에서 무엇을 샀는지를 제3자가 알 수 없어야 하며, 위조가 어려워야 한다.

ㄴ 전자화폐는 화폐적 가치가 어떻게 저장되었는가에 따라서 IC 카드형과 네트워크형으로 나뉜다. IC 카드형 전자화폐는 카드에 내장된 IC칩 중에 전자화폐에 해당되는 전자정보가 저장되어 있다. IC 카드를 가지고 있는 사람은 누구나 가맹점에서 전자화폐로 쇼핑을 할 수 있다.

ㄷ 네트워크형 전자화폐는 컴퓨터 통신상에서 각종 결재 행위에 사용되는 전자화폐를 말한다. 원거리에 있는 사람에게 이전시키는 것은 간편하지만 IC 카드형 전자화폐와 같이 휴대하고 다니는 것은 불가능하다. 전자화폐는 신용카드를 사용할 때처럼 사전에 승인을 받을 필요가 없고 잔돈을 소지할 필요가 없으며 금액을 필요한 만큼 CD/ATM기 등을 통하여 재충전하여 사용할 수 있으므로 편리하고 신속한 거래가 가능하다.

5 다음 바이러스 발전 단계에 따른 분류에 대한 설명으로 옳지 않은 것은?

① 원시형 바이러스는 가변 크기를 갖는 단순하고 분석하기 쉬운 바이러스이다.

② 암호화 바이러스는 바이러스 프로그램 전체 또는 일부를 암호화시켜 저장하는 바이러스이다.

③ 갑옷형 바이러스는 백신 개발을 지연시키기 위하여 다양한 암호화 기법을 사용하는 바이러스이다.

④ 매크로 바이러스는 매크로를 사용하는 프로그램 데이터를 감염시키는 바이러스이다.

6 Linux system의 바이너리 로그파일인 btmp(솔라리스의 경우는 loginlog 파일)를 통해 확인할 수 있는 공격은?

① Password Dictionary Attack

② SQL Injection Attack

③ Zero Day Attack

④ SYN Flooding Attack

5 바이러스의 발전 단계

    ㉠ 1세대 원시형 바이러스(둠 바이러스, 예루살렘 바이러스) : 코드의 변형이나 변화 없이 고정된 크기를 갖는 단순하고 분석하기 쉬운 바이러스이다.

    ㉡ 2세대 암호화 바이러스(폭포 바이러스, 느림보 바이러스) : 백신 프로그램이 진단할 수 없도록 바이러스 프로그램을 암호화시켜 저장한다.

    ㉢ 3세대 은폐형 바이러스(맥가이버 바이러스, 브레인 바이러스, 512 바이러스) : 파일 크기의 변화가 없는 것처럼 은폐하거나 진단이 되지 않도록 감염 이전의 상태를 보여줘서 백신 프로그램을 속인다.

    ㉣ 4세대 갑옷형 바이러스(고래 바이러스) : 바이러스 분석을 어렵게 하여 백신 개발을 지연시키기 위하여 다양한 암호화 은폐기법을 사용한다.

    ㉤ 5세대 매크로 바이러스(멜리사 바이러스) : 매크로를 사용하는 프로그램 데이터에 감염시키는 바이러스이다.

6 ① Password Dictionary Attack : 패스워드 크래킹의 종류로 사전파일을 사용자 계정의 패스워드에 대입하는 공격기법으로 사전파일에 있는 단어들을 자동으로 하나씩 대입해 보는 방법이다.

    ② SQL Injection Attack : 웹 페이지의 로그인 창 따위에 구조화 질의 언어(SQL) 구문을 넣어 데이터베이스의 인증을 우회하는 공격 방법이다.

    ③ Zero Day Attack : 운영체제(OS)나 네트워크 장비 등 핵심 시스템의 보안 취약점이 발견된 뒤 이를 막을 수 있는 패치가 발표되기도 전에 그 취약점을 이용한 악성코드나 해킹공격을 감행하는 수법이다.

    ④ SYN Flooding Attack : 네트워크에서 서비스를 제공하는 시스템은 동시 사용자 수가 제한되어져 있다. 만약 이 웹 서버의 동시 사용자의 숫자가 200명이라고 정해져 있다면, 이 숫자는 설정 사항으로 변경은 가능하지만 무한할 수는 없다. SYN Flooding Attack은 이러한 허점을 이용한 공격이며, 클라이언트가 서버 별로 한정되어 있는 접속 가능 공간에 접속한 것처럼 위장하여 서버의 클라이언트 접속 최대 허용 숫자를 초과시켜 다른 사용자가 서비스를 제공받지 못하게 하는 공격이다.

    ※ loginlog, failedlogin, btmp … loginlog는 솔라리스를 포함한 시스템 V계열의 유닉스에서 실패한 로그인 시도를 기록하는 파일로서, 기본적으로 생성되지는 않으며, 수동으로 생성해야 하는 로그 파일이다. 시스템 V계열의 유닉스에서는 사용자가 5번째 로그인 시도에 실패하면 시스템에서 강제로 접속을 끊는데, loginlog 파일에는 날짜와 시간, 로그인 터미널 이름, 사용자 ID 등이 텍스트 형태로 기록되므로, vi편집기 등으로 확인할 수 있다. 즉 원격에서 대입공격(brute force)을 했다거나 연속적인 접속실패가 발생한 경우 loginlog에 정보가 기록되므로, 이를 통해 어떠한 원격지에서 어떠한 사용자로 로그인을 자주 시도했는지를 파악할 수 있다. 리눅스와 HP-UX는 btmp파일이며, AIX에서는 failedlogin파일이다. btmp 명령은 실패한 로그인 시도에 대한 기록을 담고 있는 로그 파일이고, 이를 확인하기 위한 명령은 lastb 이다.

정답 및 해설 5.① 6.①

7 공개키 기반구조(Public Key Infrastructure, PKI)를 위한 요소 시스템으로 옳지 않은 것은?

① 인증서와 인증서 폐지 목록을 공개하기 위한 디렉토리

② 사용자 신원을 확인하는 등록기관

③ 인증서 발행업무를 효율적으로 수행하기 위한 인증기관 웹 서버

④ 인증서를 발행 받는 사용자(최종 개체)

8 아래의 지문은 신문에서 발췌한 기사이다. 빈칸에 들어갈 단어로 적절한 것은?

> 취업준비생 김다정(28)씨는 지난 5월 7일 ⬚ 공격으로 취업을 위해 모아뒀던 학습 및 준비 자료가 모두 암호화돼 버렸다.
> 컴퓨터 화면에는 암호를 알려주는 대가로 100달러(약 11만 5000원)를 요구하는 문구가 떴지만, 결제해도 데이터를 되찾을 수 없다는 지인의 조언에 데이터복구 업체를 통해 일부 자료만 복구해 보기로 했다. 그런데 업체를 통해 데이터 일부를 복구한지 하루 만인 지난 10일 또 다시 ⬚ 공격을 받아 컴퓨터가 먹통이 돼 버렸다.

① 하트블리드(Heart bleed)

② 랜섬웨어(Ransomware)

③ 백오리피스(Back Orifice)

④ 스턱스넷(Stuxnet)

7 공개키 기반구조(Public Key Infrastructure, PKI)의 구성요소

ⓐ 인증기관(CA : Certification Authority)이란 PKI의 핵심 객체로서 인증서 등록발급조회시 인증서의 정당성에 대한 관리를 총괄하는 시스템을 일컫는다.

ⓑ 등록기관(RA : Registration Authority)이란 인증기관과 물리적으로 멀리 떨어져 있는 사용자들을 위해 인증기관과 인증서 요청 객체 사이에 등록기관을 둠으로써, 사용자들의 인증서 신청시 인증기관 대신 그들의 신분과 소속을 확인하는 기능을 수행한다.

ⓒ 디렉토리(Directory)란 인증서와 사용자 관련 정보, 상호 인증서 쌍 및 인증서 취소 목록 등을 저장 검색하는 장소로 응용에 따라 이를 위한 서버를 설치하거나 인증기관에서 관리한다. 디렉토리를 관리하는 서버(인증기관)는 DAP(Directory Access Protocol) 또는 LDAP(Lightweight DAP)을 이용하여 X.500 디렉토리 서비스를 제공한다. 인증서와 상호 인증서 쌍은 유효기간이 경과된 후에 일정기간 동안 서명 검증의 응용을 위해 디렉토리에 저장된다.

ⓓ 사용자(User)란 PKI내의 사용자는 사람뿐만 아니라 사람이 이용하는 시스템 모두를 의미하며, 다음의 기능을 수행한다.
- 자신의 비밀키/공개키 쌍을 생성한다.
- 인증기관에 공개키 인증서를 요청하고 인증서를 받는다.
- 전자서명을 생성 검증한다.
- 특정 사용자의 인증서를 획득하고 그 상태를 확인한다.
- 인증경로를 해석한다.
- 디렉토리를 이용하여 자신의 인증서를 타 사용자에게 제공한다.
- 인증서 취소 목록을 이용한 인증서 상태를 검증한다.
- 비밀키의 손상 및 분실로 인한 긴급 상황 발생 시 인증기관에 인증서를 취소하고 새로운 인증서를 발급받아야 한다.

8 ② 랜섬웨어(Ransomware) : 악성코드(malware)의 일종으로, 인터넷 사용자의 컴퓨터에 잠입해 내부 문서나 스프레드시트, 그림파일 등을 암호화해 열지 못하도록 만든 후 돈을 보내주면 해독용 열쇠 프로그램을 전송해 준다며 금품을 요구하는 악성 프로그램이다. ransom(몸값)과 ware(제품)의 합성어로 컴퓨터 사용자의 문서를 '인질'로 잡고 돈을 요구한다고 해서 붙여진 명칭이다.

① 하트블리드(Heart bleed) : 전 세계 웹사이트 가운데 3분의 2 정도가 사용하는 오픈 SSL(open secure socket Layer : 인터넷상에서 문자, 문서 등을 송수신할 때 이를 암호화해 주는 기술)에서 발견된 치명적인 결함을 말한다. 오픈 SSL의 통신신호 하트비트(heartbeat)에서 발견되어 하트블리드라고 부르는데, 이는 '치명적 심장출혈'을 의미한다.

③ 백오리피스(Back Orifice) : 일명 '트로이목마' 프로그램을 이용해 사용자 정보를 빼내는 해킹 프로그램. 지난 1999년 3월 인공위성센터에서 발생한 우리별 3호 해킹 사건의 주역이며, PC방의 사이버 증권거래 등에 악용되는 사례도 급증하고 있다. 백오리피스는 윈도 운영체계(OS) 환경의 PC에 저장된 중요정보를 빼내거나 파괴, 변조 등을 가능하게 한다.

④ 스턱스넷(Stuxnet) : 스턱스넷 기법이란 발전소, 공항, 철도 등 여러 기관의 시설을 파괴할 목적으로 만들어진 일종의 컴퓨터 바이러스이다. 2010년 6월경 벨라루스에서 처음으로 발견되었으며 USB 저장장치나 MP3 플레이어를 회사 등 기관들의 컴퓨터에 연결할 때 침투하는 기법을 사용하고 있다

정답 및 해설 7.③ 8.②

9 공격자가 인터넷을 통해 전송되는 데이터의 TCP Header에서 검출할 수 없는 정보는 무엇인가?

① 수신 시스템이 처리할 수 있는 윈도우 크기

② 패킷을 송신하고 수신하는 프로세스의 포트 번호

③ 수신측에서 앞으로 받고자 하는 바이트의 순서 번호

④ 송신 시스템의 TCP 패킷의 생성 시간

10 다음 중 Cipher Block Chaining 운용 모드의 암호화 수식을 제대로 설명한 것은? (단, P_i는 i 번째 평문 블록을, C_i는 i번째 암호문 블록을 의미한다.)

① $C_i = E_k(P_i)$

② $C_i = E_k(P_i \oplus C_i - 1)$

③ $C_i = E_k(C_i - 1) \oplus P_i$

④ $C_i = E_k(P_i) \oplus C_i - 1$

9 TCP Header

    ㉠ 송신측 포트번호(Source port__16 bit) : 송신측의 포트번호를 기록한다.

    ㉡ 수신측 포트번호(Destination Port__16 bit) : 수신측의 포트번호를 기록한다.

    ㉢ 시퀀스 번호(Sequence Number__32 bit) : 전체 데이터 중 이 데이터가 몇 번째(몇 바이트째)에 해당하는 지를 기록한다.

    ㉣ 확인 응답 번호(Acknowledgement Number__32 bit) - 수신측 작성 : 다음에 받을 데이터가 전체 데이터 중 몇 번째(몇 바이트째) 데이터인지를 기록한다.

    ㉤ Header Length(4 bit) : 현 segment 내의 데이터의 위치를 나타낸다.

    ㉥ code bits(flags) (6bit)

- URG : Urgent Pointer가 유효한지 나타낸다. 데이터 중 긴급히 전달해야 할 내용이 있을 경우 사용한다.
- ACK : Acknowledgement. 수신 호스트가 송신 호스트의 시퀀스 넘버에 L4에서의 길이 또는 데이터 양을 더한 것과 같은 Ack를 보낸다. ack number와 응답을 통해 보낸 패킷에 대한 손실을 판단하여 재전송하거나 다음 패킷을 전송한다.
- PSH : Push. Buffer가 채워지는 것을 기다리지 않고 데이터를 전달한다. 데이터는 버퍼링 없이 바로 위 layer가 아닌 L7의 응용 프로그램으로 바로 전달한다.
- RST : Reset. 양방향에서 동시에 일어나는 중단작업이다. 비정상적인 세션 연결 끊기에 해당한다.
- SYN : 세션을 설정하는데 사용되며 초기에 시퀀스 넘버를 보내게 된다. 시퀀스 넘버는 임의적으로 생성하여 보낸다.
- FIN : 세션을 종료시키는데 사용되며, 보낸 사람이 더 이상 보낸 데이터가 없음을 의미한다.

    ㉦ Window(16 bit) : TCP 세그먼트를 보내는 호스트의 현재 TCP 버퍼 크기를 나타낸다. 16bit field이기 때문에 윈도우는 65536byte로 제한된다.

    ㉧ Checksum(16 bit) : 데이터가 무사한지 아닌지를 확인하기 위한 값을 기록한다.

    ㉨ 긴급 포인트(Urgent Pointer__16 bit) : Urgent data(단말기로부터 break, interrupt 등 긴급히 처리해야 할 데이터를 말함)에 대한 위치를 가리키며, flags의 URG필드가 설정되었을 때 유효하며 URG Flag가 1인 경우 사용한다.

    ㉩ Option : MSS라고 하는 최대 세그먼트 크기 옵션이다. 헤더를 포함한 세그먼트 최대 크기 등의 옵션과 32bit boundary에서 데이터가 시작될 수 있도록 하기 위한 Padding Field를 제공한다.

10 ㉠ XOR $= \oplus$

    ㉡ Cipher Block Chaining(CBC) 모드는 평문 블록을 이전 단계의 암호문 블록과 XOR 연산 후 암호화 하는 것이다.

        $C_i = E_k(P_i \text{ XOR } C_i-1)$

        $C_0 = IV$ (초기 벡터값)

    ㉢ Electronic Codebook(ECB) 모드는 각각의 평문 블록을 독립적으로 암호 알고리즘에 따라 암호화 하는 것이다.

        $C_i = E_k(P_i)$

    ㉣ Cipher Feedback(CFB) 모드는 암호문 블럭을 암호기의 입력으로 사용하는 것이다.

        $C_i = E_k(C_i-1) \text{ XOR } P_i$

    ㉤ Output Feedback(OFB) 모드는 암호기의 출력을 암호기의 입력으로 사용하는 것이다.

        $C_j = P_j \text{ XOR } O_j$

    ㉥ Counter(CTR) 모드는 카운터를 암호기의 입력으로 사용하여 ECB 모드의 문제점을 해결한 것이다.

        $C_i = P_i \text{ XOR } O_j$

정답 및 해설 9.④ 10.②

11 공통평가기준(Common Criteria, CC)에 대한 설명 중 옳지 않은 것은?

① 보호프로파일(Protection Profile)과 보안목표명세서(Security Target) 중 제품군에 대한 요구사항 중심으로 기술되어 있는 것은 보안목표명세서(Security Target)이다.

② 평가대상에는 EAL 1에서 EAL 7까지 보증등급을 부여할 수 있다.

③ CC의 개발은 오렌지북이라는 기준서를 근간으로 하였다.

④ CC의 요구사항은 class, family, component로 분류한다.

12 〈보기〉에서 설명하는 암호화 알고리즘으로 옳은 것은?

〈보기〉
- Ron Rivest가 1987년에 RSA Security에 있으면서 설계한 스트림 암호이다.
- 바이트 단위로 작동되도록 만들어진 다양한 크기의 키를 사용한다.
- 사용되는 알고리즘은 랜덤 치환에 기초해서 만들어진다.
- 하나의 바이트를 출력하기 위해서 8번에서 16번의 기계연산이 필요하다.

① RC5
② SEED
③ SKIPJACK
④ RC4

13 다음 중 ISMS(Information Security Management System)의 각 단계에 대한 설명으로 옳은 것은?

① 계획 : ISMS 모니터링과 검토

② 조치 : ISMS 관리와 개선

③ 수행 : ISMS 수립

④ 점검 : ISMS 구현과 운영

11 공통평가기준(Common Criteria, CC)은 정보보호제품의 평가기준을 규정한 국제표준(ISO 15408). 공통평가기준(CC)은 선진 각국들이 정보보호제품에 서로 다른 평가 기준을 가지고 평가를 시행하여 시간과 비용 낭비 등이 초래되는 문제점을 없애기 위해 개발되었다.

※ 보호프로파일과 보안목표명세서

      ㉠ **보호프로파일**(Protection Profile) : 정보보호시스템의 보안 요구 사항을 국제 공통평가기준(CC)을 준용하여 작성한 것이다.

      ㉡ **보안목표명세서**(Security Target) : 평가를 신청하려는 정보보호시스템에 해당하는 보호프로파일(PP)의 보안요구사항을 기초로 시스템 사용 환경, 보안 환경, 보안 요구 사항, 보안 기능 명세 등을 서술한 문서이다

12 ④ RC4 : Rivest가 개발한 스트림 암호 알고리즘으로 SSL/TLS에 사용되는 RC4 알고리즘에서 공격자가 중요 정보를 획득할 수 있는 보안 취약점이 발견되었으며, 특히 이 취약점은 RC4가 고정된 short 128-bit 키를 사용하여 의사-랜덤(pseudo-random) 바이트를 생성하기 때문에 발생된다.

    이 키는 사실상 랜덤이 아닌 single-byte 형식을 취하게 되며, 이 취약점과 아직 알려지지 않은 취약점을 이용할 경우 추가적인 공격에 도움이 될 수 있는 중요 정보에 접근할 수 있다.

    ① RC5 : 대칭 암호화 방식으로 키, 라운드 수가 가변인 블록 알고리즘 RC5(Ron's Code 5)로 64비트의 키를 가진다. 속도는 DES 알고리즘의 10배이다.

    ② SEED : 인터넷, 전자상거래, 무선통신 등 정보통신 및 정보보호의 비밀성 서비스를 제공하기 위하여 한국정보보호 진흥원이 주관이 되어 1998년에 개발한 것으로 128비트 블록암호 방식이다. 평문 128비트와 암호화 키 128비트가 입력되어 128비트의 암호문을 출력한다.

    ③ SKIPJACK : 대칭 암호화 방식으로 미국의 NSA에서 개발한 Clipper 칩에 내장되는 블록 알고리즘이다. 전화기와 같은 음성을 암호화하는 데 주로 사용되며 64비트 입출력에 80비트의 키, 총 32라운드를 가진다.

13 ISMS(Information Security Management System) … 기업(조직)이 각종 위협으로부터 주요 정보자산을 보호하기 위해 수립 · 관리 · 운영하는 종합적인 체계(정보보호 관리체계)의 적합성에 대해 인증을 부여하는 제도를 말한다.

    ㉠ **계획** : ISMS 수립(Establishing ISMS)

       조직이 가지고 있는 위험을 관리하고 정보 보안이라는 목적을 달성하기 위한 전반적인 정책을 수립한다.

    ㉡ **수행** : ISMS 구현과 운영(Implement and Operate the ISMS)

       수립된 정책을 현재 업무에 적용한다.

    ㉢ **점검** : ISMS 모니터링과 검토(Monitor and Review the ISMS)

       적용된 정책이 실제로 얼마나 잘 적용되고 운영되는지 확인한다.

    ㉣ **조치** : ISMS 관리와 개선(Maintain and Improve the ISMS)

       잘못 운영되고 있는 경우에 그 원인을 분석하고 개선한다.

정답 및 해설 11.① 12.④ 13.②

14 다음 중 Spoofing 공격에 대한 설명으로 옳지 않은 것은?

① ARP Spoofing : MAC 주소를 속임으로써 통신 흐름을 왜곡시킨다.

② IP Spoofing : 다른이가 쓰는 IP를 강탈해 특정 권한을 획득한다.

③ DNS Spoofing : 공격대상이 잘못된 IP 주소로 웹 접속을 하도록 유도하는 공격이다.

④ ICMP Redirect : 공격자가 클라이언트의 IP 주소를 확보하여 실제 클라이언트처럼 패스워드 없이 서버에 접근한다.

15 중앙집중식 인증 방식인 커버로스(Kerberos)에 대한 다음 설명 중 옳은 것은 무엇인가?

① TGT(Ticket Granting Ticket)는 클라이언트가 서비스를 받을 때마다 발급 받아야 한다.

② 커버로스는 독립성을 증가시키기 위해 키 교환에는 관여하지 않아 별도의 프로토콜을 도입해야 한다.

③ 커버로스 방식에서는 대칭키 암호화 방식을 사용하여 세션 통신을 한다.

④ 공격자가 서비스 티켓을 가로채어 사용하는 공격에는 취약한 방식이다.

14 ④ ICMP Redirect : 패킷의 경로를 재설정해주는 패킷을 의미한다.

　① ARP Spoofing : 네트워크의 물리적 주소(MAC)를 변조함으로써 네트워크 구간에서의 트래픽 흐름을 가로채거나 방해하는 공격하는 방법을 말한다.

　② IP Spoofing : 해커가 자신의 인터넷 프로토콜(IP)을 악용하고자 하는 호스트의 IP 주소로 변조하여 공격하는 방법을 말한다.

　③ DNS Spoofing : 실제 도메인 네임 시스템(DNS) 서버를 해킹하거나, 위조 DNS 서버를 설치하여 공격하는 방법을 말한다.

　※ ICMP … 네트워크의 에러 메시지를 전송하거나 네트워크 흐름을 통제하기 위한 프로토콜

15 커버로스(Kerberos)

　㉠ 커버로스(Kerberos)는 클라이언트의 요청에 따라 인증 서버는 클라이언트의 패스워드를 기초로 티켓 증명 티켓(TGT : Ticket-Granting Ticket)과 세션 키를 클라이언트에게 제공하고, 클라이언트는 애플리케이션 서버에 접근 시 일정 기간 내 사용자 인증용으로 티켓 증명 티켓(TGT)을 사용한다. 커버로스(Kerberos)는 개방 네트워크상에서 인증과 통신의 암호화를 시행하여, 보안성을 확보하고 있다. 매사추세츠 공과대학교(MIT)에서 개발한 인증 서비스 시스템이며, 버전 5의 규격은 RFC 1510에 규정되어 있다.

　㉡ 커버로스의 장·단점

장점	커버로스는 당사자와 당사자가 인증을 요청하는 서비스 간의 통신 내용을 암호화 키 및 암호 프로세스를 이용하여 보호하기 때문에 데이터의 기밀성과 무결성을 보장할 수 있음
단점	• 커버로스는 모든 당사자와 서비스의 암호화 키를 키 분배 센터에서 가지고 있기 때문에 키 분배 센터가 단일 오류 지점이 되어 키 분배 센터에 오류가 발생하면 전체 서비스를 사용할 수 없음 • 커버로스 시스템에서는 사용자의 비밀키가 사용자의 워크스테이션에 임시로 저장되기 때문에 사용자의 워크스테이션에 침입하는 침입자에 의하여 유출될 수 있으며, 사용자의 세션키도 사용자의 워크스테이션에 임시로 저장되기 때문에 침입에 취약함 • 커버로스는 패스워드 추측 공격에 취약하며, 사용자가 패스워드를 바꾸면 비밀키도 변경해야 하는 번거로움이 있음

정답 및 해설 14.④ 15.③

16 다음 중 시스템 내부의 트로이목마 프로그램을 감지하기 위한 도구로 가장 적절한 것은?

① Saint   ② Snort

③ Nmap   ④ Tripwire

17 ROT13 암호로 "info"를 암호화한 결과는?

① jvyv   ② foin

③ vasb   ④ klmd

16 ④ Tripwire : 파일 무결성 점검 도구 중 가장 대표적인 도구로서 시스템에 존재하는 파일에 대해 데이터베이스를 만들어 저장한 후 생성된 데이터베이스와 비교하여 추가, 삭제되거나 변조된 파일이 있는지 점검하는 무결성 도구이다.

※ 서버 취약점 점검 도구

   ㉠ Saint : 유닉스 플랫폼 및 원격에서 취약점 점검

   ㉡ Snort : 실시간 트래픽 분석 및 IP 네트워크에서 패킷 처리 담당 침입 방지 시스템

   ㉢ Nmap : network mapper의 줄임말로 네트워크 탐색 및 보안감사를 하는 툴로서 대표적으로 포트스캐닝, 특정 호스트의 정보 파악, 필터나 방화벽 알아내기 등 여러 정보를 획득

※ 트로이 목마

   ㉠ 정상적인 프로그램으로 위장한 악성코드의 한 종류이다.

   ㉡ 말 그대로 정상적인 프로그램으로 위장하여 시작부터 끝까지 램에 상주하며, 시스템 내부 정보를 공격자의 컴퓨터로 빼돌리는 프로그램이다. 이들은 바이러스와 달리 직접 전파 능력이 없으며, 웹하드, P2P, 메일 등의 간접적 전파 경로로 사용자에게 전달된다. 사용자는 트로이 목마가 숨어있는 프로그램을 실행하여 결국 감염되게 된다.

   ㉢ 예방방법

   • 불법적인 사이트 방문 자제

   • 바이러스 백신 프로그램 사용

   • 개인 방화벽 시스템 사용

   • 정품 소프트웨어 사용

   • 비정상적인 실행 파일이나 첨부 파일 실행금지 : 메일의 첨부물은 함부로 개봉하지 않음

   • 네트워크 침입탐지 시스템

   • 네트워크 침입방지 시스템

   • 침입 차단 시스템(잘 알려진 트로이목마나 백도어의 포트설정, 시스템 파일의 무결성 점검) : 트로이 목마와 백도어에 의한 불법적인 프로그램의 수정 및 변경사실을 감시하기 위해서는 파일 시스템의 무결성을 점검하는 도구

   • 무결성 점검 시스템 : Tripwire 등과 같은 시스템 무결성 도구를 사용한 시스템 파일의 변경 사실 감지

   • 취약점 점검 도구 : 네트워크 베이스, 호스트 베이스 취약점 점검 도구를 사용한 지속적인 점검을 통한 백도어 및 트로이 목마 사용 및 취약점 점검 실시

17 ROT13 암호는 카이사르 암호의 일종으로 영어 알파벳을 13글자씩 밀어서 만들며 알파벳 대문자와 소문자에만 적용할 수 있고 알파벳이 아닌 글자는 원래 글자 그대로 남아 있어야 한다.

〈풀이〉

알파벳 26 글자 중 해당 글자 다음 글자부터 13번째에 위치한 알파벳을 가져오는 암호방식이다.

ROT13	I	N	F	O
	↕	↕	↕	↕
	V	A	S	B

18 무선랜에서의 인증 방식에 대한 설명 중 옳지 않은 것은?

① WPA 방식은 48비트 길이의 초기벡터(Ⅳ)를 사용한다.

② WPA2 방식은 AES 암호화 알고리즘을 사용하여 좀 더 강력한 보안을 제공한다.

③ WEP 방식은 DES 암호화 방식을 이용한다.

④ WEP 방식은 공격에 취약하며 보안성이 약하다.

19 다음 중 ISO 27001의 통제 영역별 주요 내용으로 옳은 것은?

① 정보보안 조직 : 정보보호에 대한 경영진의 방향성 및 지원을 제공

② 인적 자원 보안 : 정보에 대한 접근을 통제

③ 정보보안 사고 관리 : 사업장의 비인가된 접근 및 방해 요인을 예방

④ 통신 및 운영 관리 : 정보처리시설의 정확하고 안전한 운영을 보장

18 무선랜 인증 방식

구분	WEP(Wired Equivalent Privacy) 무선급보안	WPA(Wi-Fi Protected Access) 무선데이터보호	WPA2(Wi-Fi Protected Access2)무선데이터보호Ⅱ
특징	현재 세계에서 가장 널리 사용되는 와이파이 보안 알고리즘	취약한 WEP 표준을 대체하기 위해 무선데이터보호방식을 출시, WPA는 2003년 공식 채택	2006년 WPA2는 무선데이터보호 방식으로 대체
인증	사전 공유된 비밀키 사용 (64bit, 128bit)	사전에 공유된 비밀키를 사용하거나 별도의 인증서버를 이용	사전에 공유된 비밀키를 사용하거나 별도의 인증서버를 이용
암호화	고정 암호키 사용(인증키와 동일) RC4 알고리즘 사용	암호키 동적 변경(TKIP) RC4 알고리즘 사용	암호키 동적 변경 AES 등 강력한 블록암호 알고리즘 사용
보안성	64bit WEP 키는 수분 내 노출이 가능하여 사용이 감소	WEP 방식보다 안전하나 불완전한 RC4 알고리즘 사용	가장 강력한 보안기능 제공

19 ISO 27001의 11가지 분야

㉠ 보안 정책 : 보안정책, 지침, 절차 등을 문서화 하는 것
㉡ 정보보호 조직 : 정보보호체계를 유지하기 위한 조직, 보안 절차를 수행하는 조직, 외부 조직과의 연계 등에 관련된 내용
㉢ 자산 분류 및 통제 : 조직의 자산(회사의 기밀, 기술과 같은 정보 자산 포함)에 대한 적절한 보안정책을 유지하기 위한 내용
㉣ 인력 자원 보안 : 사람에 의한 보안의 중요성을 강조하며 고용 전, 고용 중, 고용 만료로 분류
㉤ 물리적 및 환경적 보안 : 비인가된 물리적 접근을 차단하여 조직의 자산이 손실·파손되는 것을 막고, 조직의 지속적인 활동을 보장하기 위한 내용
㉥ 통신 및 운영 관리 : 정보처리설비의 정확하고 안전한 운영을 보장하기 위한 내용
㉦ 접근 제어 : 사용자에 대한 접근권한에 대한 통제 사항
㉧ 정보 시스템의 구축과 개발 및 운영 : 정보시스템보안 관리와 관련한 일련의 사항
㉨ 정보보호 사고의 관리 : 정보 시스템과 관련된 정보보호사건이나 약점 등에 대해 적절히 의사소통하고 대응책을 신속하게 수립하기 위한 내용
㉩ 사업의 연속성 : 정보 시스템의 붕괴나 자연재해로부터 시스템을 적절히 복구하여 사업의 연속성을 보장하기 위한 내용
㉪ 준거성 : 법을 위반하지 않기 위한 정보보호의 법적 요소

정답 및 해설 18.③ 19.④

20 「개인정보 보호법」에 따르면 주민등록번호를 처리하기 위해서는 법에서 정하는 바에 따라야 하는데, 그에 대한 내용 중 옳지 않은 것은?

① 주민등록번호 처리는 원칙적으로 금지되고 예외적인 경우에만 허용한다.

② 주민등록번호는 암호화 조치를 통해 보관해야 한다.

③ 개인정보처리자는 법령에서 주민등록번호의 처리를 허용한 경우에도 주민등록번호를 사용하지 않는 인터넷 회원가입 방법을 정보주체에게 제공해야 한다.

④ 기 보유한 주민등록번호는 수집 시 동의 받은 보유기간까지만 보유하고 이후에는 즉시 폐기해야 한다.

20 주민등록번호 처리의 제한〈개인정보 보호법 제24조의2〉

① 개인정보처리자는 다음의 어느 하나에 해당하는 경우를 제외하고는 주민등록번호를 처리할 수 없다.

　1. 법률·대통령령·국회규칙·대법원규칙·헌법재판소규칙·중앙선거관리위원회규칙 및 감사원규칙에서 구체적으로 주민등록번호의 처리를 요구하거나 허용한 경우

　2. 정보주체 또는 제3자의 급박한 생명, 신체, 재산의 이익을 위하여 명백히 필요하다고 인정되는 경우

　3. 1 및 2에 준하여 주민등록번호 처리가 불가피한 경우로서 보호위원회가 고시로 정하는 경우

② 개인정보처리자는 주민등록번호가 분실·도난·유출·위조·변조 또는 훼손되지 아니하도록 암호화 조치를 통하여 안전하게 보관하여야 한다. 이 경우 암호화 적용 대상 및 대상별 적용 시기 등에 관하여 필요한 사항은 개인정보의 처리 규모와 유출 시 영향 등을 고려하여 대통령령으로 정한다.

③ 개인정보처리자는 주민등록번호를 처리하는 경우에도 정보주체가 인터넷 홈페이지를 통하여 회원으로 가입하는 단계에서는 주민등록번호를 사용하지 아니하고도 회원으로 가입할 수 있는 방법을 제공하여야 한다.

④ 보호위원회는 개인정보처리자가 ③에 따른 방법을 제공할 수 있도록 관계 법령의 정비, 계획의 수립, 필요한 시설 및 시스템의 구축 등 제반 조치를 마련·지원할 수 있다.

※ 2020. 2. 4. 행정안전부→보호위원회로 개정, 2020. 8. 5. 시행

정답 및 해설 20.④

1 컴퓨터 시스템 및 네트워크 자산에 대한 위협 중에서 기밀성 침해에 해당하는 것은?

① 장비가 불능 상태가 되어 서비스가 제공되지 않음

② 통계적 방법으로 데이터 내용이 분석됨

③ 새로운 파일이 허위로 만들어짐

④ 메시지가 재정렬됨

2 공개키 기반 구조(PKI)에서 관리나 보안상의 문제로 폐기된 인증서들의 목록은?

① Online Certificate Status Protocol

② Secure Socket Layer

③ Certificate Revocation List

④ Certification Authority

3 AES 알고리즘의 블록크기와 키길이에 대한 설명으로 옳은 것은?

① 블록크기는 64비트이고 키길이는 56비트이다.

② 블록크기는 128비트이고 키길이는 56비트이다.

③ 블록크기는 64비트이고 키길이는 128/192/256비트이다.

④ 블록크기는 128비트이고 키길이는 128/192/256비트이다.

1 침해사고 주요 유형

구분	주요 내용
고객정보 및 기밀정보 유출 (기밀성 침해)	• 비인가된 시스템 접근, 파일접근 및 네트워크 정보 수집을 포함한 네트워크 정보의 비인가된 접근을 통한 정보 유출 • 정보에 접근 가능한 내부자 또는 외부자에 의한 고객정보 또는 회사 기밀정보를 보유한 시스템의 해킹으로 인한 정보의 유출 • 중요 장비 또는 정보 저장 매체(디스크, CD, Tape 등)의 도난 또는 불완전한 폐기로 인한 정보의 유출 • 도청, 감청, 네트워크 스니핑(Sniffing)에 의한 정보의 유출 • 외부 협력업체를 통한 정보의 유출
서비스지연 및 중단 (가용성 침해)	• 웜/바이러스, 트로이목마, 백도어 등의 악성코드(Malicious Code)를 유포 및 실행시켜 피해를 일으키는 공격으로 인한 서비스 중단 • 정보 자산에 대한 물리적인 손상이 발생하여 서비스 중단 • 서비스 거부(DoS) 공격, 웜/바이러스로 인해 정보자산의 일부 또는 전체 서비스 중단
침입에 의한 정보변조 (무결성 침해)	• 고객 정보 및 이와 밀접한 기밀정보를 내부자 또는 외부자가 승인을 받지 않고 의도적으로 조작 • 거래정보, 사용료 정보(계좌 등) 등을 보유한 시스템에 대한 해킹 • 인터넷 서비스 관련 배너정보의 변경

2 ① 온라인 인증서 상태 프로토콜(Online Certificate Status Protocol) : 전자서명 인증서 폐지 목록의 갱신 주기 문제를 해결하기 위해 폐지 및 효력 정지 상태를 파악해 사용자가 실시간으로 인증서를 검증할 수 있는 프로토콜이다.

② 보안 소켓 계층(Secure Socket Layer) : 테리사(Terrisa)가 개발한 프로토콜로서, 데이터를 주고받는 프로토콜 TCP를 사용하여 교환할 데이터를 암호화하며, 암호화에는 공개 키 암호화 방식을 이용한다.

③ 인증서 폐기 목록(Certificate Revocation List) : 더 이상 유효하지 않은 인증서 목록. 인증서 폐기 목록에는 취소된 인증서들의 일련번호가 들어 있으며 이를 받은 당사자는 목록을 참조하여 폐기된 인증서를 사용하지 않도록 해야 한다.

④ 인증기관(Certification Authority) : 보안적격여부 및 메시지 암호화를 위한 공개 키의 밥급과 관리를 담당하는 신뢰성이 보장된 온라인상의 기관이다.

3 AES(Advanced Encryption Standard) 알고리즘 – SPN 암호 구조 ··· 128비트의 암호화 블록, 다양한 키의 길이 (128/192/256비트)의 알고리즘, 벨기에의 리즈멘과 대면의 알고리즘이 2000년 최종 AES 알고리즘으로 선정

정답 및 해설 1.② 2.③ 3.④

4 우리나라 국가 표준으로 지정되었으며 경량 환경 및 하드웨어 구현에서의 효율성 향상을 위해 개발된 128비트 블록암호 알고리즘은?

① IDEA

② 3DES

③ HMAC

④ ARIA

5 '정보시스템과 네트워크의 보호를 위한 OECD 가이드라인' (2002)에서 제시한 원리(principle) 중 "참여자들은 정보시스템과 네트워크 보안의 필요성과 그 안전성을 향상하기 위하여 할 수 있는 사항을 알고 있어야 한다."에 해당하는 것은?

① 인식(Awareness)

② 책임(Responsibility)

③ 윤리(Ethics)

④ 재평가(Reassessment)

6 「정보통신망 이용촉진 및 정보보호 등에 관한 법률」상 정보통신 서비스 제공자 등이 이용자 개인정보의 국외 이전을 위한 동의 절차에서 이용자에게 고지해야 할 사항에 해당하지 않는 것은?

① 이전되는 개인정보 항목

② 개인정보가 이전되는 국가, 이전일시 및 이전방법

③ 개인정보를 이전받는 자의 개인정보 이용 목적 및 보유·이용 기간

④ 개인정보를 이전하는 자의 성명(법인인 경우는 명칭 및 정보관리책임자의 연락처)

4 ① IDEA : 128비트의 키로 64비트 평문을 8라운드를 거쳐 64비트의 암호문을 생성한다. 모두 16비트 단위로 연산되도록 하여 16비트 프로세서에서 구현이 용이하며 주로 키 교환에 사용한다.

② 3DES : 두 개의 DES 키를 이용해 두 번의 암호화와 한 번의 복호화 또는 두 번의 복호화와 한 번의 암호화를 수행한다.

③ HMAC : Hash based Message Authentication Code의 줄임말로 일방향성 hash 함수를 이용해서 메세지 인증 코드를 구성하는 방법이다.

④ ARIA : ARIA 알고리즘은 경량 환경 및 하드웨어에서의 효율성 향상을 위해 개발된 128비트 블록 암호 알고리즘으로 지난 2004년에 국가표준기본법에 의거, 산업통상자원부에 의해 국가표준(KS)으로 지정되었다.

5 OECD 정보보호 가이드라인 9원칙

㉠ 인식(Awareness) : 참여자들은 정보보호의 필요성과 정보보호 제고를 위해 각각의 역할을 인식해야 한다.

㉡ 책임(Responsibility) : 모든 참여자들은 정보시스템과 네트워크 보호에 책임의식을 지녀야 한다.

㉢ 대응(Response) : 참여자들은 보안 사고를 예방, 탐지, 대응하기 위해 상호 협조적으로 행동한다.

㉣ 윤리(Ethics) : 참여자들은 타인의 적법한 이익을 존중한다.

㉤ 민주주의(Democracy) : 정보보호는 통신의 자유, 개인정보의 보호 등 민주주의 가치와 조화를 이룬다.

㉥ 위험분석(Risk assessment) : 참여자들은 기술, 물리, 정책적 요소 등 다양한 측면에서 위험평가를 실시한다.

㉦ 보안설계 및 시행(Security design and implementation) : 참여자들은 정보통신제품, 서비스, 시스템 등의 설계와 이행에 정보보호를 핵심요소로 고려한다.

㉧ 보안관리(Security management) : 참여자들은 정보보호 관리에 대해 포괄적인 접근방식을 채택해야 한다.

㉨ 재평가(Reassessment) : 참여자들은 변화하는 위험요소에 대응하기 위해 정보보호 실태에 대해 지속적인 재평가와 보완을 해야 한다

6 국외 이전 개인정보의 보호〈정보통신망 이용촉진 및 정보보호 등에 관한 법률 제63조〉

※ 2020. 2. 4. 삭제, 2020. 8. 5. 시행

① 정보통신서비스 제공자 등은 이용자의 개인정보에 관하여 이 법을 위반하는 사항을 내용으로 하는 국제계약을 체결하여서는 아니 된다.

② 정보통신서비스 제공자 등은 이용자의 개인정보를 국외에 제공(조회되는 경우를 포함) · 처리위탁 · 보관(이하 "이전")하려면 이용자의 동의를 받아야 한다. 다만, 정보통신서비스의 제공에 관한 계약을 이행하고 이용자 편의 증진 등을 위하여 필요한 경우로서 공개하거나 전자우편 등 대통령령으로 정하는 방법에 따라 이용자에게 알린 경우에는 개인정보 처리위탁 · 보관에 따른 동의절차를 거치지 아니할 수 있다.

③ 정보통신서비스 제공자 등은 동의를 받으려면 미리 다음의 사항 모두를 이용자에게 고지하여야 한다.

  1. 이전되는 개인정보 항목

  2. 개인정보가 이전되는 국가, 이전일시 및 이전방법

  3. 개인정보를 이전받는 자의 성명(법인인 경우에는 그 명칭 및 정보관리책임자의 연락처를 말한다)

  4. 개인정보를 이전받는 자의 개인정보 이용목적 및 보유 · 이용 기간

④ 정보통신서비스 제공자등은 동의를 받아 개인정보를 국외로 이전하는 경우 대통령령으로 정하는 바에 따라 보호조치를 하여야 한다.

정답 및 해설 4.④ 5.① 6.④

7 IPSec에서 두 컴퓨터 간의 보안 연결 설정을 위해 사용되는 것은?

① Authentication Header

② Encapsulating Security Payload

③ Internet Key Exchange

④ Extensible Authentication Protocol

8 다음 설명에 해당하는 것은?

> PC나 스마트폰을 해킹하여 특정 프로그램이나 기기 자체를 사용하지 못하도록 하는 악성 코드로서 인터넷 사용자의 컴퓨터에 설치되어 내부 문서나 스프레드시트, 이미지 파일등을 암호화하여 열지 못하도록 만든 후 돈을 보내주면 해독용 열쇠 프로그램을 전송해 준다며 금품을 요구한다.

① Web Shell

② Ransomware

③ Honeypot

④ Stuxnet

9 「개인정보 보호법 시행령」상 개인정보처리자가 하여야 하는 안전성 확보 조치에 해당하지 않는 것은?

① 개인정보의 안전한 처리를 위한 내부 관리계획의 수립·시행

② 개인정보가 정보주체의 요구를 받아 삭제되더라도 이를 복구 또는 재생할 수 있는 내부 방안 마련

③ 개인정보를 안전하게 저장·전송할 수 있는 암호화 기술의 적용 또는 이에 상응하는 조치

④ 개인정보 침해사고 발생에 대응하기 위한 접속기록의 보관 및 위조·변조 방지를 위한 조치

7 IPSec(Internet Protocol Security)

㉠ 암호화 기술을 이용하여 IP 패킷 단위로 데이터 변조 방지 및 은닉 기능을 제공하는 프로토콜 모음이다.

㉡ IPsec은 AH(Authentication Header)와 ESP(Encapsulated Security Payload)라는 2개의 프로토콜로 구성된다.

㉢ AH는 인증 헤더 및 데이터 무결성 보장을 위해 동작하며, ESP는 캡슐화를 통한 데이터 암호화 서비스를 담당한다.

㉣ AH, ESP와 함께 암호화 키를 관리하기 위해 IKE(Internet Key Exchange) 프로토콜이 애플리케이션 계층에서 사용된다.

8 ① Web Shell(웹쉘) : 웹 서버에 명령을 실행하여 관리자 권한을 획득해 행하는 공격 방법이다.

③ Honeypot(허니팟) : 컴퓨터 프로그램의 침입자를 속이는 최신 침입탐지기법이다.

④ Stuxnet(스틱스넷) : 2010년 6월에 발견된 웜 바이러스로 MS-Windows를 통해 감염되어, 지멘스산업의 소프트웨어 및 장비를 공격한다. 스틱스넷은 산업시설을 감시하고 파괴하는 악성 소프트웨어로는 최초이다.

9 개인정보의 안전성 확보 조치〈개인정보 보호법 시행령 제30조〉

① 개인정보처리자는 다음의 안전성 확보 조치를 하여야 한다.

　1. 개인정보의 안전한 처리를 위한 내부 관리계획의 수립 · 시행

　2. 개인정보에 대한 접근 통제 및 접근 권한의 제한 조치

　3. 개인정보를 안전하게 저장 · 전송할 수 있는 암호화 기술의 적용 또는 이에 상응하는 조치

　4. 개인정보 침해사고 발생에 대응하기 위한 접속기록의 보관 및 위조 · 변조 방지를 위한 조치

　5. 개인정보에 대한 보안프로그램의 설치 및 갱신

　6. 개인정보의 안전한 보관을 위한 보관시설의 마련 또는 잠금장치의 설치 등 물리적 조치

② 보호위원회는 개인정보처리자가 안전성 확보 조치를 하도록 시스템을 구축하는 등 필요한 지원을 할 수 있다.

③ 안전성 확보 조치에 관한 세부 기준은 보호위원회가 정하여 고시한다.

정답 및 해설 7.③ 8.② 9.②

2017. 4. 8. 인사혁신처 시행 **|** 103

10 공개키 암호시스템에 대한 설명 중 ㉠∼㉢에 들어갈 말로 옳게 짝지어진 것은?

> • (㉠)의 안전성은 유한체의 이산대수 계산의 어려움에 기반을 둔다.
> • (㉡)의 안전성은 타원곡선군의 이산대수 계산의 어려움에 기반을 둔다.
> • (㉢)의 안전성은 소인수분해의 어려움에 기반을 둔다.

	㉠	㉡	㉢
①	ElGamal 암호시스템	DSS	RSA 암호시스템
②	Knapsack 암호시스템	ECC	RSA 암호시스템
③	Knapsack 암호시스템	DSS	Rabin 암호시스템
④	ElGamal 암호시스템	ECC	Rabin 암호시스템

11 가상사설망에서 사용되는 프로토콜이 아닌 것은?

① L2F

② PPTP

③ TFTP

④ L2TP

12 메모리 영역에 비정상적인 데이터나 비트를 채워 시스템의 정상적인 동작을 방해하는 공격방식은?

① Spoofing

② Buffer overflow

③ Sniffing

④ Scanning

10 ㉠ ElGamal 암호시스템 : 이산대수 문제에 근거해 만든 시스템으로 오픈 소스를 기초로 키 분배 방식 및 공개키 암호 방식을 실현한 것이다. RSA를 활용할 수 있는 곳에는 어디에나 사용할 수 있으며, 키 교환, 인증, 짧은 메시지의 암호화와 복호화에 사용할 수 있다.

㉡ ECC : 유한체 위에서 정의된 타원곡선 군에서의 이산대수의 문제에 기초한 공개키 암호 알고리즘으로 RSA보다 키의 비트수를 적게 하면서도 동일한 성능을 제공한다. 최근 높은 속도로 구현이 가능하며 발전가능성이 큰 암호화 방식이다.

㉢ Rabin 암호시스템 : RSA 암호 시스템의 변형으로 RSA는 지수합동에 근거하고, Rabin은 2차 합동에 근거한다. 암호화는 한 번의 곱셈으로 매우 빠르고 간단하게 이루어지며 성능이 낮은 플랫폼에 활용이 가능하다. 복잡도는 큰 수 n을 두 개의 소수 곱으로 소인수분해하는 수준의 복잡도와 동일하다.

11 ③ TFTP(Trivial File Transfer Protocol) : 임의의 시스템이 원격 시스템으로부터 부팅(Booting)코드를 다운로드하는 데 사용되는 프로토콜이다.

① L2F(Layer 2 Forwarding Protocol) : Cisco사에서 제안한 프로토콜이며, IP, ATM, 프레임 릴레이 등의 네트워크를 지원한다.

② PPTP(Point – to Point Tunneling Protocol) : 마이크로소프트사가 어센드사와 함께 설계한 VPN 프로토콜이며, 소프웨어적으로만 처리한다.

④ L2TP(Layer 2 Tunneling Protocol) : 마이크로소프트사와 Cisco에서 제안한 L2F에 기반을 두고 PPTP와의 호환성을 고려하여 만들어진 터널링 프로토콜의 표준이다.

※ 가상사설망(VPN)이란 인터넷과 같은 공중망을 이용하여 사설망이 요구하는 서비스를 제공할 수 있도록 구축한 망으로 공중망 내에서 마치 단일 회사만 사용하는 전용선처럼 사용할 수 있는 기술을 말한다.

12 ① 스푸핑(Spoofing) : 승인받은 사용자인 것처럼 시스템에 접근하거나 네트워크상에서 허가된 주소로 가장하여 접근 제어를 우회하는 공격 행위이다.

③ 스니핑(Sniffing) : 스니퍼를 이용하여 네트워크상의 데이터를 도청하는 행위이다.

④ 스캐닝(Scanning) : 시스템에 직접적으로 침입하기 전에 목표 호스트에 대한 정보를 수집하는 활동이다.

정답 및 해설 10.④ 11.③ 12.②

13 위험분석 및 평가방법론 중 성격이 다른 것은?

① 확률 분포법

② 시나리오법

③ 순위결정법

④ 델파이법

14 시스템과 관련한 보안기능 중 적절한 권한을 가진 사용자를 식별하기 위한 인증 관리로 옳은 것은?

① 세션 관리

② 로그 관리

③ 취약점 관리

④ 계정 관리

15 무선랜을 보호하기 위한 기술이 아닌 것은?

① WiFi Protected Access Enterprise

② WiFi Rogue Access Points

③ WiFi Protected Access

④ Wired Equivalent Privacy

13 위험분석 방법론

　ⓐ 정량적 분석 방법 : 손실액과 같은 숫자값으로 표현한다.

　• 과거자료 분석법 : 과거의 자료를 통한 위험발생 가능성 예측, 과거 데이터 수량에 따른 정확도

　• 수학공식 접근법 : 위험발생빈도를 계산하는 식을 이용하여 위험을 계량화

　• 확률 분포법 : 미지의 사건을 확률적으로 편차를 이용하여 최저, 보통, 최고 위험평가를 예측

　ⓑ 정성적 분석 방법 : 어떠한 위험 상황에 대한 부분을 (매우 높음, 높음, 중간, 낮음 등으로) 표현한다.

　• 델파이법 : 전문가 집단의 의견과 판단을 추출, 짧은 시간에 도출, 정확도 낮음

　• 시나리오법 : 특정 시나리오를 통하여 발생 가능한 위협의 결과를 우선순위로 도출 정확도 낮음

　• 순위결정법 : 비교우위 순위 결정표에 위험 항목들의 서술적 순위를 결정 정확도 낮음

14 시스템과 관련한 보안기능 6가지

　ⓐ 계정과 패스워드 관리 : 적절한 권한을 가진 사용자를 식별하기 위한 가장 기본적인 인증 수단으로, 시스템에서는 계정과 패스워드 관리가 보안의 시작이다.

　ⓑ 세션 관리 : 사용자와 시스템 또는 두 시스템 간의 활성화된 접속에 대한 관리로서, 일정 시간이 지날 경우 적절히 세션을 종료하고, 비인가자에 의한 세션 가로채기를 통제한다.

　ⓒ 접근 제어 : 시스템이 네트워크 안에서 다른 시스템으로부터 적절히 보호될 수 있도록 네트워크 관점에서 접근을 통제한다.

　ⓓ 권한 관리 : 시스템의 각 사용자가 적절한 권한으로 적절한 정보 자산에 접근할 수 있도록 통제한다.

　ⓔ 로그 관리 : 시스템 내부 혹은 네트워크를 통한 외부에서 시스템에 어떤 영향을 미칠 경우 해당 사항을 기록한다.

　ⓕ 취약점 관리 : 시스템은 계정과 패스워드 관리, 세션 관리, 접근 제어, 권한 관리 등을 충분히 잘 갖추고도 보안적인 문제가 발생할 수 있는데, 이는 시스템 자체의 결함에 의한 것이다. 이 결함을 체계적으로 관리하는 것이 취약점 관리이다.

15 ① WiFi Protected Access Enterprise : 와이파이 보호접속(Wi-Fi Protected Access)이라고도 한다. WPA는 개인 사용자용 PSK와 기업 사용자용 Enterprise 모드가 있다.

② WiFi Rogue Access Points : WiFi의 악의적 액세스 포인트를 말한다. 관리자가 악의적인 목적으로 액세스 포인트에 권한을 부여하지 않거나 공격자가 추가한 악의적인 액세스 포인트이다.

③ WPA(Wi-Fi Protected Access) : 무선 랜 보안 표준의 하나. WEP(Wired Equivalent Privacy) 키 암호화를 보완하는 TKIP(Temporal Key Integrity Protocol)라는 IEEE 802.11i 표준을 기반으로 하고 있으며, 인증 부문에서도 802.1x 및 EAP(Extensible Authentiction Protocol)를 도입해 성능을 높인 것이다.

④ WEP(Wired Equivalent Privacy) : 유선 랜(LAN)에서 기대할 수 있는 것과 같은 보안과 프라이버시 수준의 무선 랜(WLAN)의 보안 프로토콜이다

정답 및 해설 13.① 14.④ 15.②

16 임의로 발생시킨 데이터를 프로그램의 입력으로 사용하여 소프트웨어의 안전성 및 취약성 등을 검사하는 방법은?

① Reverse Engineering

② Canonicalization

③ Fuzzing

④ Software Prototyping

17 다음 정보통신 관계 법률의 목적에 대한 설명으로 옳지 않은 것은?

① 「정보통신기반 보호법」은 전자적 침해행위에 대비하여 주요정보통신기반시설의 보호에 필요한 대책을 수립·시행함으로써 동 시설을 안정적으로 운영하도록 하여 국가의 안전과 국민 생활의 안정을 보장하는 것을 목적으로 한다.

② 「전자서명법」은 전자문서의 안전성과 신뢰성을 확보하고 그 이용을 활성화하기 위하여 전자서명에 관한 기본적인 사항을 정함으로써 국가사회의 정보화를 촉진하고 국민생활의 편익을 증진함을 목적으로 한다.

③ 「통신비밀보호법」은 통신 및 대화의 비밀과 자유에 대한 제한은 그 대상을 한정하고 엄격한 법적절차를 거치도록 함으로써 통신비밀을 보호하고 통신의 자유를 신장함을 목적으로 한다.

④ 「정보통신산업 진흥법」은 정보통신망의 이용을 촉진하고 정보통신서비스를 이용하는 자의 개인정보를 보호함과 아울러 정보통신망을 건전하고 안전하게 이용할 수 있는 환경을 조성하여 국민생활의 향상과 공공복리의 증진에 이바지함을 목적으로 한다.

18 보안 침해 사고에 대한 설명으로 옳은 것은?

① 크라임웨어는 온라인상에서 해당 소프트웨어를 실행하는 사용자가 알지 못하게 불법적인 행동 및 동작을 하도록 만들어진 프로그램을 말한다.

② 스니핑은 적극적 공격으로 백도어 등의 프로그램을 사용하여 네트워크상의 남의 패킷 정보를 도청하는 해킹 유형의 하나이다.

③ 파밍은 정상적으로 사용자들이 접속하는 도메인 이름과 철자가 유사한 도메인 이름을 사용하여 위장 홈페이지를 만든 뒤 사용자로 하여금 위장된 사이트로 접속하도록 한 후 개인정보를 빼내는 공격기법이다.

④ 피싱은 해당 사이트가 공식적으로 운영하고 있던 도메인 자체를 탈취하는 공격 기법이다.

16 ① 리버스 엔지니어링(Reverse Engineering) : 소프트웨어 공학의 한 분야로, 이미 만들어진 시스템을 역으로 추적하여 처음의 문서나 설계기법 등의 자료를 얻어 내는 일을 말한다.

② 정규화(Canonicalization) : 정보 기술에서 규격에 맞도록 만드는 과정. 데이터의 규정 일치와 검증된 형식을 확인하고, 비정규 데이터를 정규 데이터로 만드는 것이다.

④ 소프트웨어 프로토타이핑(Software Prototyping) : 소프트웨어 시작(試作) 모델법. 소프트웨어 개발 기법의 하나로, 개발의 초기 단계에서 시작 모델 또는 잠정판을 작성하여 시험과 개선을 반복해서 최종판을 작성하는 방법이다.

17 「정보통신산업 진흥법」은 정보통신산업의 진흥을 위한 기반을 조성함으로써 정보통신산업의 경쟁력을 강화하고 국민경제의 발전에 이바지함을 목적으로 한다.

18 ② 스니핑은 네트워크 중간에서 다른 사람의 패킷 정보를 도청하는 해킹 유형의 하나로, 도청할 수 있는 도구인 스니퍼를 사용하는 수동적 공격이다.

③ 파밍은 합법적으로 소유하고 있던 사용자의 도메인을 탈취하거나 도메인 네임시스템(DNS) 또는 프락시 서버의 주소를 변조함으로써 사용자들로 하여금 진짜 사이트로 오인하여 접속하도록 유도한 뒤 개인정보를 훔치는 새로운 컴퓨터 범죄 수법이다.

④ 피싱은 수신자의 거래 은행이나 신용카드 회사 같은 신뢰할 만한 출처로 위장하여 개인정보나 금융정보를 얻기 위해 이메일을 보내는 행위이다.

정답 및 해설 16.③ 17.④ 18.①

19 다음 설명에 해당하는 것은?

> • 응용 프로그램이 실행될 때 일종의 가상머신 안에서 실행되는 것처럼 원래의 운영체제와 완전히 독립되어 실행되는 형태를 말한다.
> • 컴퓨터 메모리에서 애플리케이션 호스트 시스템에 해를 끼치지 않고 작동하는 것이 허락된 보호받는 제한 구역을 가리킨다.

① Whitebox

② Sandbox

③ Middlebox

④ Bluebox

20 각 주체가 각 객체에 접근할 때마다 관리자에 의해 사전에 규정된 규칙과 비교하여 그 규칙을 만족하는 주체에게만 접근 권한을 부여하는 기법은?

① Mandatory Access Control

② Discretionary Access Control

③ Role Based Access Control

④ Reference Monitor

19 ① **화이트박스(Whitebox)**: 인텔의 베어본 컴퓨터. 제조자와 판매자 브랜드가 부착되지 않는다고 해서 언브랜디드(unbranded) 퍼스널 컴퓨터라고도 한다.

③ **미들장비(Middlebox)**: 특정 지능적 기능을 가진 네트워크 중간자로서의 서비스를 수행하는 장비. 미들 장비에는 방화벽, NAT(network address translation), 부하 분산 장치, 정책 기반 터널링 등이 있다.

④ **블루박스(Bluebox)**: 기존 맥 OS와 호환성을 유지하기 위해 사용된 소프트웨어 구성 부품(component)의 명칭. 단순한 맥 OS의 모방기가 아니고 미국 애플 컴퓨터 회사가 개발한 차세대 OS 개발 코드명인 랩소디(Rhapsody)의 주요 운영 체계(OS)상에서 동작하는 임의 환경으로 된다.

20 ② **임의 접근 제어(Discretionary Access Control)**: 접근 제어 정책의 하나로, 시스템 객체에 대한 접근을 사용자 개인 또는 그룹의 식별자를 기반으로 하는 방법이다.

③ **역할 기반 접근 제어(Role Based Access Control)**: 접근 제어 관리 작업을 단순화하고 기능 기반 접근 제어를 직접 제공하기 위해 DAC과 MAC 메커니즘의 대안으로 제안됐다.

④ **참조 모니터(Reference Monitor)**: 접근 행렬의 모니터 검사 기구를 추상화한 것으로 보안의 핵심 부분. 일반적으로는 흐름 제어도 그 대상으로 한다.

정답 및 해설 19.② 20.①

1 정보시스템의 접근제어 보안 모델로 옳지 않은 것은?

① Bell LaPadula 모델

② Biba 모델

③ Clark-Wilson 모델

④ Spiral 모델

2 정보보안에 대한 설명으로 옳은 것은?

① 보안공격 유형 중 소극적 공격은 적극적 공격보다 탐지하기 매우 쉽다.

② 공개키 암호 시스템은 암호화 키와 복호화 키가 동일하다.

③ 정보보호의 3대 목표는 기밀성, 무결성, 접근제어이다.

④ 부인 방지는 송신자나 수신자가 메시지를 주고받은 사실을 부인하지 못하도록 방지하는 것을 의미한다.

3 비대칭키 암호화 알고리즘으로만 묶은 것은?

① RSA, ElGamal

② DES, AES

③ RC5, Skipjack

④ 3DES, ECC

1 ① Bell LaPadula 모델 : 허가된 비밀정보에 허가되지 않은 방식의 접근을 금지하는 기밀성을 강조한 모델. 정보 흐름 모델. 최초의 수학적 모델. 메인프레임을 사용하는 환경에서 정보유출 발생의 차단을 하기 위해 고안된 MAC 모델이다.

② Biba 모델 : BLP를 보완한 최초의 수학적 무결성 모델. 무결성의 3가지 목표 중 비인가자에 의한 데이터 변형 방지만 취급. BLP는 기밀성에 중점을 두었지만 비바 무결성 모델은 변조방지를 목적으로 한다.

③ Clark-Wilson 모델 : 상업용을 목적으로 만들어진 모델로 조금 더 정교하고 실제적인 무결성 모델. 무결성 등급 격자를 사용하며 주체와 객체는 하나의 격자에 배정된다.

④ Spiral 모델 : 나선형 모델은, 위험관리를 강조 모형으로서, 폭포수 모델, 프로토 타입 모델과 함께 고전적인 소프트웨어 개발 방법론 중 하나이다. 나선(Spiral)이 반복되는 걸로 보인다고 하여 붙여진 이름이며, Barry W. Boehm(배리 보엠)이라는 사람이 제안하였다.

2 ① 보안공격 유형 중 소극적 공격은 실제 전달되는 메시지에는 아무런 변경이 가해지지 않기 때문에 전송자와 수신자가 공격을 받고 있다는 사실을 알아차리기 어려운 경우가 많다.

② 공개키 암호 시스템이란 인터넷에서 보안을 유지하기 위한 암호 방식 중 암호화와 복호화 과정에서 서로 다른 키를 사용하는 비대칭 방식을 말한다.

③ 정보보호의 3대 목표는 기밀성, 무결성, 가용성이다.

3 비대칭키

㉠ 암호화와 복호화에 사용되는 키가 서로 다른 키. 공개키를 통해 암호화 된 데이터는 비밀키로만 복호화 할 수 있다. 또한, 비밀키로 암호화 된 데이터는 공개키로만 복호화 할 수 있다.

㉡ 비대칭키의 종류

• RSA : 공개키 암호 시스템으로 암호화와 인증에 사용된다. 이 시스템은 큰 수의 인수분해의 어려움에 안전성을 두고 있다. 하지만 난수를 사용하지 않기 때문에 같은 메세지에 대한 암호문은 항상 같은데, 이것은 공격자가 암호문을 복호화하지 않고도 평문을 추측할 수 있는 단점이 된다.

• ElGamal : ElGamal으로 암호화하면 메세지의 길이가 두 배로 늘어나는 특징이 있다. 하지만 암호화할 때 난수를 이용하므로 같은 메세지에 대해 암호화하여도 암호화할 때마다 서로 다른 암호문을 얻게 되는데, 이것은 정보보호 측면에서 큰 장점이 된다.

• ECC(타원 곡선 암호 시스템) : 10여 년 전 비트 당 안전도가 타 공개키 시스템보다 효율적이라는 것이 알려졌고, 최근 높은 속도의 구현이 가능하게 되었다.

• 전자서명 : 전자서명은 인증서 형태로 발급되는 자신만의 디지털 인감이며 서명이다. 어떤 사람이 그 문서를 작성했다는 것을 증명하는 방법이므로 전자서명을 하기 위해서는 어떤 문서에 그 문서를 자신의 개인키로 암호화해서 첨부하는 것이다. 이렇게 암호화된 것은 공개키에 의해서 복호화되어 원문과 비교될 수 있다.

정답 및 해설 1.④ 2.④ 3.①

4 전자우편 서비스의 보안 기술로 옳지 않은 것은?

① PGP(Pretty Good Privacy)

② S/MIME(Secure/Multipurpose Internet Mail Extension)

③ SET(Secure Electronic Transaction)

④ PEM(Privacy Enhanced Mail)

5 서비스 거부(Denial of Service) 공격기법으로 옳지 않은 것은?

① Ping Flooding 공격

② Zero Day 공격

③ Teardrop 공격

④ SYN Flooding 공격

6 해시(Hash) 함수에 대한 설명으로 옳은 것으로만 묶은 것은?

㉠ 입력데이터의 길이가 달라도 동일한 해시함수에서 나온 해시 결과값 길이는 동일하다.
㉡ 일방향 함수를 사용해서 해시함수를 구성할 수 있다.
㉢ 최대 128비트까지 해시함수의 입력으로 지원한다.
㉣ SHA-256의 해시 결과값 길이는 512비트이다.

① ㉠, ㉡

② ㉡, ㉢

③ ㉢, ㉣

④ ㉠, ㉣

4 ① PGP(Pretty Good Privacy) : 이메일을 제3자가 알 수 없도록 한 전자우편 암호화 프로그램
② S/MIME(Secure/Multipurpose Internet Mail Extension) : 다목적 인터넷 전자우편(MIME)에 기밀성과 인증, 그리고 부인 방지 등의 정보보호 서비스를 제공하는 프로토콜
③ SET(Secure Electronic Transaction) : 인터넷을 비롯한 모든 종류의 네트워크에서 안전하게 금융 결제를 할 수 있도록 해주는 공개적인 보안체제
④ PEM(Privacy Enhanced Mail) : 인증기관(CA)에서 발행하는 인증서를 기반으로 하는 인터넷 전자우편(e-mail) 보안 표준

5 서비스 거부(Denial of Service) 공격기법이란 대량의 접속 신호를 한꺼번에 보내 해당 서버가 마비되도록 하는 해킹 기법이다.
① Ping Flooding 공격 : 대상 시스템에 막대한 양의 ICMP 에코 요청 패킷(ping 패킷)을 보내는 방법
② Zero Day 공격 : 보안 취약점이 발견되었을 때 그 문제의 존재 자체가 널리 공표되기도 전에 해당 취약점을 악용하여 이루어지는 보안 공격
③ Teardrop 공격 : 윈도우 xp에서 통하던 공격으로 OFFSET(쪼개지는 숫자)을 중복되고 손실되게 주어서 세그 맨테이션된 패킷을 재조합하지 못하도록 하여 장애를 발생시키는 기법
④ SYN Flooding 공격 : SYN을 넘치게 한다는 말이다. 즉, Client가 서버의 SYN Queue를 Overflow시켜서 서버를 오동작시키거나 Crash 시키는 기법

6 ㉢ 해시함수 입력값의 최대 메시지 길이는 일반적으로 $2^{64}-1$ 비트, $2^{128}-1$ 비트이다.
㉣ SHA-256의 해시 결과값 길이는 256 비트를 출력한다. SHA의 해시함수는 NIST에서 만들어진 일방향 해시 함수이다.

정답 및 해설 4.③ 5.② 6.①

7 A가 B에게 공개키 알고리즘을 사용하여 서명과 기밀성을 적용한 메시지(M)를 전송하는 그림이다. ㉠ ~ ㉣에 들어갈 용어로 옳은 것은?

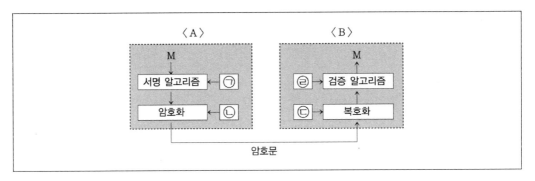

	㉠	㉡	㉢	㉣
①	A의 공개키	B의 공개키	A의 개인키	B의 개인키
②	A의 개인키	B의 개인키	A의 공개키	B의 공개키
③	A의 개인키	B의 공개키	B의 개인키	A의 공개키
④	A의 공개키	A의 개인키	B의 공개키	B의 개인키

8 전자서명이 제공하는 기능으로 옳지 않은 것은?

① 부인 방지(Non Repudiation) ② 변경 불가(Unalterable)
③ 서명자 인증(Authentication) ④ 재사용 가능(Reusable)

9 다음에서 설명하는 패스워드 크래킹(Cracking) 공격 방법은?

- 사용자가 설정하는 대부분의 패스워드에 특정 패턴이 있음을 착안한 방법으로 패스워드로 사용할 만한 것을 사전으로 만들어놓고 이를 하나씩 대입하여 일치 여부를 확인하는 방법이다.
- 패스워드에 부가적인 정보(salt)를 덧붙인 후 암호화하여 저장함으로써 이 공격에 대한 내성을 향상시킬 수 있다.

① Brute Force 공격 ② Rainbow Table을 이용한 공격
③ Flooding 공격 ④ Dictionary 공격

7 • 서명은 메시지를 보내는 송신자(A)가 본인이 보냈다는 것을 확인시키기 위한 것이므로 서명을 할 때에는 송신자의 개인키를 사용해야 한다. → ㉠ A의 개인키
  • 암호화는 메시지를 받는 수신자(B)만 내용을 볼 수 있도록 하기 위한 것이므로 암호를 할 때에는 수신자의 공개키를 사용해야 한다. → ㉡ B의 공개키
  • 복호화는 수신자만 할 수 있어야 하므로 수신자의 개인키를 이용하게 된다. → ㉢ B의 개인키
  • 검증은 송신자가 맞는지 확인하는 것이므로 송신자의 공개키로 해야 한다. → ㉣ A의 공개키

8 전자서명이 제공하는 기능
  ㉠ 위조 불가 : 서명자만 서명문을 생성 가능
  ㉡ 인증 : 서명문의 서명자를 확인
  ㉢ 재사용 불가 : 전자서명문마다 해시값이 다르므로 한 번만 생성
  ㉣ 변경 불가 : 데이터가 변조되지 않았음을 보장→무결성
  ㉤ 부인 방지 : 서명한 사실을 부인할 수 없음

9 패스워드 크래킹 방법론
  ㉠ 사전 대입 공격(Dictionary Attack)
  • 사용자의 패스워드에 특정 패턴이 존재함을 착안
  • 패스워드로 사용될만한 것들을 사전파일로 만든 뒤 하나씩 대입
  • 공격 대상의 개인정보를 안다면 효율적
  ㉡ 무작위 대입 공격(Brute Force Attack)
  • 사전 공격 실패시 사용
  • 영어, 숫자, 특수문자 패턴 중 선택한 패턴과 길이만 선택한 후 모든 가능한 경우의 수로 공격 시도
  • 짧은 길이와 단순한 패턴에 효율적
  ㉢ 레인보우 테이블(Rainbow Table) 공격
  • 패스워드 별로 해시 값을 미리 생성
  • 크래킹 하고자 하는 해시 값을 테이블에서 검색해서 역으로 패스워드를 찾음
  • R(reduction)함수를 이용해 작은 크기로 줄이는 것이 장점
  ㉣ R함수
  • 해시 테이블을 작은 크기로 줄이기 위함
  • MD5 해시 값 중 앞의 6개의 숫자만 뽑아낸다고 가정
  • MD5 해시 생성과 R함수 동작의 반복을 체인이라 함
  • 일반적으로 체인은 몇 천 번에 걸쳐 형성

정답 및 해설 7.③ 8.④ 9.④

10 다음에서 설명하는 보안 공격 기법은?

> • 두 프로세스가 자원을 서로 사용하려고 하는 것을 이용한 공격이다.
> • 시스템 프로그램과 공격 프로그램이 서로 자원을 차지하기 위한 상태에 이르게 하여 시스템 프로그램이 갖는 권한으로 파일에 접근을 가능하게 하는 공격방법을 말한다.

① Buffer Overflow 공격
② Format String 공격
③ MITB(Man-In-The-Browser) 공격
④ Race Condition 공격

11 「개인정보 보호법」상 정보주체가 자신의 개인정보 처리와 관련하여 갖는 권리로 옳지 않은 것은?

① 개인정보의 처리에 관한 동의 여부, 동의 범위 등을 선택하고 결정할 권리
② 개인정보의 처리 정지, 정정·삭제 및 파기를 요구할 권리
③ 개인정보의 처리로 인하여 발생한 피해를 신속하고 공정한 절차에 따라 구제받을 권리
④ 개인정보 처리를 수반하는 정책이나 제도를 도입·변경하는 경우에 개인정보보호위원회에 개인정보 침해요인평가를 요청할 권리

10 ① Buffer Overflow 공격 : 메모리에 할당된 버퍼의 양을 초과하는 데이터를 입력하여 프로그램의 복귀 주소 (return address)를 조작, 궁극적으로 해커가 원하는 코드를 실행하여 공격하는 방법

② Format String 공격 : 상대 컴퓨터에 기본으로 설정되어 있는 메모리의 값이나 주소 값을 변경하거나 파일의 권한을 변경하는 수법

③ MITB(Man-In-The-Browser) 공격 : 브라우저와 서버 간의 통신내용을 도청하거나 조작하는 공격 기법

11 정보추체의 권리〈개인정보 보호법 제4조〉
정보주체는 자신의 개인정보 처리와 관련하여 다음의 권리를 가진다.
1. 개인정보의 처리에 관한 정보를 제공받을 권리
2. 개인정보의 처리에 관한 동의 여부, 동의 범위 등을 선택하고 결정할 권리
3. 개인정보의 처리 여부를 확인하고 개인정보에 대하여 열람(사본의 발급을 포함한다. 이하 같다)을 요구할 권리
4. 개인정보의 처리 정지, 정정·삭제 및 파기를 요구할 권리
5. 개인정보의 처리로 인하여 발생한 피해를 신속하고 공정한 절차에 따라 구제받을 권리

정답 및 해설 10.④ 11.④

12 다음의 내부에서 외부 네트워크 망으로 가는 방화벽 패킷 필터링 규칙에 대한 〈보기〉의 설명으로 옳은 것으로만 묶은 것은? (단, 방화벽을 기준으로 192.168.1.11은 내부 네트워크에 위치한 서버이고, 10.10.10.21은 외부 네트워크에 위치한 서버이다)

No	From	Service	To	Action
1	192.168.1.11	25	10.10.10.21	Allow
2	Any	21	10.10.10.21	Allow
3	Any	80	Any	Allow
4	192.168.1.11	143	10.10.10.21	Allow

〈보기〉

㉠ 내부 서버(192.168.1.11)에서 외부 서버(10.10.10.21)로 가는 Telnet 패킷을 허용한다.

㉡ 내부 Any IP대역에서 외부 서버(10.10.10.21)로 가는 FTP 패킷을 허용한다.

㉢ 내부 Any IP대역에서 외부 Any IP대역으로 가는 패킷 중 80번 포트를 목적지로 하는 패킷을 허용한다.

㉣ 내부 서버(192.168.1.11)에서 외부 서버(10.10.10.21)로 가는 POP3 패킷을 허용한다.

① ㉠, ㉡

② ㉡, ㉢

③ ㉢, ㉣

④ ㉠, ㉣

12 패킷 필터링 방식

　㉠ 패킷 필터링 방식의 방화벽은 OSI 모델에서 네트워크 계층(IP 프로토콜)과 전송 계층(TCP 프로토콜)에서 작동하며, 미리 정해진 규칙에 따라 패킷의 출발지 및 목적지 IP 주소 정보와 각 서비스의 Port 번호를 이용해 접속 제어한다.

　　　예 IP 주소를 INADDR_ANY, 포트번호를 80으로 설정할 경우, 현재 서버 컴퓨터의 80번 포트를 목적지로 하는 모든 연결 요청에 대해 해당 서버 응용 프로그램에서 처리하겠다는 의미이다.

　㉡ 장점

　　• 다른 방식에 비해 처리 속도가 우수하며, 사용자에게는 투명성을 제공할 수 있으며 기존에 사용하고 있는 서비스와 새로운 서비스에 대해서 간단한 정책 수립에 따라 빠르게 연동할 수 있는 유연성을 제공한다.

　　• 유연성이 높으며, TCP/UDP 및 ICMP와 같은 프로토콜 패킷의 통제가 가능하고 IP Spoofing, TCP SYN Flooding 공격 등을 차단할 수 있으며 구축비용이 적게 든다.

　㉢ 단점

　　• TCP/IP 헤더를 조작한 패킷에 대한 방어가 불가능하다.

　　• 네트워크로 출입하는 트래픽에 대한 분석이 불가능하여 강력한 로그를 기록할 수 없고 간단한 공격에 대한 정책 수립이 간편한 대신 모든 형태의 공격을 막기 위한 정책 수립에는 불편하고 복잡하다.

　　• 방화벽 통과가 승인되면 내부 네트워크에 대한 접근이 자유롭고 사용자에 대한 인증이 불가능하다.

　　• 네트워크 호스트의 수가 많으면 많을수록 복잡해지고 성능이 저하된다.

정답 및 해설 12.②

13 위험 관리 과정에 대한 설명으로 ㉠, ㉡에 들어갈 용어로 옳은 것은?

> ㈎ (㉠)단계는 조직의 업무와 연관된 정보, 정보시스템을 포함한 정보자산을 식별하고, 해당 자산의 보안성이 상실되었을 때의 결과가 조직에 미칠 수 있는 영향을 고려하여 가치를 평가한다.
>
> ㈏ (㉡)단계는 식별된 자산, 위협 및 취약점을 기준으로 위험도를 산출하여 기존의 보호대책을 파악하고, 자산별 위협, 취약점 및 위험도를 정리하여 위험을 평가한다.

	㉠	㉡
①	자산식별 및 평가	위험 평가
②	자산식별 및 평가	취약점 분석 및 평가
③	위험 평가	가치평가 및 분석
④	가치평가 및 분석	취약점 분석 및 평가

14 다음에서 설명하는 국제공통평가기준(CC)의 구성요소는?

> • 정보제품이 갖추어야 할 공통적인 보안 요구사항을 모아 놓은 것이다.
> • 구현에 독립적인 보안 요구사항의 집합이다.

① 평가보증등급(EAL)

② 보호프로파일(PP)

③ 보안목표명세서(ST)

④ 평가대상(TOE)

13 위험 관리 과정

ㄱ 위험 관리(risk management) : 조직의 자산에 대한 위험을 감수할 수 있는 수준으로 유지하기 위하여 자산에 대한 위험을 분석, 보호대책을 마련하는 일련과정. 즉, 가장 핵심적인 부분이다.

ㄴ 위험에 대한 대책
- 위험 수용 : 현재의 위험을 받아들이고 잠재적 손실 비용을 감수하는 것
- 위험 감소 : 위험을 감소시킬 수 있는 대책을 채택하여 구현하는 것
- 위험 회피 : 위험이 존재하는 프로세스나 사업을 수행하지 않고 포기하는 것
- 위험 전가 : 보험이나 외주 등으로 잠재적 비용을 제3자에게 이전하거나 할당하는 것

ㄷ 위험 분석(Risk Analysis) : 정보기술 보안 관리를 수행하기 위해서 필수적인 과정 중의 하나로 목적은 보호되어야 할 대상 정보시스템과 조직의 위험을 측정하고 허용가능한 수준인지 아닌지 판단할 수 있는 근거를 제공하며 보호를 적용하는데 필요한 비용을 이치에 맞는 방식으로 보여준다.

14 국제공통평가기준(CC)의 구성요소

ㄱ 평가보증등급(EAL) : PP, ST의 등급(0~7등급), 보증요구에 관련된 컴포넌트의 집합으로 구성된 패키지의 일종이다.

ㄴ 보호프로파일(PP) : 공통 심사 기준, 정보 제품이 갖추어야 할 공통적인 보안 요구사항들을 모아 놓은 것이다.

ㄷ 보안목표명세서(ST) : 특정 제품 및 시스템 의존 기능 및 요구를 포함할 수 있다.

ㄹ 평가대상(TOE) : 심사 대상 객체가 해당된다.

15 다음의 OSI 7계층과 이에 대응하는 계층에서 동작하는 〈보기〉의 보안 프로토콜을 바르게 연결한 것은?

㉠ 2계층

㉡ 3계층

㉢ 4계층

〈보기〉

A. SSL/TLS

B. L2TP

C. IPSec

	㉠	㉡	㉢
①	A	B	C
②	A	C	B
③	B	C	A
④	B	A	C

15 OSI 7계층

OSI7 Layer	설명	프로토콜	TCP/IP Model
Layer 7 응용 계층 (Application)	사용자가 네트워크에 접근할 수 있는 서비스 제공	FTP, SSH, Telnet, SMTP, HTTP, DNS, SNMP 등	Application
Layer 6 표현 계층 (Presentation)	두 시스템 간에 주고받는 데이터의 구문과 의미 정의	ASCII, EBCDIC, GIF, JPEG, MPEG 등	
Layer 5 세션 계층 (Session)	네트워크 대화 제어기	NFS, SQL, RPC 등	
Layer 4 전송 계층 (Transport)	하나의 프로세스에서 다른 프로세스로 메시지 전달	TCP, UDP, SSL	Transport
Layer 3 네트워크 계층 (Network)	송신(단말)에서 수신(단말)까지 각 패킷 전달	ARP, ICMP, IGMP, RIP, OSPF, BGP, IPSec, NAT 등	Internet
Layer 2 데이터링크 계층 (Data Link)	한 홉에서 다음 홉으로 이동하는 프레임 전달	LLC: 이더넷, 토큰링, ATM, FDDI, ISDN, FR, ATM, 802.11 등 MAC : CSMA/CD, 토큰 전달 등	Network Interface
Layer 1 물리 계층 (Physical)	한 홉에서 다음 홉으로 비트 전달	X.21, v.35, HSSI 등	

정답 및 해설 15.③

16 무선랜의 보안 대응책으로 옳지 않은 것은?

① AP에 접근이 가능한 기기의 MAC 주소를 등록하고, 등록된 기기의 MAC 주소만 AP 접속을 허용한다.

② AP에 기본 계정의 패스워드를 재설정한다.

③ AP에 대한 DHCP를 활성화하여 AP 검색 시 SSID가 검색되도록 설정한다.

④ 802.1x와 RADIUS 서버를 이용해 무선 사용자를 인증한다.

17 다음의 사이버 공격 유형과 그에 대한 〈보기〉의 설명을 바르게 연결한 것은?

> ㉠ 피싱(Phishing)
> ㉡ 파밍(Pharming)
> ㉢ 스미싱(Smishing)

〈보기〉

A. 공격자가 도메인을 탈취하여 사용자가 정확한 사이트 주소를 입력해도 가짜 사이트로 연결되도록 하는 방법이다.

B. 이메일 또는 메신저를 사용해서 신뢰할 수 있는 사람 또는 기업이 보낸 메시지인 것처럼 가장하여 신용정보 등의 기밀을 부정하게 얻으려는 사회공학기법이다.

C. 문자메시지로 신뢰할 수 있는 사람이 보낸 것처럼 가장하여, 링크 접속을 유도한 뒤 개인정보를 빼내는 방법이다.

	㉠	㉡	㉢
①	A	B	C
②	A	C	B
③	B	A	C
④	B	C	A

16 무선랜의 보안 대응책

   ㉠ 무선랜은 AP 보호를 위해서는 전파가 건물 내부로 한정되도록 전파 출력을 조정하고 창이나 외부에 접한 벽이 아닌 건물 안쪽 중심부, 특히 쉽게 눈에 띄지 않는 곳에 설치 하는 것이 좋다. 또한 AP 관리 계정의 패스워드를 반드시 재설정하고, AP의 DHCP를 정지, AP의 접속 MAC 주소 필터링, SSID와 WEP 설정, 802.1X와 RADIUS 서버를 이용해 인증을 수행하는 것이 좋다.

   ㉡ 무선 네트워크 공격은 AP를 찾는 것부터 시작한다. 무선 AP를 찾으려면 무선 안테나를 구입하거나 제작하여 버스를 타고 브라우징 되며, SSID는 AP에서 브로드캐스팅 된다. 대부분의 AP가 자동 IP 주소 할당으로 작동된다.

   ㉢ RADIUS는 무선 네트워크의 문제점에 대한 대응책으로 Livingston에서 제작되었고, 네트워킹 프로토콜로 사용자가 네트워크에 연결하고 네트워크 서비스를 받기 위한 중앙 집중화된 인증·인가·회계를 관리한다.

   ㉣ Ascend와 기타 다른 네트워크 장비들에 의해 사용되고, 사실상의 산업계 표준이며, IETF 표준으로 제안되었다. RADIUS와 802.1x를 이용한 무선랜 인증 과정은 클라이언트는 AP에 접속을 요청하며, AP는 무선랜 네트워크에 클라이언트가 로그인 할 때까지 접속을 차단한다.

17 ㉠ 피싱(Phishing) : 이메일 또는 메신저를 사용해서 신뢰할 수 있는 사람 또는 기업이 보낸 메시지인 것처럼 가장하여 신용정보 등의 기밀을 부정하게 얻으려는 사회공학기법이다.

   ㉡ 파밍(Pharming) : 공격자가 도메인을 탈취하여 사용자가 정확한 사이트 주소를 입력해도 가짜 사이트로 연결되도록 하는 방법이다.

   ㉢ 스미싱(Smishing) : 문자메시지로 신뢰할 수 있는 사람이 보낸 것처럼 가장하여, 링크 접속을 유도한 뒤 개인정보를 빼내는 방법이다.

정답 및 해설 16.③ 17.③

18 재해복구시스템의 복구 수준별 유형에 대한 설명으로 옳은 것은?

① Warm site는 Mirror site에 비해 전체 데이터 복구 소요 시간이 빠르다.

② Cold site는 Mirror site에 비해 높은 구축 비용이 필요하다.

③ Hot site는 Cold site에 비해 구축 비용이 높고, 데이터의 업데이트가 많은 경우에 적합하다.

④ Mirror site는 Cold site에 비해 구축 비용이 저렴하고, 복구에 긴 시간이 소요된다.

18 재해복구시스템의 복구 수준별 유형

유형	개념	복구소유시간	장점	단점
Mirror Site	• 주 센터와 동일한 수준의 정보기술 자원을 원격지에 구축 • Active 상태로 실시간 동시 서비스 제공	즉시	• 데이터 최신성 • 높은 안정성 • 신속한 업무재개	• 높은 초기투자비용 • 높은 유지보수비용 • 데이터의 업데이트가 많은 경우에는 과부하를 초래하여 부적합
Hot Site (Data Mirroring Site)	• 데이터는 동기적 또는 비동기적 방식의 실시간 미러링을 통하여 최신상태로 유지 • 일반적으로 실시간 미러링을 사용하는 핫사이트를 미러사이트라 일컫기도 함 • 주센터 재해시 원격지시스템을 Active 상태로 전환하여 서비스 제공	수시간 (4시간 이내)	• 데이터 최신성 • 높은 안정성 • 신속한 업무재개 • 데이터 업데이트가 많은 경우에 적합	• 높은 초기투자비용 • 높은 유지보수비용
Warm Site	• 중요성이 높은 정보기술 자원만 부분적으로 재해복구센터에 보유 • 데이터는 주기적(약 수시간 ~1일)으로 백업	수일 ~ 수주	• 구축 및 유지비용이 핫사이트에 비해 저렴	• 데이터 다소의 손실 발생 • 초기복구수준이 부분적임 • 복구소유시간이 비교적 오래 걸림
Cold Site	• 데이터만 원격지에 보관하고 이의 서비스를 위한 정보자원은 확보하지 않거나 장소 등 최소한으로만 확보 • 재해시 데이터를 근간으로 필요한 정보자원을 조달하여 정보시스템의 복구 개시 • 주센터의 데이터는 주기적(수일 ~ 수주)으로 원격지 백업	수주~수개월	• 구축 및 유지비용이 가장 저렴	• 데이터의 손실 발생 • 복구에 매우 긴 시간이 소요됨 • 복구 신뢰성이 낮음

정답 및 해설 18.③

19 「개인정보의 기술적·관리적 보호조치 기준」상 정보통신서비스 제공자 등이 준수해야 하는 사항으로 옳지 않은 것은?

① 개인정보처리시스템에 주민번호, 계좌번호를 저장할 때 안전한 암호알고리듬으로 암호화한다.

② 개인정보처리시스템에 개인정보취급자의 권한 부여, 변경 또는 말소에 대한 내역을 기록하고, 그 기록을 최소 3년간 보관한다.

③ 개인정보처리시스템에 대한 개인정보취급자의 접속이 필요한 시간 동안만 최대 접속시간 제한 등의 조치를 취한다.

④ 이용자의 비밀번호 작성규칙은 영문, 숫자, 특수문자 중 2종류 이상을 조합하여 최소 10자리 이상 또는 3종류 이상을 조합하여 최소 8자리 이상의 길이로 구성하도록 수립한다.

19 ① 정보통신서비스 제공자등은 주민등록번호, 여권번호, 운전면허번호, 외국인등록번호, 신용카드번호, 계좌번호, 바이오정보 등의 정보에 대해서는 안전한 암호알고리듬으로 암호화하여 저장한다〈개인정보의 기술적·관리적 보호조치 기준 제6조 제2항〉.

② 정보통신서비스 제공자 등은 개인정보취급자의 권한 부여, 변경 또는 말소에 대한 내역을 기록하고, 그 기록을 최소 5년간 보관한다〈개인정보의 기술적·관리적 보호조치 기준 제4조 제3항〉.

③ 정보통신서비스 제공자등은 개인정보처리시스템에 대한 개인정보취급자의 접속이 필요한 시간 동안만 최대 접속시간 제한 등의 조치를 취하여야 한다〈개인정보의 기술적·관리적 보호조치 기준 제4조 제10항〉.

④ 정보통신서비스 제공자등은 개인정보취급자를 대상으로 다음의 사항을 포함하는 비밀번호 작성규칙을 수립하고, 이를 적용·운용하여야 한다〈개인정보의 기술적·관리적 보호조치 기준 제4조 제8항〉.

  1. 영문, 숫자, 특수문자 중 2종류 이상을 조합하여 최소 10자리 이상 또는 3종류 이상을 조합하여 최소 8자리 이상의 길이로 구성

  2. 연속적인 숫자나 생일, 전화번호 등 추측하기 쉬운 개인정보 및 아이디와 비슷한 비밀번호는 사용하지 않는 것을 권고

  3. 비밀번호에 유효기간을 설정하여 반기별 1회 이상 변경

정답 및 해설 19.②

20 「정보통신망 이용촉진 및 정보보호 등에 관한 법률」상 (   )에 공통으로 들어갈 용어로 옳은 것은? (기출변형)

제23조의2(주민등록번호의 사용 제한)

① 정보통신서비스 제공자는 다음 각 호의 어느 하나에 해당하는 경우를 제외하고는 이용자의 주민등록번호를 수집·이용할 수 없다.

1. 제23조의3에 따라 (   )으로 지정받은 경우
2. 삭제
3. 「전기통신사업법」 제38조 제1항에 따라 기간통신사업자로부터 이동통신서비스 등을 제공받아 재판매하는 전기통신사업자가 제23조의3에 따라 (   )으로 지정받은 이동통신사업자의 본인확인업무 수행과 관련하여 이용자의 주민등록번호를 수집·이용하는 경우

① 개인정보처리기관
② 본인확인기관
③ 개인정보보호기관
④ 정보제공기관

20 주민등록번호의 사용 제한〈정보통신망 이용촉진 및 정보보호 등에 관한 법률 제23조의2〉

① 정보통신서비스 제공자는 다음 각 호의 어느 하나에 해당하는 경우를 제외하고는 이용자의 주민등록번호를 수집·이용할 수 없다.

1. 제23조의3에 따라 본인확인기관으로 지정받은 경우
2. 삭제
3. 「전기통신사업법」 제38조 제1항에 따라 기간통신사업자로부터 이동통신서비스 등을 제공받아 재판매하는 전기통신사업자가 제23조의3에 따라 본인확인기관으로 지정받은 이동통신사업자의 본인확인업무 수행과 관련하여 이용자의 주민등록번호를 수집·이용하는 경우

② 제1항 제3호에 따라 주민등록번호를 수집·이용할 수 있는 경우에도 이용자의 주민등록번호를 사용하지 아니하고 본인을 확인하는 방법을 제공하여야 한다.

정답 및 해설 20.②

1 다음의 지문은 무엇을 설명한 것인가?

> ㉠ 전자금융거래에서 사용되는 단말기 정보, 접속 정보, 거래내용 등을 종합적으로 분석하여 의심 거래를 탐지하고 이상금융거래를 차단하는 시스템이다.
> ㉡ 보안 프로그램에서 방지하지 못하는 전자금융사기에 대한 이상거래를 탐지하여 조치를 할 수 있도록 지원하는 시스템이다.

① MDM　　　　　　　　　　　② FDS

③ MDC　　　　　　　　　　　④ RPO

2 다음 중 APT(Advanced Persistent Threat) 공격에 대한 설명 중 옳지 않은 것은?

① 사회 공학적 방법을 사용한다.

② 공격대상이 명확하다.

③ 가능한 방법을 총동원한다.

④ 불분명한 목적과 동기를 가진 해커 집단이 주로 사용한다.

3 다음 중 메시지 인증 코드(MAC : Message Authentification Code)에 대한 설명 중 옳은 것은?

① 메시지 무결성을 제공하지는 못한다.

② 비대칭키를 이용한다.

③ MAC는 가변 크기의 인증 태그를 생성한다.

④ 부인 방지를 제공하지 않는다.

1 ① 기준정보관리(MDM, Master Data Management) : 기업 비즈니스의 핵심 데이터인 기준 정보(마스터 데이터)를 생성하고 일관성 있게 유지하며 비즈니스 프로세스의 흐름에 맞춰 정확하게 관리하기 위한 기술 및 솔루션과 조직

③ 다중부호화(MDC, Multiple Description Coding) : 정보를 분할하여 부호화하는 방식. 부호화 데이터를 전송할 때 생기는 전송 채널의 에러를 최소화하고 전송 대역의 활용도를 높이기 위해 사용하는 코딩 방식

④ 목표 복구 시점(RPO, Recovery Point Objective) : 조직에서 발생한 여러 가지 재난 상황으로 IT 시스템이 마비되었을 때 각 업무에 필요한 데이터를 여러 백업 수단을 활용하여 복구할 수 있는 기준점

2 APT(Advanced Persistent Threats) 공격 … 특정 타깃에 대한 지속적인 위협 및 공격으로서, 주로 E-Mail을 통해 이루어지며 내부자에게 악성코드를 발송하고 내부자 중 누군가가 해당 악성코드에 감염되면 이를 통해 내부망으로 침투한다

3 메시지 인증 코드(MAC : Message Authentification Code) … 메시지의 인증을 위해 메시지에 부가되어 전송되는 작은 크기의 정보. 비밀키를 사용함으로써 데이터 인증과 무결성을 보장할 수 있다. 비밀키와 임의 길이의 메시지를 MAC 알고리듬으로 처리하여 생성된 코드를 메시지와 함께 전송한다.

정답 및 해설 1.② 2.④ 3.④

4 다음 중 데이터베이스 관리자(Database Administrator)가 부여할 수 있는 SQL기반 접근권한 관리 명령어로 옳지 않은 것은?

① REVOKE

② GRANT

③ DENY

④ DROP

5 스위칭 환경에서 스니핑(Sniffing)을 수행하기 위한 공격으로 옳지 않은 것은?

① ARP 스푸핑(Spoofing)

② ICMP 리다이렉트(Redirect)

③ 메일 봄(Mail Bomb)

④ 스위치 재밍(Switch Jamming)

4 SQL 기반 데이터베이스의 권한 관리 명령어

   ㉠ DDL = 정의어
- DDL은 데이터 구조를 정의하는 질의문
- 데이터베이스를 처음 생성하고 개발할 때 주로 사용하고 운영 중에는 거의 사용하지 않음
- CREATE : 데이터베이스 객체를 생성한다.
- DROP : 데이터베이스 객체를 삭제한다.

   ㉡ DML = 조작어
- DML은 데이터베이스의 운영 및 사용과 관련해 가장 많이 사용하는 질의문
- 데이터의 검색과 수정 등을 처리
- SELECT : 사용자가 테이블이나 뷰의 내용을 읽고 선택한다.
- INSERT : 데이터베이스 객체에 데이터를 입력한다.
- UPDATE : 기존 데이터베이스 객체에 있는 데이터를 수정한다.
- DELETE : 데이터베이스 객체에 있는 데이터를 삭제한다.

   ㉢ DCL = 제어어
- DCL은 권한 관리를 위한 질의문
- GRANT : 데이터베이스 객체에 권한을 부여한다.
- DENY : 사용자에게 해당 권한을 금지한다.
- REVOKE : 이미 부여된 데이터베이스 객체의 권한을 취소한다.

5 ③ 폭탄메일 공격(Mail Bomb) : 다량의 전자우편을 집중적으로 전송하므로 시스템을 다운시키는 서비스 거부 공격(DoS) 행위이다.

※ 스위칭 환경에서 스니핑(Sniffing)을 수행하기 위한 공격
- ㉠ ARP 스푸핑(Spoofing) : 공격자가 특정 공격대상자를 대상으로 ARP Redirect 공격처럼 ARP 테이블을 조작하여 공격대상자의 패킷을 스니핑하는 공격
- ㉡ ICMP 리다이렉트(Redirect) : 라우터나 게이트웨이를 두 개 이상 운영하는 경구 로드 밸런싱을 구현하는데, 로드 밸런싱은 시스템의 라우팅 테이블에 라우팅 엔트리를 하나 더 넣어주거나, ICMP Redirect를 사용하는 방법이 있다.
- ㉢ ARP Redirect 공격 : 위조된 arp reply를 보내는 방법, 공격자가 나의 MAC 주소가 라우터의 MAC 주소다 라는 위조된 ARP reply를 브로드캐스트로 네트워크에 주기적으로 보내어 스위칭 네트워크상의 모든 호스트들이 공격자 호스트를 라우터라고 믿게 한다.
- ㉣ 스위치 재밍(Switch Jamming) : 일반적으로 스위치 장치들은 MAC 주소 테이블이 가득 차게 되면 모든 네트워크 세그먼트로 트래픽을 브로드캐스팅 하는 특성을 가지고 있다.
- ㉤ Switch의 SPAN/MONITOR 포트를 이용하는 방법 : 특별한 공격을 수행하지 않고 스위치의 포트 미러링이 가능한 Monitor 포트에 노트북이나 컴퓨터를 접속하여 물리적으로 스니핑을 가능하게 하는 방법이다.

정답 및 해설 4.④ 5.③

6 다음의 지문은 무엇을 설명한 것인가?

> 안전한 소프트웨어 개발을 위해 소스코드 등에 존재할 수 있는 잠재적인 보안 취약점을
> 제거하고, 보안을 고려하여 기능을 설계 및 구현하는 등 소프트웨어 개발 과정에서 지켜
> 야 할 보안 활동이다.

① 시큐어코딩(Secure Coding)
② 스캐빈징(Scavenging)
③ 웨어하우스(Warehouse)
④ 살라미(Salami)

7 다음은 TCSEC 보안등급 중 하나를 설명한 것이다. 이에 해당하는 것은?

> • 각 계정별 로그인이 가능하며 그룹 ID에 따라 통제가 가능한 시스템이다.
> • 보안감사가 가능하며 특정 사용자의 접근을 거부할 수 있다.
> • 윈도우 NT 4.0과 현재 사용되는 대부분의 유닉스 시스템이 이에 해당한다.

① C1
② C2
③ B1
④ B2

6 ② 스케빈징(Scavenging) : 컴퓨터실에서 작업하면서 휴지통에 버린 프로그램 리스트, 데이터 리스트, 복사된 자료 등을 통해 중요 정보를 얻는 해킹 방법으로 의외로 중요한 정보를 획득할 수 있는 경우도 있다.

③ 웨어하우스(Warehouse) : 기업의 대단위 데이터를 사용자 관점에서 주제별로 통합하여 축적하여 별도의 장소에 저장해 놓은 것으로 단순한 데이터의 저장고가 아니라 데이터를 다차원으로 분석하여 의사결정에 도움을 주는 것이다.

④ 살라미(Salami) : 다수의 사람들로부터 눈치채지 못할 만큼의 금액을 빼내어 가는 사기 수법으로 은행의 금리 계산 과정에서 1의 자리 수의 단수를 버리지 않고 자신의 계좌로 보내어 착복하는 것을 말한다.

7 TCSEC

㉠ 1986년 개발된 평가기준인 오렌지북(Orange Book)은 1985년 미국 국방성의 정보보호평가 표준(DoDSTD 5200.28)으로 제정되었다.

㉡ 효과적인 정보보호시스템 평가기준 개발과 이러한 기준에 맞게 개발된 제품들을 평가하는데 초점을 두고 있다.

㉢ TCSEC의 세부 등급은 D → C1 → C2 → B1 → B2 → B3 → A1로 구분된다.

• D : Minimal Protection – 보안 설정이 이루어지지 않은 단계이다.

• C1 : Discretionary Security Protection – 일반적인 로그인 과정이 존재하는 시스템이다. 사용자 간 침범이 차단되어 있고 모든 사용자가 자신이 생성한 파일에 대해 권한을 설정할 수 있으며, 특정 파일에 대해서만 접근이 가능하다. 초기의 유닉스 시스템이 C1 등급에 해당된다.

• C2 : Controlled Access Protection – 각 계정별 로그인이 가능하며 그룹 ID에 따라 통제가 가능한 시스템이다. 보안 감사가 가능하며 특정 사용자의 접근을 거부할 수 있다. 윈도우 NT 4.0과 현재 사용되는 대부분의 유닉스 시스템이 C2 등급에 해당된다.

• B1 : Labeled Security – 시스템 내의 보안 정책을 적용할 수 있고 각 데이터에 대해 보안 레벨 설정이 가능하다. 시스템 파일이나 시스템에 대한 권한을 설정할 수 있다.

• B2 : Structured Protection – 시스템에 정형화된 보안 정책이 존재하며 B1 등급의 기능을 모두 포함한다. 일부 유닉스 시스템이 B2 인증에 성공했고, 윈도우 2000은 B2 등급의 인증을 신청한 상태이나 아직 결정되지 않았다.

• B3 : Security Domains – 운영체제에서 보안에 불필요한 부분을 모두 제거하고, 모듈에 따른 분석 및 테스트가 가능하다. 또한 시스템 파일 및 디렉터리에 대한 접근 방식을 지정하고, 위험 동작을 하는 사용자의 활동에 대해서는 백업까지 자동으로 이루어진다. 현재까지 B3 등급을 받은 시스템은 극히 일부이다.

• A1 : Verified Design – 수학적으로 완벽한 시스템이다. 현재까지 A1 등급을 받은 시스템은 없으므로 사실상 이상적인 시스템일 뿐이다.

정답 및 해설 6.① 7.②

8 다음 중 백도어(BackDoor) 공격으로 옳지 않은 것은?

① 넷버스(Netbus)

② 백오리피스(Back Orifice)

③ 무차별(Brute Force) 공격

④ 루트킷(RootKit)

9 다음 지문에서 설명하는 방화벽으로 옳은 것은?

㉠ 다단계 보안을 제공하기 때문에 강력한 보안을 제공한다.

㉡ DMZ(DeMilitarization Zone)라는 완충 지역 개념을 이용한다.

㉢ 설치와 관리가 어렵고 서비스 속도가 느리다는 단점이 있다.

---

① 베스천 호스트(Bastion host)

② 듀얼 홈드 게이트웨이(Dual homed gateway)

③ 패킷 필터링(Packet filtering)

④ 스크린드 서브넷 게이트웨이(Screened subnet gateway)

8 ① 원격으로 다른 사람의 컴퓨터를 조작할 수 있는 크래킹 도구를 말한다.

② 원격관리를 위하여 고안된 컴퓨터 프로그램으로 사용자가 원격지로부터 실행 중인 마이크로소프트 윈도 운영 체제를 조작 가능하게 한다.

③ 특정 패턴을 사용하지 않고 패스워드로 사용 가능한 모든 문자열, 숫자열을 대입하여 공격하는 방법을 말한다.

④ 해커들이 컴퓨터나 네트워크에 침입한 사실을 숨긴 채 관리자용 접근 권한을 획득하는데 사용하는 도구들을 의미한다.

※ 백도어(BackDoor) … 인증되지 않은 사용자에 의해 컴퓨터의 기능이 무단으로 사용될 수 있도록 컴퓨터에 몰래 설치된 통신 연결 기능을 말한다.

9 ① 베스천 호스트(Bastion host) : 보호된 네트워크에서 유일하게 외부에 노출된 내·외부를 연결하는 연결점으로 사용되는 호스트를 말한다.

② 듀얼 홈드 게이트웨이(Dual homed gateway) : 두 개의 랜카드를 가진 베스천 호스트 구조를 말한다. 하나의 랜카드는 내부 네트워크를 가지고 다른 랜카드는 외부 네트워크에 연결되지만 두 네트워크 간에 라우팅은 허용하지 않는다.

③ 패킷 필터링(Packet filtering) : 패킷 필터링 방식의 방화벽은 OSI 모델에서 네트워크 계층(IP 프로토콜)과 전송 계층(TCP 프로토콜)에서 작동하며, 미리 정해진 규칙에 따라 패킷의 출발지 및 목적지 IP 주소 정보와 각 서비스의 Port 번호를 이용해 접속 제어한다.

④ 스크린드 서브넷 게이트웨이(Screened subnet gateway) : 스크리닝 라우터들 사이에 듀얼-홈드 게이트웨이가 위치하는 구조로 인터넷과 내부 네트워크 사이에 DMZ라는 서브넷을 운영하는 구조이다. 해커의 침입이 어려우나, 설치가 어렵고 구축비용이 많이 들며, 속도가 느려진다.

정답 및 해설 8.③ 9.④

10 포렌식의 기본 원칙 중 증거는 획득되고, 이송/분석/보관/법정 제출의 과정이 명확해야 함을 말하는 원칙은?

① 정당성의 원칙

② 재현의 원칙

③ 연계 보관성의 원칙

④ 신속성의 원칙

11 다음 〈보기〉가 설명하는 접근제어방식은?

〈보기〉

주체나 그것이 속해 있는 그룹의 신원에 근거하여 객체에 대한 접근을 제한하는 방법으로 자원의 소유자 혹은 관리자가 보안관리자의 개입 없이 자율적 판단에 따라 접근 권한을 다른 사용자에게 부여하는 기법이다.

① RBAC

② DAC

③ MAC

④ LBAC

12 다음은 인터넷망에서 안전하게 정보를 전송하기 위하여 사용되고 있는 네트워크 계층 보안 프로토콜인 IPSec에 대한 설명이다. 이들 중 옳지 않은 것은?

① DES-CBC, RC5, Blowfish 등을 이용한 메시지 암호화를 지원

② 방화벽이나 게이트웨이 등에 구현

③ IP 기반의 네트워크에서만 동작

④ 암호화/인증방식이 지정되어 있어 신규 알고리즘 적용이 불가능함

10 **포렌식의 기본 원칙** ⋯ 포렌식을 통해서 증거를 획득하고, 이 증거가 법적인 효력을 가지려면 그 증거를 발견 (Discovery)하고, 기록(Recording)하고, 획득(Collection)하고, 보관(Preservation)하는 절차가 적절해야 한다.

   ㉠ **정당성의 원칙** : 모든 증거는 적법한 절차를 거쳐서 획득한 것이어야 하며, 위법한 절차를 거쳐 획득한 증거 는 증거 능력이 없다.

   ㉡ **재현의 원칙** : 증거는 어떤 절차를 통해 정제되는 과정을 거칠 수 있다.

   ㉢ **연계 보관성의 원칙** : 증거는 획득되고 난 뒤 이송/분석/보관/법정 제출이라는 일련의 과정이 명확해야 하며, 이러한 과정에 대한 추적이 가능해야 한다. 이를 연계 보관성(Chain of Custody)이라 한다. 연계 보관성을 만족하려면 인계자, 인수자, 증거 보관 위치 변동사항, 날짜, 인계내용 및 이유와 같이 증거를 전달하고 전달 받는 데 관여한 담당자와 책임자를 명시해야 한다.

   ㉣ **신속성의 원칙** : 컴퓨터 내부의 정보는 휘발성을 가진 것이 많기 때문에 신속하게 이뤄져야 한다.

   ㉤ **무결성의 원칙** : 수집된 정보는 연계 보관성을 만족시켜야 하고, 각 단계를 거치는 과정에서 위조 및 변조되 어서는 안 되며, 이러한 사항을 매번 확인해야 한다. 하드 디스크 같은 경우에는 해시값을 구해 각 단계마다 그 값을 확인하여 무결성을 입증할 수 있다.

11 ① Role Based Access Control : 정보에 대한 사용자의 접근을 개별적인 신분이 아니라 조직 내 개인 역할에 따라 허용 여부를 결정하는 모델로 역할 기반 접근 제어라고 한다.

   ③ Mandatory Access Control : 오직 관리자만이 객체와 자원들에 대한 접근 권한을 부여할 수 있으며 자원에 대한 접근은 주어진 보안 레벨에 기반을 두는 것으로 강제적 접근 제어라고 한다.

   ④ Label Based Access Control : 레이블에 근거하여 엑세스에 접근을 결정하는 것으로 레이블 기반 접근 제어 라고 한다.

12 IPSec

   ㉠ Network나 Network 통신의 패킷처리 계층에서의 보안을 위해, 지금도 발전되고 있는 표준이다.

   ㉡ IPSec이란 이름은 이 방식의 표준화를 추진해 온 IETF(Internet Engineering Task Force)의 워킹그룹의 이 름(IPSEC WG)에서 따 왔다.

   ㉢ IPSec의 장점은 개별 사용자 컴퓨터의 변경 없이도 보안에 관한 준비가 처리될 수 있다는 것이다. 즉, 게이 트웨이만 AH(Authentication Header), ESP(Encapsulating Security Payload) 프로토콜을 구현하면 되고, 신뢰하는 서브넷상에서 게이트웨이를 이용하는 모든 시스템들은 게이트웨이와 외부시스템 사이에서 AH와 ESP 서비스를 이용할 수 있다.

   ㉣ 신규 알고리즘 적용이 가능하다.

정답 및 해설 10.③ 11.② 12.④

13 다음 설명에 해당하는 취약점 점검도구는?

> 어느 한 시점에서 시스템에 존재하는 특정경로 혹은 모든 파일에 관한 정보를 DB화해서 저장한 후 차후 삭제, 수정 혹은 생성된 파일에 관한 정보를 알려주는 툴이다. 이 툴은 MD5, SHA 등의 다양한 해시 함수를 제공하고 파일들에 대한 DB를 만들어 이를 통해 해커들에 의한 파일들의 변조여부를 판별하므로 관리자들이 유용하게 사용할 수 있다.

① Tripwire

② COPS(Computer Oracle and Password System)

③ Nipper

④ MBSA(Microsoft Baseline Security Analyzer)

14 다음의 지문은 RSA 알고리즘의 키생성 적용 순서를 설명한 것이다. (   )를 바르게 채운 것은?

> ㉠ 두 개의 큰 소수, p와 q를 생성한다. $(p \neq q)$
> ㉡ 두 소수를 곱하여, $n = p \cdot q$를 계산한다.
> ㉢ (㉮)을 계산한다.
> ㉣ $1 < A < \phi(n)$이면서 $A, \phi(n)$이 서로소가 되는 A를 선택한다. $A \cdot B$를 $\phi(n)$으로 나눈 나머지가 1임을 만족하는 B를 계산한다.
> ㉤ 공개키로 (㉯), 개인키로 (㉰)를 각각 이용한다.

	㉮	㉯	㉰
①	$\phi(n) = (p-1)(q-1)$	(n, A)	(n, B)
②	$\phi(n) = (p+1)(q+1)$	(n, B)	(n, A)
③	$\phi(n) = (p-1)(q-1)$	(n, B)	(n, A)
④	$\phi(n) = (p+1)(q+1)$	(n, A)	(n, B)

13 ② COPS(Computer Oracle and Password System) : 네트워크 응용 프로그램에 QoS(quality of service)를 설정할 수 있게 해주는 별도의 컴포넌트를 제공하는 서비스

③ Nipper : 네트워크 장비의 취약점을 점검하는 오픈 소스 프로그램

④ MBSA(Microsoft Baseline Security Analyzer) : Windows 2000/XP/2003 기반 시스템의 보안상 안정성을 최신의 상태로 유지하고 있는지 점검하는 것을 도와주는 응용 프로그램

14 RSA 키 생성 알고리즘

㉠ 두 개의 큰 소수 p와 q를 선택하고, 이들의 곱 $n=pq$를 계산한다.

㉡ $\phi[n] = [p-1][q-1]$을 계산한다.

㉢ n과 서로소인 A를 선택하고 $dB = 1 \bmod \phi[n]$를 만족하는 수 B를 계산한다.

㉣ $[n, A]$는 공개키로 공개하고, B는 개인키로 안전하게 보관한다.

정답 및 해설 13.① 14.①

15 스파이웨어 주요 증상으로 옳지 않은 것은?

① 웹브라우저의 홈페이지 설정이나 검색 설정을 변경, 또는 시스템 설정을 변경한다.

② 컴퓨터 키보드 입력내용이나 화면표시내용을 수집, 전송한다.

③ 운영체제나 다른 프로그램의 보안설정을 높게 변경한다.

④ 원치 않는 프로그램을 다운로드하여 설치하게 한다.

16 정부는 사이버테러를 없애기 위하여 2012년 8월 정보통신망법 시행령 개정으로 100만 명 이상 이용자의 개인정보를 보유했거나 전년도 정보통신서비스 매출이 100억 원 이상인 정보통신서비스 사업자의 경우 '망분리'를 도입할 것을 법으로 의무화했다. 다음 중 망분리 기술로 옳지 않은 것은?

① DMZ

② OS 커널분리

③ VDI

④ 가상화기술

15 스파이웨어

㉠ 좁은 의미의 스파이웨어는 적절한 사용자 동의 없이 사용자 정보를 수집하는 프로그램을 지칭하며, 넓은 의미의 스파이웨어는 적절한 사용자 동의 없이 설치되어 불편을 야기하거나 사생활을 침해할 수 있는 프로그램을 의미한다.

㉡ 넓은 의미의 스파이웨어는 잠재적으로 원하지 않은 프로그램(PUP : Potentially Unwanted Program) 등으로 부르기도 한다. 이 정보에 사용된 '스파이웨어' 용어는 별도의 설명이 없는 경우 넓은 의미의 스파이웨어를 지칭한다.

㉢ 일반적으로 스파이웨어는 데이터의 훼손 같은 직접적인 피해를 입히지 않지만 시스템 성능을 눈에 띄게 저하시키거나 프로그램 자체의 오류로 시스템에 치명적인 장애를 일으키기도 한다.

㉣ 스파이웨어의 주요 감염 경로
• 프리웨어(Freeware), 셰어웨어(Shareware) 프로그램의 번들로 설치된다.
• 불특정 웹 사이트 방문 시 ActiveX로 적절한 사용자 동의 없이 설치된다.
• 다운로더, 드롭퍼와 같은 다른 스파이웨어, 악성코드에 의해 설치된다.

㉤ 스파이웨어의 대표적인 증상
• 개인 정보, 시스템 정보, 식별자, 인터넷 사용 습관, 검색어 등을 수집한다.
• 웹 브라우저 시작페이지를 특정 주소로 변경시키고 고정한다.
• 사용자의 키 입력 내용을 감시하여 저장, 원격지로 전송한다.
• 웹 브라우저의 보안 수준, 방화벽 설정과 같은 중요 설정을 변경한다.
• 원하지 않는 광고를 팝업, 팝언더 등과 같이 다양한 방법으로 노출한다.
• 특정 웹 사이트 방문을 유도하기 위해 다양한 위치에 바로가기 생성한다.
• BHO, 도구 모음과 같은 확장으로 설치되어 다양한 증상을 발생시킨다.
• 주소 표시줄 입력 내용을 감시, 원격지로 전송하고 특정 사이트로 연결한다.
• 높은 요금이 부과되는 전화 접속으로 인터넷에 연결한다.
• 사용자의 클릭을 유도하여 특정 사이트, 광고의 노출 횟수를 늘린다.
• 백신, 안티스파이웨어와 같은 보안프로그램이나 정상 프로그램의 설치, 운영을 방해한다.
• 실행 중인 사실을 숨기거나 종료, 제거할 수 없는 프로그램을 생성한다.

16 망분리 … 외부의 침입으로부터 내부 전산자원을 보호하기 위해 네트워크망을 이중화시켜 업무용과 개인용을 구분하는 것으로 지난 2009년 국가정보원이 공공기관들에게 제시한 물리적 망분리와 논리적 망분리 두 가지 방식이 있다.

㉠ **물리적 망분리** : 물리적으로 네트워크와 PC를 완전히 분리

㉡ **논리적 망분리** : 가상화 기술을 이용해 한 대의 PC에서 업무망과 인터넷 망을 분리
• 업무용 VDI : 정보자원의 중앙통제를 통한 보안 유지와 언제 어디서나 개인 단말기로 업무를 볼 수 있는 스마트워크, 효율적인 PC관리
• 개인용 VDI : 개인용으로 활용하는 부분만을 가상화하는 것이라 상대적으로 비용이 저렴
• OS 커널분리 : VDI를 구축하는 것보다 가격이 훨씬 저렴

※ VDI, SBC, CRC
㉠ VDI(Virtual Desktop Infrastructure) : 통합 서버에 개인별 가상 PC 환경 설치(OS/SW 개별 사용)
㉡ SBC(Server Base Computing) : 통합 서버에 여러 사용자가 공유하며 사용(동일한 OS/SW 동시 사용)
㉢ CBC(Client Base Computing) : PC에서 OS와 커널을 분리한 두 개 PC 환경 구성

정답 및 해설 15.③ 16.①

17 다음 지문에서 설명하는 것은?

> • 국내의 학계, 연구소, 정부 기관이 공동으로 개발한 블록 암호이다.
> • 경량 환경 및 하드웨어 구현을 위해 최적화된 Involutional SPN 구조를 갖는 범용 블록 암호 알고리즘이다.

① ARIA
② CAST
③ IDEA
④ LOKI

18 리눅스 커널 보안 설정 방법으로 옳지 않은 것은?

① 핑(ping) 요청을 응답하지 않게 설정한다.
② 싱크 어택(SYNC Attack) 공격을 막기 위해 백로그 큐를 줄인다.
③ IP 스푸핑된 패킷을 로그에 기록한다.
④ 연결 종료 시간을 줄인다.

19 "「전자서명법」 제15조(공인인증서발급) 공인인증기관은 공인인증서를 발급받고자 하는 자에게 공인인증서를 발급한다."라는 조문에서 공인인증서에 포함되지 않는 것은?

① 가입자의 전자서명검증정보
② 가입자와 공인인증기관이 이용하는 전자서명 방식
③ 공인인증서의 재발급 고유번호
④ 공인인증서의 이용범위 또는 용도를 제한하는 경우 이에 관한 사항

17 ARIA

㉠ 경량 환경 및 하드웨어 구현을 위해 최적화된, Involutional SPN 구조를 갖는 범용 블록 암호 알고리즘

㉡ ARIA의 주요 특성
- 블록 크기 : 128비트
- 키 크기 : 128/192/256비트 (AES와 동일 규격)
- 전체 구조 : Involutional Substitution-Permutation Network
- 라운드 수 : 12/14/16 (키 크기에 따라 결정됨)

㉢ ARIA는 경량 환경 및 하드웨어에서의 효율성 향상을 위해 개발되었으며, ARIA가 사용하는 대부분의 연산은 XOR과 같은 단순한 바이트 단위 연산으로 구성되어 있다.

㉣ ARIA라는 이름은 Academy(학계), Research Institute(연구소), Agency(정부기관)의 첫 글자들을 딴 것으로, ARIA 개발에 참여한 학·연·관의 공동 노력을 표현하고 있다.

18 백로그 큐는 동시에 서버에 연결을 시도할 수 있는 클라이언트의 최대 수를 말한다.

싱크 어택 공격은 다량의 싱크 패킷을 이용하여 목표 대상 서버가 수용할 수 있는 트래픽을 모두 점유하여 다른 정상적인 이용자가 서버에 접속하지 못하게 하는 것이다. 이러한 싱크 공격을 예방하기 위해서는 백로그 큐를 늘려 동시에 연결할 수 있는 이용자 수를 증가시켜야 한다.

19 공인인증기관이 발급하는 공인인증서에는 다음 각 호의 사항이 포함되어야 한다〈전자서명법 제15조 제2항〉.

㉠ 가입자의 이름(법인의 경우에는 명칭을 말한다)

㉡ 가입자의 전자서명검증정보

㉢ 가입자와 공인인증기관이 이용하는 전자서명 방식

㉣ 공인인증서의 일련번호

㉤ 공인인증서의 유효기간

㉥ 공인인증기관의 명칭 등 공인인증기관임을 확인할 수 있는 정보

㉦ 공인인증서의 이용범위 또는 용도를 제한하는 경우 이에 관한 사항

㉧ 가입자가 제3자를 위한 대리권 등을 갖는 경우 또는 직업상 자격 등의 표시를 요청한 경우 이에 관한 사항

㉨ 공인인증서임을 나타내는 표시

※ 「전자서명법」은 2020. 6. 9. 전부개정되어 2020. 12. 10. 시행된다. 개정법에는 공인인증서 관련 조항은 규정되어 있지 않으며, 구법에 따라 발급된 유효한 공인인증서에 대해서는 종전의 공인인증서 관련 규정을 따른다.

정답 및 해설 17.① 18.② 19.③

20 다음 중 XSS(Cross-Site Scripting) 공격에서 불가능한 공격은?

① 서버에 대한 서비스 거부(Denial of Service) 공격

② 쿠키를 이용한 사용자 컴퓨터 파일 삭제

③ 공격대상에 대한 쿠키 정보 획득

④ 공격대상에 대한 피싱 공격

20 XSS(Cross-Site Scripting)의 공격 ··· XSS(Cross-Site Scripting)는 웹 상에서 가장 기초적인 취약점 공격 방법의 일종으로 악의적인 사용자가 공격하려는 사이트에 스크립트를 넣는 기법을 말한다. 공격에 성공하면 사이트에 접속한 사용자는 삽입된 코드를 실행하게 되며, 일반적으로 의도치 않은 행동을 수행시키거나 쿠키나 세션 토큰 등의 민감한 정보를 탈취한다. 자바스크립트를 사용하여 공격하는 경우가 많으며, 공격방법이 단순하고 가장 기초적이지만, 많은 웹사이트들이 XSS에 대한 방어 조치를 해두지 않아 공격을 받는 경우가 많다. 여러 사용자가 접근 가능한 게시판 등에 코드를 삽입하는 경우도 많으며, 경우에 따라서는 메일과 같은 매체를 통해서도 전파된다. 주로 CSRF를 하기 위해 사용되기 때문에 종종 CSRF와 혼동되는 경우가 있으나 CSRF는 특정한 행동을 시키는 것이고 XSS는 자바스크립트를 실행시키는 것이므로 구분할 수 있다.

※ XSS(Cross-Site Scripting)의 위험

　㉠ 쿠키 정보 및 세션 ID 획득
　　• 공격자가 XSS에 취약한 페이지 및 게시판에 XSS 공격을 수행함으로써 해당 페이지를 이용하는 사용자의 쿠키 정보나 세션 ID를 획득할 수 있다.
　　• 쿠키는 웹 서버가 브라우저에 보내는 4KB 이하의 작은 텍스트 파일로 사용자가 웹 사이트를 이용하는 동안 사용자 브라우저에 저장하는 파일이다.
　　• 주로 사용자의 상태를 기록하기 위하여 쿠키에 로그인 및 버튼 클릭 등에 대한 정보를 저장한다.
　　• 세션 ID 등을 쿠키에 포함하는 경우 XSS 공격을 통해 페이지 사용자의 세션 ID를 획득해 공격자가 불법적으로 정상 사용자인 척 가장할 수 있다.

　㉡ 시스템 관리자 권한 획득
　　• XSS 취약점이 있는 웹 서버에 다양한 악성 데이터를 포함시킨 후, 사용자의 브라우저가 악성 데이터를 실행하게 할 수 있다.
　　• 공격자는 아직 패치되지 않은 취약점에 대한 공격 코드가 실행되도록 하여 사용자의 시스템을 통제할 수 있다.
　　• 회사 등 조직의 개인 PC가 해킹될 경우, 조직 내부로 악성코드가 이동하여 내부의 중요 정보가 탈취될 수 있다.

　㉢ 악성코드 다운로드 : XSS 공격은 악성 스크립트 자체로 악성 프로그램을 다운로드 할 수는 없다. 그러나 사용자가 악성 스크립트가 있는 URL을 클릭하도록 유도하여 악성 프로그램을 다운 받는 사이트로 리다이렉트(Redirect)하거나 트로이 목마 프로그램을 다운로드 하도록 유도할 수 있다.

　㉣ 거짓 페이지 노출
　　• XSS 공격에 취약한 페이지일 경우 〈script〉 태그뿐만 아니라 〈img〉와 같은 그림을 표시하는 태그를 사용하여 원래 페이지와는 전혀 관련이 없는 페이지를 표시할 수 있다.
　　• 기타 다른 태그도 사용이 가능할 경우, 원래 페이지의 일부를 변조하여 거짓 페이지를 노출할 수 있어 이를 통해 개인정보 유출 등의 위험이 있다.

정답 및 해설 20.②

1 유닉스(Unix) 운영체제에서 사용자의 패스워드에 대한 해쉬 값이 저장되어 있는 파일은?

① /etc/shadow

② /etc/passwd

③ /etc/profile

④ /etc/group

2 다음에서 설명하는 것은?

> 평문을 암호화하거나 암호화된 문장을 복호화하는 전기 · 기계 장치로 자판에 문장을 입력하면 회전자가 돌아가면서 암호화된 문장 · 복호화된 평문을 만들어낸다.

① 스키테일(Scytale)

② 아핀(Affine)

③ 에니그마(Enigma)

④ 비제니어(Vigenere)

3 RFC 2104 인터넷 표준에서 정의한 메시지 인증 코드를 생성하는 알고리즘은?

① Elliptic Curve Cryptography

② ElGamal

③ RC4

④ HMAC-SHA1

4 다음에서 설명하는 디지털 포렌식(Digital Forensics)은?

> 자신에게 불리한 증거 자료를 사전에 차단하려는 활동이나 기술로 데이터 은닉, 데이터 암호화 등이 있다.

① 항포렌식(Anti Forensic)
② 임베디드 포렌식(Embedded Forensic)
③ 디스크 포렌식(Disk Forensic)
④ 시스템 포렌식(System Forensic)

---

1 ① /etc/shadow : 사용자 계정에 대한 암호화된 패스워드를 저장하고 있는 패스워드 설정기간이나 유효성 정보
→/etc/passwd 파일에 있는 각각의 암호화 되어 있는 패스워드를 구분하기 위해 shadow 파일을 사용하기 시작했다.
② /etc/passwd : 사용자 로그인 계정, 암호화된 비밀번호, UID, 기본 GID, 이름, 홈 디렉토리, 로그인 쉘이 저장되어 있는 파일
③ /etc/profile : 시스템 관리자만이 수정 가능
④ /etc/group : 그룹목록이 한 줄에 한 그룹이 표시되며 각 그룹은 4개의 기본항목으로 구성된다.
→닷파일 (일종의 숨김파일) – 파일명 앞에 '.'이 있는 파일

2 ③ 에니그마(Enigma)는 1918년 독일이 아르투르 슈르비우스에 의해 처음 고안돼 상업적 목적으로 사용, 이후 제2차 세계대전 당시 고위 작전 참모의 메시지를 암호화하는 데 사용한 독일 로렌츠 암호 기계

3 ④ HMAC–SHA1 : SHA1 해시함수를 사용하며, HMAC을 구현하는 키 지정 해시 알고리즘
㉠ HMAC : 송신자와 수신자의 비밀키를 공유할 경우 서로 주고받은 메시지의 훼손 여부를 확인하는데 사용하는 메시지 인증방식
㉡ SHA1 : 미국 정부에서 공개한 암호화 해시 알고리즘으로 임의 길이의 문자열에서 160비트 해시값을 생성

4 디지털 포렌식(Digital Forensics) : 스마트폰이나 컴퓨터 등 디지털 기록 매체에 있는 전자정보 중에서 디지털 증거를 수집하고 분석해 문서화하는 수사 과정
① 항포렌식(Anti Forensic) : 안티포렌식이라고도 하며 사이버 포렌식의 행위와 목적에 대응하기 위한 기술이나 방법을 의미

정답 및 해설 1.① 2.③ 3.④ 4.①

5 안전한 전자상거래를 구현하기 위해서 필요한 요건들에 대한 설명으로 옳은 것은?

① 무결성(Integrity) – 정보가 허가되지 않은 사용자(조직)에게 노출되지 않는 것을 보장하는 것을 의미한다.

② 인증(Authentication) – 각 개체 간에 전송되는 정보는 암호화에 의한 비밀 보장이 되어 권한이 없는 사용자에게 노출되지 않아야 하며 저장된 자료나 전송 자료를 인가받지 않은 상태에서는 내용을 확인할 수 없어야 한다.

③ 접근제어(Access Control) – 허가된 사용자가 허가된 방식으로 자원에 접근하도록 하는 것이다.

④ 부인봉쇄(Non-repudiation) – 어떠한 행위에 관하여 서명자나 서비스로부터 부인할 수 있도록 해주는 것을 의미한다.

6 무선 인터넷 보안을 위한 알고리즘이나 표준이 아닌 것은?

① WEP

② WPA–PSK

③ 802.11i

④ X.509

7 다음은 유닉스에서 /etc/passwd 파일의 구성을 나타낸 것이다. ㉠~㉣에 대한 설명으로 옳은 것은?

root : x : <u>0</u> : <u>0</u> : root : <u>/root</u> : <u>/bin/bash</u>
㉠ ㉡　　　　　㉢　　　　㉣

① ㉠ – 사용자 소속 그룹 GID

② ㉡ – 사용자 UID

③ ㉢ – 사용자 계정 이름

④ ㉣ – 사용자 로그인 쉘

5 ① 무결성(Integrity) – 데이터 및 네트워트 보안에서 특정 정보가 인가된 사람만이 접근 또는 변경이 가능하고 데이터 전송 시 타인에 의해 해당 데이터가 위·변조되지 않았다는 것을 보장하는 것

② 인증(Authentication) – 여러 사용자 컴퓨터 시스템 또는 망 운용 시스템에서 시스템이 단말 작동 개시 정보를 확인하는 보안 절차

④ 부인봉쇄(Non-repudiation) – 문서나 송수신자가 유효한 상태일 때 발생하는 기능으로 암호화에 있어서는 부인봉쇄는 액세스를 보호하기 위해 개인 키를 사용하는 사람에게 적용되는 것

6 ④ X.509는 ITU에서 제안한 기본형식을 정의한 규격으로 IETF RFC 2459에서도 x.509 인증서와 CRL 프로파일을 정의하며 인증서와 CRL 프로파일은 기본 필드와 혹장 필드로 구성된다.

7 /etc/passwd 파일 구성

root : x : 0 : 0 : root : /root : /bin/bash
㉠   ㉡   ㉢   ㉣   ㉤   ㉥   ㉦

[사용자 계정]:[패스워드]:[사용자번호(UID)]:[그룹번호(GID)]:[설명]:[홈디렉터리]:[쉘]
   ㉠   ㉡   ㉢   ㉣   ㉤   ㉥   ㉦

정답 및 해설 5.③ 6.④ 7.④

8 「지능정보화 기본법」상 ㉠, ㉡에 들어갈 용어가 바르게 연결된 것은? (기출변형)

---

① 정부는 지능정보사회 정책의 효율적·체계적 추진을 위하여 지능정보사회 종합계획을 (㉠) 단위로 수립하여야 한다.

② 종합계획은 (㉡)이 관계 중앙행정기관의 장 및 지방자치단체의 장의 의견을 들어 수립하며, 「정보통신 진흥 및 융합 활성화 등에 관한 특별법」 제7조에 따른 정보통신 전략위원회의 심의를 거쳐 수립·확정한다. 종합계획을 변경하는 경우에도 또한 같다.

	㉠	㉡
①	3년	행정안전부장관
②	3년	과학기술정보통신부장관
③	5년	과학기술정보통신부장관
④	5년	행정안전부장관

9 일정 크기의 평문 블록을 반으로 나누고 블록의 좌우를 서로 다른 규칙으로 계산하는 페이스텔(Feistel) 암호 원리를 따르는 알고리즘은?

① DES(Data Encryption Standard)

② AES(Advanced Encryption Standard)

③ RSA

④ Diffie－Hellman

10 IPSec 표준은 네트워크 상의 패킷을 보호하기 위하여 AH(Authentication Header)와 ESP(Encapsulating Security Payload)로 구성된다. AH와 ESP 프로토콜에 대한 설명으로 옳지 않은 것은?

① AH 프로토콜의 페이로드 데이터와 패딩 내용은 기밀성 범위에 속한다.

② AH 프로토콜은 메시지의 무결성을 검사하고 재연(Replay) 공격 방지 서비스를 제공한다.

③ ESP 프로토콜은 메시지 인증 및 암호화를 제공한다.

④ ESP는 전송 및 터널 모드를 지원한다.

8 지능정보사회 종합계획의 수립〈지능정보화 기본법 제6조〉

① 정부는 지능정보사회 정책의 효율적·체계적 추진을 위하여 지능정보사회 종합계획을 3년 단위로 수립하여야 한다.

② 종합계획은 과학기술정보통신부장관이 관계 중앙행정기관(대통령 소속 기관 및 국무총리 소속 기관을 포함한다.)의 장 및 지방자치단체의 장의 의견을 들어 수립하며, 「정보통신 진흥 및 융합 활성화 등에 관한 특별법」 제7조에 따른 정보통신 전략위원회의 심의를 거쳐 수립·확정한다. 종합계획을 변경하는 경우에도 또한 같다.

9 블록암호를 설계하는 방식은 Feistel 구조와 SPN 구조가 있다.

㉠ Feistel 암호 : 동일한 대치와 치환을 반복하면서 암호문이 평문으로부터 암호화되는 반복 블록암호로서 데이터 암호화 표준(DES)과 유사한 암호

• Feistel 원리 : Feistel 암호는 치환과 순열을 반복 수행하는 암호 방식을 사용

－치환(Substitution) : 평문의 각 원소 또는 원소의 그룹을 다른 원소에 사상

－순열(Permutation) : 평문 원소의 순서가 순열의 순서대로 재배치

• Feistel 구조를 채택한 블록암호 알고리즘 : DES, LOKI, CAST, Blowfish, MISTY, RC5, CAST256, E2, Twofish, RC6, Mars 등

㉡ SPN 구조 : 라운드 함수가 역변환이 되어야 한다는 등의 제약이 있지만 더 많은 병렬성(parallelism)을 제공하기 때문에 암복호화 알고리즘의 고속화가 요구되고 최근의 컴퓨터 프로세스(CPU)가 더 많은 병렬성을 지원하는 등의 현 추세에 부응하는 방식

• SPN 구조를 사용하는 블록암호 알고리즘 : SAFER, IDEA, SHARK, Square, CRYPTON, Rijndael, SAFER+, Serpent 등

10 ㉠ AH : 무결성 검증을 제공하며 기밀성은 제공하지 않음

• AH 헤더구조

Next Header(8)	Pay Loadlength(8)	Reserved(16)
SPI		
Sequence Number(32)		
Authentication Data(32*n)		

㉡ ESP

• 기밀성 및 무결성 검증 제공

SPI(32)		
Sequence Number(32)		
IV(lmplicit)		
Payload Data		
	Padding(0~255 byte)	
	Pad Length(8)	Next Header(8)
Authentication Data(32*n)		

정답 및 해설 8.② 9.① 10.①

11 스마트폰 보안을 위한 사용자 지침으로 옳지 않은 것은?

① 관리자 권한으로 단말기 관리

② 스마트폰과 연결되는 PC에도 백신 프로그램 설치

③ 블루투스 기능은 필요시에만 활성

④ 의심스러운 앱 애플리케이션 다운로드하지 않기

12 다음에서 설명하는 것은?

> • 전달하려는 정보를 이미지 또는 문장 등의 파일에 인간이 감지할 수 없도록 숨겨서 전달하는 기술
> • 이미지 파일의 경우 원본 이미지와 대체 이미지의 차이를 육안으로 구별하기 어렵다.

① 인증서(Certificate)

② 스테가노그래피(Steganography)

③ 전자서명(Digital Signature)

④ 메시지 인증 코드(Message Authentication Code)

13 조직의 정보자산을 보호하기 위하여 정보자산에 대한 위협과 취약성을 분석하여 비용 대비 적절한 보호 대책을 마련함으로써 위험을 감수할 수 있는 수준으로 유지하는 일련의 과정은?

① 업무 연속성 계획

② 위험관리

③ 정책과 절차

④ 탐지 및 복구 통제

11 ① 관리자 권한은 일반 사용자의 권한으로는 접근하여 조작할 수 없다.

※ 스마트폰 보안을 위한 사용자 지침

ㄱ 스마트폰 보안을 위해서는 블랙마켓 등 비정상적인 경로를 통해 앱을 다운받지 않아야 한다.

ㄴ 검색할 때 신뢰할 수 없는 사이트는 방문하지 않아야 하며 스마트폰 운영체제를 항상 최신버전으로 유지한다.

ㄷ 스마트폰 비밀번호는 정기적으로 변경한다.

ㄹ 정기적인 업데이트와 알 수 없는 소스는 차단한다.

12 ② 스테가노그래피(Steganography) : 제3자의 의심을 받지 않고 수신자만 내용을 알아볼 수 있도록 은밀히 정보를 숨기는 기술

① 인증서(Certificate) : 온라인 금융거래시 거래자의 신원 확인 증명을 위해 공인인증기관에서 발급하는 전자증명서

③ 전자서명(Digital Signature) : 전자문서의 모든 수신자가 서명을 사용하여 데이터의 출처와 무결성을 확인할 수 있도록 암호화 알고리즘으로 계산되어 데이터에 첨부되는 값

④ 메시지 인증 코드(Message Authentication Code) : 메시지와 대칭키를 입력으로해 인증값으로 쓰기 위해 만들어진 코드

13 ② 위험관리(risk management) : 조직이 정보자산에 대해 위험을 수용할 수 있는 수준으로 유지하기 위해 정보자산에 대해 위험을 분석하고 이에 대한 비용대비 효과적인 보호 대책을 마련하는 일련의 과정

① 업무 연속성 계획 : 재해, 재난 등으로 서비스가 중단되는 상황에서도 업무의 연속성을 유지하기 위한 계획

정답 및 해설 11.① 12.② 13.②

14 「개인정보 보호법」상 다음 업무를 수행하는 자는?

> 개인정보파일의 보호 및 관리·감독하는 임원(임원이 없는 경우에는 개인 정보를 담당하는 부서의 장)을 말한다.

① 수탁자
② 정보통신서비스 제공자
③ 개인정보취급자
④ 개인정보 보호책임자

15 XSS 공격에 대한 설명으로 옳은 것은?

① 자료실에 올라간 파일을 다운로드할 때 전용 다운로드 프로그램이 파일을 가져오는데, 이때 파일 이름을 필터링하지 않아서 취약점이 발생한다.
② 악성 스크립트를 웹 페이지의 파라미터 값에 추가하거나, 웹 게시판에 악성 스크립트를 포함시킨 글을 등록하여 이를 사용자의 웹 브라우저 내에서 적절한 검증 없이 실행되도록 한다.
③ 네트워크 통신을 조작하여 통신 내용을 도청하거나 조작하는 공격 기법이다.
④ 데이터베이스를 조작할 수 있는 스크립트를 웹 서버를 이용하여 데이터베이스로 전송한 후 데이터베이스의 반응을 이용하여 기밀 정보를 취득하는 공격 기법이다.

16 영국, 독일, 네덜란드, 프랑스 등의 유럽 국가가 평가 제품의 상호 인정 및 정보보호평가 기준의 상이함에서 오는 시간과 인력 낭비를 줄이기 위해 제정한 유럽형 보안 기준은?

① CC(Common Criteria)
② TCSEC(Orange Book)
③ ISO/IEC JTC 1
④ ITSEC

14 개인정보보호법 제31조(개인정보 보호책임자의 지정)

① 개인정보처리자는 개인정보의 처리에 관한 업무를 총괄해서 책임질 개인정보 보호책임자를 지정하여야 한다.

② 개인정보 보호책임자는 다음 각 호의 업무를 수행한다.

   1. 개인정보 보호 계획의 수립 및 시행

   2. 개인정보 처리 실태 및 관행의 정기적인 조사 및 개선

   3. 개인정보 처리와 관련한 불만의 처리 및 피해 구제

   4. 개인정보 유출 및 오용 · 남용 방지를 위한 내부통제시스템의 구축

   5. 개인정보 보호 교육 계획의 수립 및 시행

   6. 개인정보파일의 보호 및 관리 · 감독

   7. 그 밖에 개인정보의 적절한 처리를 위하여 대통령령으로 정한 업무

③ 개인정보 보호책임자는 제2항 각 호의 업무를 수행함에 있어서 필요한 경우 개인정보의 처리 현황, 처리 체계 등에 대하여 수시로 조사하거나 관계 당사자로부터 보고를 받을 수 있다.

④ 개인정보 보호책임자는 개인정보 보호와 관련하여 이 법 및 다른 관계 법령의 위반 사실을 알게 된 경우에는 즉시 개선조치를 하여야 하며, 필요하면 소속 기관 또는 단체의 장에게 개선조치를 보고하여야 한다.

⑤ 개인정보처리자는 개인정보 보호책임자가 제2항 각 호의 업무를 수행함에 있어서 정당한 이유 없이 불이익을 주거나 받게 하여서는 아니 된다.

⑥ 개인정보 보호책임자의 지정요건, 업무, 자격요건, 그 밖에 필요한 사항은 대통령령으로 정한다.

15 XSS(Cross-site Scripting, 크로스사이트스크립팅) … 클라이언트에 대한 취약점을 이용해 자바스크립트와 HTML 언어를 사용한 불특정 다수에게 공격하는 기법으로 공격자가 작성한 악성 CSS를 일반 사용자가 읽음으로써 실행되게 하는 공격

※ 특징

   ㉠ 교차해서 스크립트를 실행

   ㉡ 공격이 단순하면서도 강력

   ㉢ 자바스크립트 공격 중 하나

16 ITSEC(Information Technology Security Evaluation Criteria) … 1991년에 미국의 TCSEC를 참조해서 만든 유럽 공통 평가기준으로 기밀성뿐만 아니라 무결성, 가용성에 대한 평가기준도 수용

① CC(Common Criteria) : TCSEC, ITSEC와 같이 나라, 지역별로 서로 다른 평가기준을 하나로 표준화한 결과

② TCSEC(Orange Book)

   • 미국에서 1985년 최초로 만들어졌으며 오렌지북이라고 한다.

   • 정보제품을 몇 가지 요구사항을 만족하는 수준에 따라 보안등급을 매기며 기밀성, 무결성, 가용성 중 기밀성을 중시한다.

③ ISO/IEC JTC 1 : 국제 표준화 기구(ISO)와 국제전기표준회의가 정보기술분야의 국제표준화작업을 합동 관리하기 위해 설립한 공동기술위원회

정답 및 해설 14.④ 15.② 16.④

17 다음에서 설명하는 것은?

> 개인정보처리자의 자율적인 개인정보 보호활동을 촉진하고 지원하기 위한 인증 업무이며, 공공기관, 민간기업, 법인, 단체 및 개인 등 모든 공공기관 및 민간 개인정보처리자를 대상으로 개인정보 보호 관리체계 구축 및 개인정보 보호조치 사항을 이행하고 일정한 보호 수준을 갖춘 경우 인증마크를 부여하는 제도이다.

① SECU—STAR(Security Assessment for Readiness)
② PIPL(Personal Information Protection Level)
③ EAL(Evaluation Assurance Level)
④ ISMS(Information Security Management System)

18 위험 분석 방법 중 손실 크기를 화폐가치로 측정할 수 없어서 위험을 기술 변수로 표현하는 정성적 분석 방법이 아닌 것은?

① 델파이법
② 퍼지 행렬법
③ 순위 결정법
④ 과거자료 접근법

19 개인정보보호 관리체계(PIMS) 인증에 대한 설명으로 옳지 않은 것은?

① 한국인터넷진흥원이 PIMS 인증기관으로 지정되어 있다.
② PIMS 인증 후, 2년간의 유효 기간이 있다.
③ PIMS 인증 신청은 민간 기업 자율에 맡긴다.
④ PIMS 인증 취득 기업은 개인정보 사고 발생 시 과징금 및 과태료를 경감 받을 수 있다.

17 ② PIPL(Personal Information Protection Level, 개인정보보호인증) : 개인정보 처리기관의 개인정보보호 조치와 활동이 인증심사기준에 부합하는지를 증명하는 과정

① SECU-STAR(Security Assessment for Readiness) : 기업이 통합적인 정보보호 수준을 향상시키기 위하여 정보보호준비도 수준을 자율적으로 진단 및 평가 받을 수 있는 제도

③ EAL(Evaluation Assurance Level) : 정보기술 제품 또는 시스템의 평가 결과 보안 기능을 만족한다는 신뢰도 수준을 정의

④ ISMS(Information Security Management System) : 기업이 정보보호 활동을 지속적, 체계적으로 수행하기 위해 필요한 보호조치를 체계적으로 구축하였는지를 점검

18 위험 분석 방법론

㉠ **정량적 분석 방법** : 위험을 손실액과 같은 숫자값으로 표현하며 주로 미국에서 사용하는 방식
- 과거자료 분석법 : 과거의 자료를 통한 위험발생 가능성 예측, 과거 데이터 수량에 따른 정확도
- 수학공식 접근법 : 위협발생빈도를 계산하는 식을 이용하여 위험을 계량화
- 확률분포법 : 미지의 사건을 확률적으로 편차를 이용하여 최저, 보통, 최고 위험평가를 예측

㉡ **정성적 분석 방법** : 위험을 매우높은, 높은, 중간, 낮은 등으로 표현
- 델파이법 : 전문가 집단에게 설문조사를 실시해 의견을 정리하는 방법
- 시나리오법 : 어떤 사실도 기대대로 발생되지 않는다고 치고, 특정 시나리오를 통해 발생 가능한 위협의 결과로 순위로 매겨 도출
- 순위결정법 : 비교우위 순위 결정표에 위험 항목들의 서술적 순위를 결정 정확도 낮음

19 ② PIMS(Personal Information Management System, 개인정보보호관리체계) … 개인정보보호법 제32조에 따라 행정안전부가 기업의 개인정보 처리 및 보호와 관련한 조치가 법에 부합하는 경우 인증을 부여하는 제도로 PIMS 인증 후, 3년간의 유효 기간이 있다.

※ 개인정보보호 관리체계(PIMS) 인증제도

시행연도	2011년
소관부서	방송통신위원회
제도성격	임의제도(권고)
법적근거	정보통신망법 제47조의 3
인증기관	KISA(한국인터넷진흥원)
인증기준	124개(세부점검항목 310개)
유효기간	3년(사후심사 : 연 1회)

정답 및 해설 17.② 18.④ 19.②

20 다음은 침입 탐지 시스템의 탐지분석 기법에 대한 설명이다. ㉠~㉣에 들어갈 내용이 바르게 연결된 것은?

> 침입 탐지 시스템에서 (㉠)은 이미 발견되고 정립된 공격 패턴을 미리 입력해 두었다가 해당하는 패턴이 탐지되면 알려주는 것이다. 상대적으로 (㉡)가 높고, 새로운 공격을 탐지하기에는 부적합하다는 단점이 있다. (㉢)은 정상적이고 평균적인 상태를 기준으로 하여, 상대적으로 급격한 변화를 일으키거나 확률이 낮은 일이 발생하면 침입 탐지로 알려주는 것이다. 정량적인 분석, 통계적인 분석 등이 포함되며, 상대적으로 (㉣)가 높다.

	㉠	㉡	㉢	㉣
①	이상탐지기법	False Positive	오용탐지기법	False Negative
②	이상탐지기법	False Negative	오용탐지기법	False Positive
③	오용탐지기법	False Negative	이상탐지기법	False Positive
④	오용탐지기법	False Positive	이상탐지기법	False Negative

20 침입 탐지 시스템(IDS : Intrusion Detection System)은 컴퓨터 또는 네트워크에서 발생하는 이벤트들을 모니터링하고, 침입 발생여부를 탐지(Detection)하고, 대응(Response)하는 자동화된 시스템

분류	특징	장점	단점
오용탐지기법 (Misuses detection)	• 특정 공격에 관한 분석 결과를 바탕으로 패턴을 설정	• 오탐률이 낮음 • 트로이목마, 백도어 공격 탐지 가능	• 패턴에 없는 새로운 공격에 대해서는 탐지 불가능 (기록이 없기 때문에) • False Negative(미탐 : 탐지율이 낮다)
이상탐지기법 (Anomaly detecti)	• 급격한 변화가 발견되면 불법침입으로 탐지하는 방법 • 정량적인 분석, 통계적 분석을 사용	• 알려지지 않은 새로운 공격 탐지 가능 • 인공지능 알고리즘	• Flase Positive (오탐률이 높음)

정답 및 해설 20.③

1 전자우편 보안 기술이 목표로 하는 보안 특성이 아닌 것은?

① 익명성
② 기밀성
③ 인증성
④ 무결성

2 프로그램이나 손상된 시스템에 허가되지 않는 접근을 할 수 있도록 정상적인 보안 절차를 우회하는 악성 소프트웨어는?

① 다운로더(downloader)
② 키 로거(key logger)
③ 봇(bot)
④ 백도어(backdoor)

3 프로그램을 감염시킬 때마다 자신의 형태뿐만 아니라 행동 패턴까지 변화를 시도하기도 하는 유형의 바이러스는?

① 암호화된(encrypted) 바이러스
② 매크로(macro) 바이러스
③ 스텔스(stealth) 바이러스
④ 메타모픽(metamorphic) 바이러스

1 전자우편 보안기능

    ㉠ **메시지 무결성**(Message Integrity) : 전자 우편 전송 도중에 메시지가 불법적으로 변경되었는가를 확인하는 기능

    ㉡ **기밀성**(Confidentiality) : 해당자가 아닌 사용자들은 메시지를 볼 수 없게 하는 기능

    ㉢ **수신 부인 봉쇄**(Non-deniability of Receipt) : 전자 우편 수신자가 수신 사실을 부인 못하게 하는 기능

    ㉣ **메시지 반복 공격 방지**(Message Replay Prevention) : 전송되는 전자우편을 절취한 후 다시 보내는 공격 방법을 방지해 주는 기능

    ㉤ **사용자 인증**(User Authentication) : 전자 우편을 실제로 보낸 사람과 송신자라고 주장하는 사람이 일치하는가를 확인해 주는 기능

    ㉥ **송신 부인 방지**(Non-Repudiation of Origin) : 송신자가 전자 우편을 송신하고도 송신 사실을 부인 못하게 하는 기능

2 ④ **백도어**(backdoor) : 정상적인 인증과정을 거치지 않고 운영체제, 프로그램에 접속할 수 있는 비밀통로

    ① **다운로더**(downloader) : 악성코드 유포 방식. 특정 웹 사이트에서 파일을 내려받고 그 파일이 다시 스파이웨어를 내려받게 한다.

    ② **키 로거**(key logger) : 컴퓨터 사용자의 키보드 움직임을 탐지해 ID나 패스워드, 계좌 번호, 카드 번호 등과 같은 개인의 중요한 정보를 몰래 빼 가는 해킹 공격

    ③ **봇**(bot) : 로봇의 줄인 말로써 데이터를 찾아주는 소프트웨어 도구. 인터넷 웹 사이트를 방문하고 요청한 정보를 검색, 저장, 관리하는 에이전트의 역할

3 ④ **메타모픽**(metamorphic) **바이러스** : 대부분의 다형성 바이러스가 백신의 에뮬레이터로 진단이 가능하자 바이러스 제작자는 암호화 루틴만 랜덤 한 형태가 아닌 바이러스 코드 자체를 만들어내는 메타모픽 바이러스를 제작

    ① **암호화된**(encrypted) **바이러스** : 백신프로그램의 바이러스를 진단 및 치료를 어렵게 하기 위해 프로그램의 일부 또는 대부분을 암호화 시켜 저장하며 1987년 독일에서 발견된 폭포 바이러스가 최초의 암호화 바이러스

    ② **매크로**(macro) **바이러스** : 애플리케이션에 존재하는 매크로를 이용해 자신을 전파하는 바이러스

    ③ **스텔스**(stealth) **바이러스** : 컴퓨터나 네트워크를 감염시킨 후 자기 자신의 흔적을 감추는 바이러스

정답 및 해설 1.① 2.④ 3.④

4 증거의 수집 및 분석을 위한 디지털 포렌식의 원칙에 대한 설명으로 옳지 않은 것은?

① 정당성의 원칙 – 증거 수집의 절차가 적법해야 한다.
② 연계 보관성의 원칙 – 획득한 증거물은 변조가 불가능한 매체에 저장해야 한다.
③ 신속성의 원칙 – 휘발성 정보 수집을 위해 신속히 진행해야 한다.
④ 재현의 원칙 – 동일한 조건에서 현장 검증을 실시하면 피해 당시와 동일한 결과가 나와야 한다.

5 웹 애플리케이션의 대표적인 보안 위협의 하나인 인젝션 공격에 대한 대비책으로 옳지 않은 것은?

① 보안 프로토콜 및 암호 키 사용 여부 확인
② 매개변수화된 인터페이스를 제공하는 안전한 API 사용
③ 입력 값에 대한 적극적인 유효성 검증
④ 인터프리터에 대한 특수 문자 필터링 처리

6 「개인정보 보호법」상의 개인정보의 수집·이용 및 수집 제한에 대한 설명으로 옳지 않은 것은?

① 개인정보처리자는 정보주체의 동의를 받은 경우에는 개인정보를 수집할 수 있으며 그 수집 목적의 범위에서 이용할 수 있다.
② 개인정보처리자는 「개인정보 보호법」에 따라 개인정보를 수집하는 경우에는 그 목적에 필요한 최소한의 개인정보를 수집하여야 한다. 이 경우 최소한의 개인정보 수집이라는 입증책임은 개인정보처리자가 부담한다.
③ 개인정보처리자는 정보주체의 동의를 받아 개인정보를 수집하는 경우 필요한 최소한의 정보 외의 개인정보 수집에는 동의하지 아니할 수 있다는 사실을 구체적으로 알리고 개인정보를 수집하여야 한다.
④ 개인정보처리자는 정보주체가 필요한 최소한의 정보 외의 개인정보 수집에 동의하지 아니하는 경우 정보주체에게 재화 또는 서비스의 제공을 거부할 수 있다.

4 디지털포렌식의 기본 5대원칙

ⓖ **정당성의 원칙** : 획득한 증거 자료가 적법한 절차를 준수해야 하며, 위법한 방법으로 수집된 증거는 법적 효력을 상실

ⓛ **무결성의 원칙** : 수집 증거가 위변조 되지 않았음을 증명할 수 있어야 한다.

ⓒ **연계보관성의 원칙** : 증거물 획득 이송 분석 보관 법정 제출의 각 단계에서 담당자 및 책임자를 명확히 해야 한다.

ⓔ **신속성의 원칙** : 시스템의 휘발성 정보수집 여부는 신속한 조치에 의해 결정되므로 모든 과정은 지체없이 신속하게 진행되어야 한다.

ⓜ **재현의 원칙** : 피해 직전과 같은 조건에서 현장 검증을 실시 하였다면, 피해 당시와 동일한 결과가 나와야 한다.

5 SQL injection … SQL 인젝션은 웹 상에서 사용자의 입력을 받는 부분에 SQL 쿼리문을 입력하여 DB나 시스템에 영향을 주는 공격 기법으로 사용자 인증을 비정상적 우회, DB데이터 유출 및 조작

※ 보안대책

ⓖ **입력값 필터링** : 특수문자 및 검증, 허용되지 않은 문자열이나 문자 에러 처리

ⓛ **에러노출방지** : SQL 서버와 DB에서 발생한 오류 내용의 에러 메시지가 반영되지 않도록 설정

ⓒ **데이터베이스 관리자 권한 제한** : 일반 사용자는 시스템 저장 프로시저에 접근 불가, 애플리케이션의 DB접속 계정은 필요한 테이블에만 권한 부여

6 제16조(개인정보의 수집 제한)

① 개인정보처리자는 제15조 제1항 각 호의 어느 하나에 해당하여 개인정보를 수집하는 경우에는 그 목적에 필요한 최소한의 개인정보를 수집하여야 한다. 이 경우 최소한의 개인정보 수집이라는 입증책임은 개인정보처리자가 부담한다.

② 개인정보처리자는 정보주체의 동의를 받아 개인정보를 수집하는 경우 필요한 최소한의 정보 외의 개인정보 수집에는 동의하지 아니할 수 있다는 사실을 구체적으로 알리고 개인정보를 수집하여야 한다.

③ 개인정보처리자는 정보주체가 필요한 최소한의 정보 외의 개인정보 수집에 동의하지 아니한다는 이유로 정보주체에게 재화 또는 서비스의 제공을 거부하여서는 아니 된다.

정답 및 해설 4.② 5.① 6.④

7 〈보기 1〉은 리눅스에서 일반 사용자(hello)가 'ls -al'을 수행한 결과의 일부분이다. 〈보기 2〉의 설명에서 옳은 것만을 모두 고른 것은?

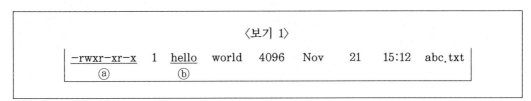

〈보기 1〉

-rwxr-xr-x   1   hello   world   4096   Nov   21   15:12   abc.txt
    ⓐ   ⓑ

〈보기 2〉
㉠ ⓐ는 파일의 소유자, 그룹, 이외 사용자 모두가 파일을 읽고 실행할 수 있지만, 파일의 소유자만이 파일을 수정할 수 있음을 나타낸다.
㉡ ⓑ가 모든 사용자(파일 소유자, 그룹, 이외 사용자)에게 읽기, 쓰기, 실행 권한을 부여하려면 'chmod 777 abc.txt'의 명령을 입력하면 된다.
㉢ ⓑ가 해당 파일의 소유자를 root로 변경하려면 'chown root abc.txt'의 명령을 입력하면 된다.

① ㉠

② ㉠, ㉡

③ ㉡, ㉢

④ ㉠, ㉡, ㉢

8 다음은 CC(Common Criteria)의 7가지 보증 등급 중 하나에 대한 설명이다. 시스템이 체계적으로 설계되고, 테스트되고, 재검토되도록 (methodically designed, tested and reviewed) 요구하는 것은?

낮은 수준과 높은 수준의 설계 명세를 요구한다. 인터페이스 명세가 완벽할 것을 요구한다. 제품의 보안을 명시적으로 정의한 추상화 모델을 요구한다. 독립적인 취약점 분석을 요구한다. 개발자 또는 사용자가 일반적인 TOE의 중간 수준부터 높은 수준까지의 독립적으로 보증된 보안을 요구하는 곳에 적용 가능하다. 또한 추가적인 보안 관련 비용을 감수할 수 있는 곳에 적용 가능하다.

① EAL 2

② EAL 3

③ EAL 4

④ EAL 5

7 ls : 파일 목록

-a : 디렉토리 내의 모든 파일 출력

-l : 파일의 권한, 소유자, 그룹, 크기, 날짜 등을 출력

ⓐ -rwxr-xr-x는 세 자리씩 소유자, 그룹, 기타 사용자의 권한으로

- 소유자 : rwx로 읽기, 쓰기, 실행 모두 가능
- 그룹 : r-x는 읽기, 실행
- 기타사용자 : r-x는 읽기, 실행으로 소유자만 쓰기 권한인 파일을 수정할 수 있어 ㉠에 해당한다.

ⓑ chmod 777은 소유자, 그룹, 기타사용자에게 각각 7,7,7권한을 부여한다는 의미이며, 7은 이진수로 111로서 rwx엑 각각 1,1,1의 허용권한을 주기 때문에 ㉡에 해당한다.

8 EAL(평가보증등급) … 정보 보호 시스템 공통 평가 기준(CC : Common Criteria)의 보증 요구 사항으로 이루어 진 패키지로서 정보 기술(IT) 제품 또는 시스템의 평가 결과 보안 기능을 만족한다는 신뢰도 수준을 정의

※ 평가보증 수준 등급(EAL)

　㉠ EAL1 : Functionally Tested → 기능명세서, 설명서

　㉡ EAL2 : Structurally Tested → 기본 설계서, 기능시험서, 취약성 분석서

　㉢ EAL3 : Methodicallu Tested and Checked → 생명주기지원, 개발 보안, 오용분석서

　㉣ EAL4 : Methodically Designeded, tested and reviewed → 상세설계서, 보안정책서, 일부소스코드, 상세 시험서

　㉤ EAL5 : Semi-formally Designed and Tested → 개발 문서에 대한 전체 기술, 보안기능전체코드

　㉥ EAL6 : Semiformally Verufued design and Tested → 전체소스코드

　㉦ EAL7 : Formally Verified Design and Tested → 개발문서에 대한 정형화 기술

정답 및 해설 7.② 8.③

9 다음에 설명한 Diffie-Hellman 키 교환 프로토콜의 동작 과정에서 공격자가 알지 못하도록 반드시 비밀로 유지해야 할 정보만을 모두 고른 것은?

> 소수 p와 p의 원시근 g에 대하여, 사용자 A는 p보다 작은 양수 a를 선택하고, $x = g^a$ mod p를 계산하여 x를 B에게 전달한다. 마찬가지로 사용자 B는 p보다 작은 양수 b를 선택하고, $y = g^b$ mod p를 계산하여 y를 A에게 전달한다. 그러면 A와 B는 g^{ab} mod p를 공유하게 된다.

① a, b

② p, g, a, b

③ a, b, g^{ab} mod p

④ p, g, a, b, g^{ab} mod p

10 IEEE 802.11i에 대한 설명으로 옳지 않은 것은?

① 단말과 AP(Access Point) 간의 쌍별(pairwise) 키와 멀티캐스팅을 위한 그룹 키가 정의되어 있다.

② 전송되는 데이터를 보호하기 위해 TKIP(Temporal Key Integrity Protocol)와 CCMP (Counter Mode with Cipher Block Chaining MAC Protocol) 방식을 지원한다.

③ 서로 다른 유무선랜 영역에 속한 단말들의 종단간(end-to-end) 보안 기법에 해당한다.

④ 802.1X 표준에서 정의된 방법을 이용하여 무선 단말과 인증 서버 간의 상호 인증을 할 수 있다.

11 SSL(Secure Socket Layer)에서 메시지에 대한 기밀성을 제공하기 위해 사용되는 것은?

① MAC(Message Authentication Code)

② 대칭키 암호 알고리즘

③ 해시 함수

④ 전자서명

9 ③ a, b, g^{ab} mod p

- a, b는 Diffie-Hellman 키 교환 프로토콜에서 비밀로 유지해야 할 정보로 사용자가 선택한 양수이다.
- g^{ab} mod p는 사용자 A와 B, 양쪽이 공유한 비밀키가 된다.

10 802.11i ⋯ IEEE 802.11i 표준은 무선랜 사용자 보호를 위해서 사용자 인증 방식, 키 교환 방식 및 향상된 무선 구간 암호 알고리즘을 정의

ⓐ **사용자 인증**
- 802.1x : 인증서버로 인증방식
- 사전 공유키 방식(Pre-Shared Key) : 인증서버가 필요없고, 무선단말과 AP 간 미리한 약속을 통한 인증방식
- 선인증방식 : 인접 AP에게 미리 인증을 수행 후 핸드오버 시 연속적인 통신이 가능하도록 하는 인증방식

ⓑ **키 교환 방식**
- 4Way Handshaking : 암호키 교환을 위해 무선단말과 AP 간에 요청 및 응답을 4회 주고받는 교환방식

ⓒ 암호화 알고리즘에는 무선 구간 데이터를 보호하기 위한 방법으로 TKIP 알고리즘과 CCMP 알고리즘이 있다.
- TKIP(Temporal Key Integrity Protocol) : WEP을 확장하는 방법을 사용함으로써, 기존의 하드웨어 교체 없이 구현할 수 있도록 설계
- CCMP(Counter mode with CBC-MAC Protocol) : AES(Advanced Encryption Standard) 암호 알고리즘을 사용, TKIP보다 더 강력한 암호화 알고리즘

11 SSL(Secure Socket Layer)
- 인터넷상에서 데이터 통신 보안을 제공하는 암호 프로토콜
- 데이터를 송수신하는 두 컴퓨터 사이, 종단 간 TCP/IP 계층과 애플리케이션 계층(HTTP, TELNET, FTP 등) 사이에 위치하여 인증, 암호화, 무결성을 보장한다.
- ※ SSL은 개인정보 보호를 위해 대칭 암호화방식(symmetric cryptography)을 사용하고, 메시지의 신뢰성을 위해 키(key) 메시지 인증 코드를 사용하여 전송 계층 위로 네트워크 연결의 세그먼트(segment)를 암호화 해주며 SSL을 사용하기 위해서는 SSL용 인증서가 필요하다.

정답 및 해설 9.③ 10.③ 11.②

12 메시지 인증에 사용되는 해시 함수의 요건으로 옳지 않은 것은?

① 임의 크기의 메시지에 적용될 수 있어야 한다.

② 해시를 생성하는 계산이 비교적 쉬워야 한다.

③ 다양한 길이의 출력을 생성할 수 있어야 한다.

④ 하드웨어 및 소프트웨어에 모두 실용적이어야 한다.

13 사용자 A가 사용자 B에게 보낼 메시지 M을 공개키 기반의 전자 서명을 적용하여 메시지의 무결성을 검증하도록 하였다. A가 보낸 서명이 포함된 전송 메시지를 다음 표기법에 따라 바르게 표현한 것은?

PUx : X의 공개키
PRx : X의 개인키
E(K, M) : 메시지 M을 키 K로 암호화
H(M) : 메시지 M의 해시
|| : 두 메시지의 연결

① $E(PU_B, M)$

② $E(PR_A, M)$

③ $M \ || \ E(PU_B, H(M))$

④ $M \ || \ E(PR_A, H(M))$

14 대칭키 블록 암호 알고리즘의 운영 모드 중에서 한 평문 블록의 오류가 다른 평문 블록의 암호 결과에 영향을 미치는 오류 전이(error propagation)가 발생하지 않는 모드만을 묶은 것은? (단, ECB : Electronic Code Book, CBC : Cipher Block Chaining, CFB : Cipher Feedback, OFB : Output Feedback)

① CFB, OFB

② ECB, OFB

③ CBC, CFB

④ ECB, CBC

12 ③ 고정 길이의 해시값을 생성할 수 있다.

※ 해시함수의 성질

   ㉠ 임의 길이의 메시지로부터 고정길이 해시값 생성

   ㉡ 해시값을 고속으로 계산 = 계산이 용이해야 한다.

   ㉢ 일방향성을 갖는다 = 해시값으로부터 메시지를 역산할 수 없다.

   ㉣ 메시지가 다르면 해시값도 다르다.

   ㉤ 임의 길이의 데이터 블록에 적용 가능해야 한다.

13 ㉠ 전자서명(digital signature) : 전자 문서의 모든 수신자가 서명을 사용하여 데이터의 출처와 무결성을 확인할 수 있도록 암호화 알고리즘으로 계산되어 데이터에 첨부되는 값이다.

  ㉡ 전자서명의 인증 과정은 RSA 알고리즘과는 반대 원리이며 비공개키 알고리즘과 공개키 알고리즘의 조합을 사용한다.

※ 해시값에 서명(부가형 전자서명)

   ㉠ A는 메시지의 "해시 값"을 자신의 개인키로 암호화(서명)→E(PRA, H(M))

   ㉡ A는 메시지와 서명 값을 B에게 보냄→M || E(PRA, H(M))

   ㉢ B는 서명 값을 A의 공개키로 복호화→D(PUA,E(PRA, H(M)))=H(M)

   ㉣ B는 메시지의 해시 값을 구함→H'(M)

   ㉤ 메시지의 해시값 H(M)과 복호화한 서명 값 H'(M)을 비교하여 검증한다.

14 ㉠ ECB(Electric Code Book) : 가장 간단한 구조이며 암호화 하려는 메시지를 여러 블록으로 나누어 각각 암호화 하는 방식으로 모든 블록이 같은 암호화 키를 사용하기 때문에 보안이 취약하며 각 블록이 독립적으로 동작하므로 한 블록에서 에러가 난다고 해도 다른 블록에 영향을 주지 않고 해당 블록까지 에러 전파

  ㉡ OFB(Output Feedback mode) : 블록 암호를 동기식 스트림 암호로 변환하며 XOR명령의 대칭 때문에 암호화와 암호 해제 방식은 완전히 동일하며, 해당 블록까지만 대응되는 한 블록에만 영향을 미치므로, 영상이나 음성과 같은 digitized analog 신호에 많이 사용된다.

  ㉢ CFB(cipher feedback) : 블록 암호화를 스트림 암호화처럼 구성해 평문과 암호문의 길이가 같다.

정답 및 해설 12.③ 13.④ 14.②

15 유닉스/리눅스 시스템의 로그 파일에 기록되는 정보에 대한 설명으로 옳지 않은 것은?

① utmp – 로그인, 로그아웃 등 현재 시스템 사용자의 계정 정보
② loginlog – 성공한 로그인에 대한 내용
③ pacct – 시스템에 로그인한 모든 사용자가 수행한 프로그램 정보
④ btmp – 실패한 로그인 시도

16 「개인정보 보호법」상 개인정보처리자가 개인정보가 유출되었음을 알게 되었을 때에 지체 없이 해당 정보주체에게 알려야 할 사항에 해당하지 않는 것은?

① 유출된 개인정보의 항목
② 유출된 시점과 그 경위
③ 조치 결과를 보호위원회 또는 대통령령으로 정하는 전문기관에 신고한 사실
④ 정보주체에게 피해가 발생한 경우 신고 등을 접수할 수 있는 담당부서 및 연락처

17 인증서를 발행하는 인증기관, 인증서를 보관하고 있는 저장소, 공개키를 등록하거나 등록된 키를 다운받는 사용자로 구성되는 PKI(Public Key Infrastructure)에 대한 설명으로 옳지 않은 것은?

① 인증기관이 사용자의 키 쌍을 생성할 경우, 인증기관은 사용자의 개인키를 사용자에게 안전하게 보내는 일을 할 필요가 있다.
② 사용자의 공개키에 대해 인증기관이 전자서명을 해서 인증서를 생성한다.
③ 사용자의 인증서 폐기 요청에 대하여 인증기관은 해당 인증서를 저장소에서 삭제함으로써 인증서의 폐기 처리를 완료한다.
④ 한 인증기관의 공개키를 다른 인증기관이 검증하는 일이 발생할 수 있다.

15 • loginlog : 사용자가 로그인을 할 때 5번 이상 로그인 실패를 하였을 때 접근 정보가 기록된다.

• Solaris : 5번 이상 시도하고 접속을 못하면 접속을 끊어버린다.

• wtmp : 사용자의 성공한 로그인/로그아웃 정보, 시스템의 Boot/Shutdown 정보에 대한 히스토리를 담고 있는 로그

• lastlog : 가장 최근(마지막)에 성공한 로그인 기록을 담고 있는 로그 파일

16 ③ 조치 결과를 보호위원회 또는 대통령령으로 정하는 전문기관에 신고를 하여야 한다는 규정은 있지만 정보주체에게 이를 알려야 한다는 규정은 없다.

※ 제34조(개인정보 유출 통지 등)

　① 개인정보처리자는 개인정보가 유출되었음을 알게 되었을 때에는 지체 없이 해당 정보주체에게 다음 각호의 사실을 알려야 한다.

　　1. 유출된 개인정보의 항목

　　2. 유출된 시점과 그 경위

　　3. 유출로 인하여 발생할 수 있는 피해를 최소화하기 위하여 정보주체가 할 수 있는 방법 등에 관한 정보

　　4. 개인정보처리자의 대응조치 및 피해 구제절차

　　5. 정보주체에게 피해가 발생한 경우 신고 등을 접수할 수 있는 담당부서 및 연락처

　② 개인정보처리자는 개인정보가 유출된 경우 그 피해를 최소화하기 위한 대책을 마련하고 필요한 조치를 하여야 한다.

　③ 개인정보처리자는 대통령령으로 정한 규모 이상의 개인정보가 유출된 경우에는 제1항에 따른 통지 및 제2항에 따른 조치 결과를 지체 없이 보호위원회 또는 대통령령으로 정하는 전문기관에 신고하여야 한다. 이 경우 보호위원회 또는 대통령령으로 정하는 전문기관은 피해 확산방지, 피해 복구 등을 위한 기술을 지원할 수 있다.

　④ 제1항에 따른 통지의 시기, 방법 및 절차 등에 관하여 필요한 사항은 대통령령으로 정한다.

17 ③ 사용자의 인증서 폐기 요청에 대하여 인증기관은 해당 인증서를 저장소에서 삭제만 하는 것이 아닌 CRL(인증서 폐기 목록)에 등록하여 유효하지 않은 사실을 확인 하여야 한다.

※ 공개키 기반구조(PKI : public Key Infrastructure)는 공개키 암호 알고리즘을 안전하게 사용하기 위해 필요한 서비스를 제공하는 기반구조

정답 및 해설 15.② 16.③ 17.③

18 암호학적으로 안전한 의사(pseudo) 난수 생성기에 대한 설명으로 옳은 것은?

① 생성된 수열의 비트는 정규분포를 따라야 한다.

② 생성된 수열의 어느 부분 수열도 다른 부분 수열로부터 추정될 수 없어야 한다.

③ 시드(seed)라고 불리는 입력 값은 외부에 알려져도 무방하다.

④ 비결정적(non-deterministic) 알고리즘을 사용하여 재현 불가능한 수열을 생성해야 한다.

19 사용자 워크스테이션의 클라이언트, 인증서버(AS), 티켓발행서버(TGS), 응용서버로 구성되는 Kerberos에 대한 설명으로 옳은 것은? (단, Kerberos 버전 4를 기준으로 한다)

① 클라이언트는 AS에게 사용자의 ID와 패스워드를 평문으로 보내어 인증을 요청한다.

② AS는 클라이언트가 TGS에 접속하는 데 필요한 세션키와 TGS에 제시할 티켓을 암호화하여 반송한다.

③ 클라이언트가 응용서버에 접속하기 전에 TGS를 통해 발급받은 티켓은 재사용될 수 없다.

④ 클라이언트가 응용서버에게 제시할 티켓은 AS와 응용서버의 공유 비밀키로 암호화되어 있다.

18 의사 난수(psudeo randomnumber) … 시드(seed)라고 하는 시작 번호를 가지고 시드에 관련 없는 것으로 보이는 다른 번호로 변환하기 위해 수학 연산을 수행하는 프로그램이다. 그런 다음 생성된 숫자를 가져와서 같은 수학 연산을 수행하여 생성된 숫자와 관련이 없는 새로운 숫자로 변환한다. 마지막으로 생성된 숫자에 수학 연산을 수행하는 작업을 계속 반복함으로써 충분히 복잡해지면 난수와 같은 새 숫자를 생성할 수 있다.

19 커버로스(Kerberos) … 개방된 컴퓨터 네트워크 내에서 서비스 요구를 인증하기 위한 안전한 방법으로, 미국 MIT의 Athena 프로젝트에서 개발

※ 커버로스(Kerberos)의 구성요소
  ㉠ 클라이언트 : 인증을 얻기 위한 사용자 컴퓨터
  ㉡ 서버 : 클라이언트가 접속하고자 하는 서버로 클라이언트가 서버에 접속하려면 인증이 필요
  ㉢ 인증서버(Authentication Service) : 클라이언트를 인증하는 컴퓨터
  ㉣ 티켓발급서버(Ticket Granting Service) : 인증값인 티켓을 클라이언트에게 발급해 주는 컴퓨터

※ 커버로스(Kerberos)의 동작 원리
  ㉠ 사용자가 텔넷이나 기타 이와 비슷한 로그인 요청을 통해 다른 컴퓨터의 서버에 접근하기 원한다고 가정하면, 이 서버는 사용자의 요청을 받아들이기 전에 커버로스 "티켓"을 요구
  ㉡ 사용자가 티켓을 받기 위해 먼저 인증 서버에 인증을 요구하고, 인증 서버는 사용자가 입력한 패스워드에 기반하여 "세션키"와 서비스 요구를 나타내는 임의의 값을 작성(세션키는 사실항 "티켓을 부여하는 티켓"임)
  ㉢ 만약 사용자가 세션키를 티켓 수여 서버, 즉 TGS(Ticket Granting Server)에 보내면 인증 서버와 물리적으로 동일한 서버일 수 있는 TGS는 서비스를 요청할 때 서버에 보낼수 있는 티켓을 반환
  ㉣ TGS로부터 받은 티켓에는 발송 일자와 시간이 적혀 있기 때문에 일정 시간 동안(약 8시간 동안)에는 재인증 없이도 동일한 티켓으로 다른 추가 서비스를 요청할 수 있음(티켓을 제한된 시간 동안에만 유효하게 함으로써 후에 다른 사람이 그것을 사용할 수 없도록 함)

Kerberos 4	Kerberos 5
• 암호화 시스템에 대한 의존, DES 사용	• CRC 모드 사용
• 메세시지 바이트 순서, 순서표시고정	• ASN.1과 BER 인코딩 규칙 표준 사용
• 티켓 유효시간 최대 28 * 5 = 1280분	• 시작 시간과 끝 시간 표시
• 인증의 발송이 불가능	• 인증 발송이 가능
• 영역 간의 인증은 불가능	• 커버로스 대 커버로스의 상호인증 가능

20 생체 인식 시스템은 저장되어 있는 개인의 물리적 특성을 나타내는 생체 정보 집합과 입력된 생체 정보를 비교하여 일치 정도를 판단한다. 다음 그림은 사용자 본인의 생체 정보 분포와 공격자를 포함한 타인의 생체 정보 분포, 그리고 본인 여부를 판정하기 위한 한계치를 나타낸 것이다. 그림 및 생체 인식 응용에 대한 설명으로 옳은 것만을 고른 것은?

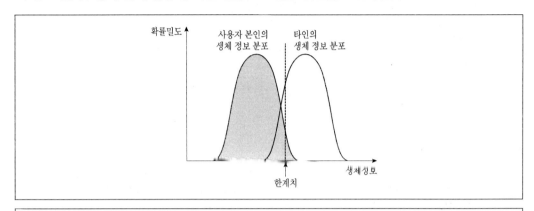

ㄱ 타인을 본인으로 오인하는 허위 일치의 비율(false match rate, false acceptance rate)이 본인을 인식하지 못하고 거부하는 허위 불일치의 비율(false non-match rate, false rejection rate)보다 크다.
ㄴ 한계치를 우측으로 이동시키면 보안성은 강화되지만 사용자 편리성은 저하된다.
ㄷ 보안성이 높은 응용프로그램은 낮은 허위 일치 비율을 요구한다.
ㄹ 가능한 용의자를 찾는 범죄학 응용프로그램의 경우 낮은 허위 일치 비율이 요구된다.

① ㄱ, ㄷ
② ㄱ, ㄹ
③ ㄴ, ㄷ
④ ㄴ, ㄹ

20 • 오인식률(FAR : False Acceptance Rate)과 오거부율(FRR : False Reject Rate)은 지문/홍채/얼굴 등의 모양으로 개인을 식별하는 바이오인식 기술의 수준을 평가하는데 쓰는 용어이다.
  • 생체 인식의 정확성은 각 생체 특징이나 알고리즘에 따라 다르다. 망막, 정맥 등을 이용한 생체 인식 기술은 정확도가 매우 높으나, 얼굴, 음성 등을 이용한 생체 인식 기술은 비교적 정확도가 낮다.
  • FAR(False Acceptance Rate)이 높을수록 사용자의 편의성은 높아지고, FRR(False Rejection Rate)이 낮을수록 보안성은 높아진다.
  ㉠ FRR(False Rejection Rate)
  • 정당한 사용자의 인증 요청이 실패하는 오류비율
  • 1종 오류 또는 위양성(false positive) 오류의 비율이다.
  • FRR이 낮을수록 사용자 편의성이 높아진다.
  ㉡ FAR(False Acceptance Rate)
  • 정당하지 않은 사용자의 인증 요청이 성공하는 오류비율
  • 2종 오류 또는 위음성(false negative) 오류의 비율이다.
  • FAR이 낮을수록 인증(또는 보안)의 강도가 높아진다

정답 및 해설 20.①

1 정보보호의 3대 요소 중 가용성에 대한 설명으로 옳은 것은?

① 권한이 없는 사람은 정보자산에 대한 수정이 허락되지 않음을 의미한다.

② 권한이 없는 사람은 정보자산에 대한 접근이 허락되지 않음을 의미한다.

③ 정보를 암호화하여 저장하면 가용성이 보장된다.

④ DoS(Denial of Service) 공격은 가용성을 위협한다.

2 ISO/IEC 27001에서 제시된 정보보안관리를 위한 PDCA 모델에서 ISMS의 지속적 개선을 위해 시정 및 예방 조치를 하는 단계는?

① Plan

② Do

③ Check

④ Act

3 보안 관리 대상에 대한 설명으로 ㉠ ~ ㉢에 들어갈 용어는?

> • (㉠) – 시스템과 네트워크의 접근 및 사용 등에 관한 중요 내용이 기록되는 것을 말한다.
> • (㉡) – 사용자와 시스템 또는 두 시스템 간의 활성화된 접속을 말한다.
> • (㉢) – 자산에 손실을 초래할 수 있는 원치 않는 사건의 잠재적 원인이나 행위자를 말한다.

	㉠	㉡	㉢
①	로그	세션	위험
②	로그	세션	위협
③	백업	쿠키	위험
④	백업	쿠키	위협

4 유닉스 시스템에서 파일의 접근모드 변경에 사용되는 심볼릭 모드 명령어에 대한 설명으로 옳은 것은?

① chmod u-w : 소유자에게 쓰기 권한 추가

② chmod g+wx : 그룹, 기타 사용자에게 쓰기와 실행 권한 추가

③ chmod a+r : 소유자, 그룹, 기타 사용자에게 읽기 권한 추가

④ chmod o-w : 기타 사용자에게 쓰기 권한 추가

---

1 ㉠ **정보보호** : 데이터 및 시스템 즉 정보자산을 내 외부의 위협으로부터 기밀성, 무결성, 가용성을 확보하는 것으로 보안의 3요소라고 한다.

㉡ **가용성(Availability)** : 서비스가 원활하게 제공되는 것을 뜻하며 파괴로부터 보호하고 조직의 최우선이 보안의 목적이다. 위협요소는 Dos, DDoS 공격 등이 있다.

2 PDCA 모델 … 계획 → 실행 → 평가 → 개선을 반복해서 실행하여 목표 달성하고자 하는데 사용하는 기법

① Plan(계획) : 사전 계획단계로 결과를 분석하고 예측

② Do(실행) : 개선 계획을 실행하는 단계로 작은 조치부터 시작하면서 계획을 실행

③ Check(평가) : 실행한 것을 바탕으로 결과를 분석하고 무엇이 개선 되었는지 확인

④ Act(개선) : 이전 단계에서 평가된 것을 바탕으로 전체 사이클의 적합성을 평가하고 보완

3 • 로그는 컴퓨터 시스템의 조작이나 처리에 관한 경시적인 기록

• 세션은 사용자 또는 컴퓨터 간의 대화를 위한 논리적 연결

• 위협은 자산에 손실을 발생 시키는 원인이나 행위 또는 보안에 해를 끼치는 행동이나 사건

4 • chmod : 파일이나 디렉토리 허가 권한 변경(r : 읽기, w : 쓰기, x : 실행)

chmod[옵션](대상)(+/-/=)(rwx)(파일명)-심볼릭 형태

• chmod 명령어 심볼릭

→ 대상

a : 모든 사용자 권한

u : user의 권한

g : group의 권한

→ +/-/=

+ : 해당 권한을 추가

- : 해당 권한을 제거

= : 해당 권한을 설정한 데로 변경

정답 및 해설 1.④ 2.④ 3.② 4.③

5 정보가 안전한 정도를 평가하는 TCSEC(Trusted Computer System Evaluation Criteria)의 보안등급 중에서 검증된 설계(Verified Design)를 의미하는 보안등급은?

① A 등급

② B 등급

③ C 등급

④ D 등급

6 다음에서 설명하는 공격 기술은?

> 암호 장비의 동작 과정 중에 획득 가능한 연산시간, 전력소모량, 전자기파 방사량 등의 정보를 활용하여 암호 알고리즘의 비밀 정보를 찾아내는 기술

① 차분 암호 분석 공격(Differential Cryptanalysis Attack)

② 중간자 공격(Man-In-The-Middle Attack)

③ 부채널 공격(Side-Channel Attack)

④ 재전송 공격(Replay Attack)

7 DoS(Denial of Service) 공격의 대응 방법에 대한 설명으로 ㉠, ㉡에 들어갈 용어는?

> • 다른 네트워크로부터 들어오는 IP broadcast 패킷을 허용하지 않으면 자신의 네트워크가 (㉠) 공격의 중간 매개지로 쓰이는 것을 막을 수 있다.
> • 다른 네트워크로부터 들어오는 패킷 중에 출발지 주소가 내부 IP 주소인 패킷을 차단하면 (㉡) 공격을 막을 수 있다.

	㉠	㉡
①	Smurf	Land
②	Smurf	Ping of Death
③	Ping of Death	Land
④	Ping of Death	Smurf

5 TCSEC(Trusted Computer System Evaluation Criteria) ··· 정보보호시스템을 일반 사용자가 신뢰하며 안전하게 사용할 수 있도록 제품의 신뢰성을 보증하기 위한 법/제도

→ 보안등급은 A로 갈수록, 같은 등급에서는 숫자가 클수록 강하다.

보안등급	의미	세부등급
A	검증된 보호, 정형화된 검증방법 사용	A1
B	경제적 보호, 보안 레이블의 무결성 보장	B3
		B2
		B1
C	임의적 보호, 검사기능을 통해 주체와 그들의 행위에 대한 책임 추적을 제공	C2
		C1
D	최소한의 보호	없음

6 ③ 부채널 공격(Side-Channel Attack) : 알고리즘의 약점을 찾거나 무차별 공격을 하는 대신 암호 체계의 물리적인 구현 과정의 정보를 기반으로 하는 공격방법

예) 소요시간정보, 소비전력, 방출하는 전자기파 등

7 서비스 거부공격(DoS, Denial of Service) 대응 방법 ··· 서버가 처리 할수 있는 능력 이상의 것을 요구하며, 다른 서비스를 정지 시키거나 시스템을 다운 시키는 것을 뜻하며 일반적으로는 네트워크 기능을 마비시키는 것이 주 목적이다.

• Land 공격 : 패킷을 전송할 때 출발지 IP주소와 목적지 IP주소값을 똑같이 만들어서 공격 대상에서 보내는 것
• Smurf공격 : ICMP 패킷과 네트워크에 존재하는 임의의 시스템들을 이용하여 패킷을 확장시켜서 서비스 거부 공격을 수행하는 방법으로 네트워크를 공격할 때 많이 사용함

정답 및 해설 5.① 6.③ 7.①

8 「전자서명법」상 용어의 정의로 옳지 않은 것은? (기출변형)

① '전자서명'이라 함은 서명자를 확인하고 서명자가 당해 전자문서에 서명을 하였음을 나타내는 데 이용하기 위하여 당해 전자문서에 첨부되거나 논리적으로 결합된 전자적 형태의 정보를 말한다.

② '인증서'라 함은 전자서명생성정보가 가입자에게 유일하게 속한다는 사실 등을 확인하고 이를 증명하는 전자적 정보를 말한다.

③ '가입자'란 전자서명인증사업자가 제공하는 전자서명인증서비스를 이용하는 자를 말한다.

④ '전자서명생성정보'라 함은 전자서명을 생성하기 위하여 이용하는 전자적 정보를 말한다.

9 「전자정부 SW 개발·운영자를 위한 소프트웨어 개발보안 가이드」상 분석·설계 단계 보안요구항목과 구현 단계 보안약점을 연결한 것으로 옳지 않은 것은?

	분석·설계 단계 보안요구항목	구현 단계 보안약점
①	DBMS 조회 및 결과 검증	SQL 삽입
②	디렉터리 서비스 조회 및 결과 검증	LDAP 삽입
③	웹서비스 요청 및 결과 검증	크로스사이트 스크립트
④	보안기능 동작에 사용되는 입력값 검증	솔트 없이 일방향 해시함수 사용

8 ③ 전자서명법 제2조 제9호에 '가입자'란 전자서명생성정보에 대하여 전자서명인증사업자로부터 전자서명인증을 받은 자를 말한다.

9 전자정부 SW 개발·운영자를 위한 소프트웨어 개발보안 가이드

구현 단계 기준과의 단계		
구분	분석·설계 단계 보안요구항목	구현 단계 보안약점
합격 데이터 검증 및 표현	DBMS 조회 및 결과 검증	SQL 삽입
	XML 조회 및 결과 검증	XQuery 삽입 XPath 삽입
	디렉터리 서비스 조회 및 결과 검증	LDAP 삽입
	시스템 자원 접근 및 명령어 수행 입력값 검증	경로조작 및 자원산업 운영체제 명령어 삽입
	웹 서비스 요청 및 결과 검증	크로스사이트 스크립트
	웹 기반 중요기능 수행 요청 유효성 검증	크로스사이트 요청위조
	HTTP 프로토콜 유효성 검증	신뢰되지 않은 URL 주소로 자동접속 연결 HTTP응답 분할
	허용된 범위내 메모리 접근	포켓스트링 삽입 메모리 버퍼 오버플로우
	보안기능 동작에 사용되는 입력값 검증	보안기능 결정에 사용되는 부적절한 입력값 정수형 오버플로우 Null Pointer역참조
	업로드 다운로드 파일 검증	위험한 형식 파일 업로드 무결성 검사 없는 코드 다운로드

정답 및 해설 8.③ 9.④

10 개인정보 보호법령상 영업양도 등에 따른 개인정보의 이전 제한에 대한 내용으로 옳지 않은 것은?

① 영업양수자등은 영업의 양도·합병 등으로 개인정보를 이전받은 경우에는 이전 당시의 본래 목적으로만 개인정보를 이용하거나 제3자에게 제공할 수 있다.

② 영업양수자등이 과실 없이 서면 등의 방법으로 개인정보를 이전받은 사실 등을 정보주체에게 알릴 수 없는 경우에는 해당 사항을 인터넷 홈페이지에 10일 이상 게재하여야 한다.

③ 개인정보처리자는 영업의 전부 또는 일부의 양도·합병 등으로 개인정보를 다른 사람에게 이전하는 경우에는 미리 개인정보를 이전하려는 사실 등을 서면 등의 방법에 따라 해당 정보주체에게 알려야 한다.

④ 영업양수자등은 개인정보를 이전받았을 때에는 지체 없이 그 사실을 서면 등의 방법에 따라 정보주체에게 알려야 한다. 다만, 개인정보처리자가 「개인정보 보호법」 제27조제1항에 따라 그 이전 사실을 이미 알린 경우에는 그러하지 아니하다.

11 대칭키 암호 알고리즘에 대한 설명으로 옳은 것만을 모두 고르면?

> ㉠ AES는 128/192/256 비트 키 길이를 지원한다.
> ㉡ DES는 16라운드 Feistel 구조를 가진다.
> ㉢ ARIA는 128/192/256 비트 키 길이를 지원한다.
> ㉣ SEED는 16라운드 SPN(Substitution Permutation Network) 구조를 가진다.

① ㉠, ㉣

② ㉡, ㉢

③ ㉠, ㉡, ㉢

④ ㉠, ㉡, ㉣

10 「개인정보 보호법」제27조

① 개인정보처리자는 영업의 전부 또는 일부의 양도·합병 등으로 개인정보를 다른 사람에게 이전하는 경우에는 미리 개인정보를 이전하려는 사실 등을 서면 등의 방법에 따라 해당 정보주체에게 알려야 한다.

② 영업양수자등은 개인정보를 이전받았을 때에는 지체 없이 그 사실을 서면 등의 방법에 따라 정보주체에게 알려야 한다. 다만, 개인정보처리자가 개인정보 보호법 제27조 제1항에 따라 그 이전 사실을 이미 알린 경우에는 그러하지 아니하다.

③ 영업양수자등은 영업의 양도·합병 등으로 개인정보를 이전받은 경우에는 이전 당시의 본래 목적으로만 개인정보를 이용하거나 제3자에게 제공할 수 있다.

11 대칭키 암호 알고리즘 … 암호화에 사용되는 암호화키와 복호화에 사용되는 복호화키가 동일하며 이 키를 송신자와 수신자 이외에는 노출되지 않도록 비밀히 관리

예 DES, IDEA, AES

※ 대칭키 암호 알고리즘

	AES	DES	ARIA	SEED
특징	Rijndael 알고리즘을 기반으로 한 미국의 연방 표준 알고리즘	NIST에서 표준으로 공포(1977)	경량 환경 및 하드웨어 구현을 위해 최적화된, Involutional SPN구조를 갖는 범용블록 암호 알고리즘	한국정보보호진흥원 주관으로 개발되어 현재 TTA 표준으로 제정
구조	SPN	Feistel	ISPN	Feistel
개발 국가	미국	미국	한국	한국
개발 연도	2000년	1972년	2004년	1999년
블록 크기	128	64	128	128
키의 길이	128,192,256	56	128,192,256	128
라운드 수	12,14,16	16	12,14,16	16

정답 및 해설 10.② 11.③

12 다음에서 설명하는 프로토콜은?

> • 무선랜 통신을 암호화하는 프로토콜로서 IEEE 802.11 표준에 정의되었다.
> • 암호화를 위해 RC4 알고리즘을 사용한다.

① AH(Authentication Header)
② SSH(Secure SHell)
③ WAP(Wireless Application Protocol)
④ WEP(Wired Equivalent Privacy)

13 기밀성을 제공하는 암호 기술이 아닌 것은?

① RSA
② SHA−1
③ ECC
④ IDEA

14 SSL 프로토콜에 대한 설명으로 옳지 않은 것은?

① 전송계층과 네트워크계층 사이에서 동작한다.
② 인증, 기밀성, 무결성 서비스를 제공한다.
③ Handshake Protocol은 보안 속성 협상을 담당한다.
④ Record Protocol은 메시지 압축 및 암호화를 담당한다.

12 ④ WEP(Wired Equivalent Privacy)
- 무선 랜 통신을 암호화 하는 가장 기본적인 방법으로 802.11b 프로토콜 적용
- 64,128비트 암호화방식을 사용하는 데 기본적으로 RC4 알고리즘 사용

13 ② SHA-1 : 1993년 미국 NIST에서 개발하고 전자서명 알고리즘에 적용하기 위해 메시지 다이제스트 방식으로 고안한 암호 알고리즘으로 MD4를 기반으로 설계
① RSA(Ron Rivest, Adi Shamir, Leonard Adleman) : RSA는 1977년에 Ron Rivest, Adi Shamir와 Leonard Adleman에 의해 개발된 알고리즘을 사용하는 인터넷 암호화 및 인증 시스템이다. RSA 알고리즘은 가장 보편적으로 사용되는 암호화 및 인증 알고리즘
③ ECC : 1985년 밀러와 코블리츠가 제안한 타원 곡선 기반 암호로서, 이산 대수에서 사용하는 유한체의 곱셈 군을 타원 곡선군으로 대치한 암호 방식

14 SSL 프로토콜(Secure Socket Layer)
- 넷스케이프사에서 전자상거래 등의 보안을 위해 개발된 이후 TLS(Transport Layer Security)라는 이름으로 표준화되었으며 전송계층(Transport Layer)의 암호화 방식이기 때문에 HTTP뿐만 아니라 NNTP, FTP, XMPP등 응용계층(Application Layer) 프로토콜의 종류에 상관없이 사용할 수 있는 장점이 있다.
- 일반적으로는 웹 트래픽 보안을 위해서 사용되며 기본적으로 인증(Authentication), 암호화(Encryption), 무결성(Integrity)를 보장한다.
※ SSL 프로토콜 스택
  ㉠ Record Protocol : 데이터를 암호화하고 압축하여 안전하게 전송하는 프로토콜로 SSL의 실제 데이터를 다루며, 데이터를 단편화하거나 압축하거나 MAC을 적용하고 암호화하여 이를 TCP에 전달하는 역할을 한다.
  ㉡ Handshake Protocol : SSL 세션 연결을 수립하는 역할로 클라이언트와 서버 간의 안전한 연결 수립을 위해서 클라이언트와 서버 간의 상호 인증을 수행하고 암호 메커니즘 등의 정보를 교환한다.

정답 및 해설 12.④ 13.② 14.①

15 DSA(Digital Signature Algorithm)에 대한 설명으로 옳지 않은 것은?

① 기밀성과 부인방지를 동시에 보장한다.

② NIST에서 발표한 전자서명 표준 알고리즘이다.

③ 전자서명의 생성 및 검증 과정에 해시함수가 사용된다.

④ 유한체상의 이산대수문제의 어려움에 그 안전성의 기반을 둔다.

16 무의미한 코드를 삽입하고 프로그램 실행 순서를 섞는 등 악성코드 분석가의 작업을 방해하는 기술은?

① 디스어셈블(Disassemble)

② 난독화(Obfuscation)

③ 디버깅(Debugging)

④ 언패킹(Unpacking)

17 윈도우즈용 네트워크 및 시스템 관리 명령어에 대한 설명으로 옳은 것은?

① ping – 원격 시스템에 대한 경로 및 물리 주소 정보를 제공한다.

② arp – IP 주소에서 물리 주소로의 변환 정보를 제공한다.

③ tracert – IP 주소, 물리 주소 및 네트워크 인터페이스 정보를 제공한다.

④ ipconfig – 원격 시스템의 동작 여부 및 RTT(Round Trip Time) 정보를 제공한다.

15 DSA(Digital Signature Algorithm) … 1991년 미국 NIST에서 표준안으로 개발된 공개키 기반의 알고리즘으로 보다 안전한 해쉬 알고리즘을 사용하면서 주어진 데이터에 자신만이 알고 있는 서명용 키를 사용하여 서명문을 생성하며 새로운 디지털 서명기술을 제공하기 위해 이산대수의 어려움에 기반을 두고 설계되었다.

16 ② 난독화(Obfuscation) : 프로그램을 바꾸는 방법의 일종으로 코드를 읽기 어렵게 만들어 역공학을 통한 공격을 막는 기술
① 디스어셈블(Disassemble) : 코드만 볼 수 있으며 실행하지 않고 분석
③ 디버깅(Debugging) : 원시프로그램에서 목적프로그램으로 번역하는 과정에서 발생하는 오류를 찾아 수정하는 것
④ 언패킹(Unpacking) : 해킹하지 못하게 막는 것을 패킹이라고 하며 언패킹은 다시 해킹을 할 수 있게 푸는 것

17 ② arp : IP 주소와 MAC 주소를 매칭시켜 주는 테이블을 보여줌
① ping : 특정 시스템에 ICMP 패킷을 보내 네트워크의 연결 상태를 조사하는 기능을 수행, UDP방식
③ tracert : 알고자 하는 목적지까지의 경로를 출력해 주는 명령어
④ ipconfig : 네트워크의 정보를 확인하거나 새로운 값을 변경

정답 및 해설 15.① 16.② 17.②

18 정보자산에 대한 위험분석에서 사용하는 ALE(Annualized Loss Expectancy, 연간예상손실액), SLE(Single Loss Expectancy, 1회손실예상액), ARO(Annualized Rate of Occurrence, 연간발생빈도) 사이의 관계로 옳은 것은?

① ALE = SLE + ARO

② ALE = SLE × ARO

③ SLE = ALE + ARO

④ SLE = ALE × ARO

19 「개인정보 보호법」상 개인정보 보호 원칙으로 옳지 않은 것은?

① 개인정보처리자는 개인정보의 처리 목적을 명확하게 하여야 하고 그 목적에 필요한 범위에서 최소한의 개인정보만을 적법하고 정당하게 수집하여야 한다.

② 개인정보처리자는 개인정보의 처리 목적에 필요한 범위에서 적합하게 개인정보를 처리하여야 하며, 그 목적 외의 용도로 활용하여서는 아니 된다.

③ 개인정보처리자는 개인정보의 익명처리가 가능한 경우에는 익명에 의하여 처리될 수 있도록 하여야 한다.

④ 개인정보처리자는 개인정보 처리방침 등 개인정보의 처리에 관한 사항을 비밀로 하여야 한다.

20 다음에서 설명하는 블록암호 운용 모드는?

- 암·복호화 모두 병렬 처리가 가능하다.
- 블록 암호 알고리즘의 암호화 로직만 사용한다.
- 암호문의 한 비트 오류는 복호화되는 평문의 한 비트에만 영향을 준다.

① ECB

② CBC

③ CFB

④ CTR

18 정량적 위험분석 : 위험을 손실액과 같은 숫자값으로 표현함
- ALE(Annualized Loss Expectancy, 연간예상손실액)
  자산가치 × 노출계수 = 1회 손실 예상액(SLE)
  1회손실예상액 × 연간발생빈도(ARO) = 연간예상손실액(ALE)
  ALE = SLE × ARO
- SLE(Single Loss Expectancy, 1회손실예상액) : 각 위협에 따르는 금전적 손실
- ARO(Annualized Rate of Occurrence, 연간발생빈도) : 연간 위협의 실제 발생
- 연간 예상 손실액은 연간발생빈도(ARO)와 1회 손실 예상액의 곱으로 나타낼 수 있다.
  → ALE = SLE × ARO

19 ④ 「개인정보보호법」 제3조 제5항 개인정보처리자는 개인정보 처리방침 등 개인정보의 처리에 관한 사항을 공개하여야 하며, 열람청구권 등 정보주체의 권리를 보장하여야 한다.

20 ① ECB : 평문을 여러 블록으로 나누어 각각 암호화 하는 방식
    – 암호화, 복호화 병렬 처리 가능, 반복공격 취약, 암호화/복호화 속도가 매우 빠름
② CBC : 암호블록체인방식, 각 블록이 암호화 되기 전에 이전 블록이 암호화 값과 XOR 연산을 하는 것
    – 무결성 요구, 복호화 병렬처리 가능
③ CFB : 암호화는 물론이고 복호화에서도 암호화 과정으로 수행 가능
    – 복호화는 병렬처리 가능, 문자나 비트단위 취급

정답 및 해설 18.② 19.④ 20.④

1 2009년 Moxie Marlinspike가 제안한 공격 방식이며, 중간자 공격을 통해 사용자와 서버 사이의 HTTPS 통신을 HTTP로 변경해서 비밀번호 등을 탈취하는 공격 방식으로 가장 옳은 것은?

① SSL stripping

② BEAST attack

③ CRIME attack

④ Heartbleed

2 XSS(Cross Site Scripting) 공격에 대한 설명으로 가장 옳지 않은 것은?

① 게시판 등의 웹페이지에 악의적인 코드 삽입이 가능하다는 취약점이 있다.

② 공격 코드를 삽입하는 부분에 따라 저장 XSS 방식과 반사 XSS 방식이 있다.

③ 악성코드가 실행되면서 서버의 정보를 유출하게 된다.

④ Javascript, VBScript, HTML 등이 사용될 수 있다.

3 〈보기〉에서 설명하는 보안 목적으로 가장 옳은 것은?

〈보기〉
정보가 허가되지 않은 방식으로 바뀌지 않는 성질

① 무결성(Integrity)

② 가용성(Availability)

③ 인가(Authorization)

④ 기밀성(Confidentiality)

4 Feistel 암호 방식에 대한 설명으로 가장 옳지 않은 것은?

① Feistel 암호 방식의 암호 강도는 평문 블록의 길이, 키의 길이, 라운드의 수에 의하여 결정된다.
② Feistel 암호 방식의 복호화 과정과 암호화 과정은 동일하다.
③ AES 암호 알고리즘은 Feistel 암호 방식을 사용한다.
④ Feistel 암호 방식은 대칭키 암호 알고리즘에서 사용된다.

---

1 ㉠ 중간자 공격(Man-in-the-middle Attack) : 장치와 웹 서버 사이에서 데이터 전송이 이루어지는 동안 기술과 도구를 사용하여 공격자는 두 사이에 자신을 배치하고 데이터를 가로채는 것
㉡ SSL Stripping : 공격대상이 요청하고 서버에서 공격대상으로 향하는 모든 암호화된 https 데이터를 평문의 http로 변조하여 공격대상으로 전달
→ 클라이언트에서 인증서가 잘못되었다는 사실을 사용자에게 통보한다는 것이 기존 SSL Sniff의 한계점으로 대부분의 사용자들이 인증서 오류 여부에 관계없이 사이트에 접속하지만, 보다 주의 깊은 사용자들도 공격하기 위해 SSL Stripping 공격이 개발되었다.

2 XSS(Cross-site Scripting, 크로스사이트스크립팅) … 클라이언트에 대한 취약점을 이용해 자바스크립트와 HTML 언어를 사용한 불특정 다수에게 공격하는 기법으로 공격자가 작성한 악성 CSS(Cross-site Scripting)를 일반 사용자가 읽음으로써 실행되게 하는 공격

3 정보보호 : 데이터 및 시스템 즉, 정보자산을 내외부의 위협으로부터 기밀성, 무결성, 가용성을 확보하는 것
※ 정보보호의 3요소
  ㉠ 무결성(Integrity) : 비인가적 대상으로부터 정보의 변조, 삭제등을 막는 것
  ㉡ 가용성(Availability) : 서비스가 계속 유지가 되어 인가적인 대상에게 정보가 제공되는 것을 의미
  ㉢ 기밀성(Confidentiality) : 정보의 비밀이 누설되지 않고 유지가 지속적으로 이루어지는 것

4

Feistel 구조	SPN 구조 Substitution-permutation
• 입력되는 평문 블록을 좌, 우로 분할 후 좌측 블록을 파이스텔 함수라 불리는 라운드 함수를 적용하여 출력된 결과를 우측 블록에 적용하는 과정을 반복적으로 수행 • 장점 : 암 · 복호화 과정에서 역함수가 필요 없다. • 단점 : 구현시 스왑(Swap)단계 때문에 연산량이 많이 소요 되며 암호에 사용되는 라운드 함수를 안전하게 설계 • 암호 강도 : 평문 블록의 길이(최소 128bit), 키(K)의 길이(최소 128bit), 라운드의 수(16라운드 이상) • 대표적인 암호 : DES	• 고급 암호화 표준이라고 불리는 AES 암호 알고리즘은 DES를 대체한 암호 알고리즘이며 암호화와 복호화 과정에서 동일한 키를 사용하는 대칭키 알고리즘이다. • 장점 : 중간에 비트의 이동없이 한 번에 암 · 복호화가 가능하기 때문에 파이스텔 구조에 비해 효율적으로 설계 • 단점 : 암 · 복호화 과정에서 역함수가 필요하도록 설계 • 대표적인 암호 : AES

5 「개인정보 보호법」상 용어 정의로 가장 옳지 않은 것은?

① 개인정보 : 살아 있는 개인에 관한 정보로서 성명, 주민등록번호 및 영상 등을 통하여 개인을 알아볼 수 있는 정보

② 정보주체 : 처리되는 정보에 의하여 알아볼 수 있는 사람으로서 그 정보의 주체가 되는 사람

③ 처리 : 개인정보의 수집, 생성, 연계, 연동, 기록, 저장, 보유, 가공, 편집, 검색, 출력, 정정 (訂正), 복구, 이용, 제공, 공개, 파기(破棄), 그 밖에 이와 유사한 행위

④ 개인정보관리자 : 업무를 목적으로 개인정보파일을 운용하기 위하여 스스로 또는 다른 사람을 통하여 개인정보를 처리하는 공공기관, 법인, 단체 및 개인

6 디지털 서명에 대한 설명으로 옳은 것을 〈보기〉에서 모두 고른 것은?

〈보기〉
㉠ 디지털 서명은 부인방지를 위해 사용할 수 있다.
㉡ 디지털 서명 생성에는 개인키를 사용하고 디지털 서명 검증에는 공개키를 사용한다.
㉢ 해시 함수와 공개키 암호를 사용하여 생성된 디지털 서명은 기밀성, 인증, 무결성을 위해 사용할 수 있다.

---

① ㉠, ㉡

② ㉠, ㉢

③ ㉡, ㉢

④ ㉠, ㉡, ㉢

7 분산반사 서비스 거부(DRDoS) 공격의 특징으로 가장 옳지 않은 것은?

① TCP 프로토콜 및 라우팅 테이블 운영상의 취약성을 이용한다.

② 공격자의 추적이 매우 어려운 공격이다.

③ 악성 봇의 감염을 통한 공격이다.

④ 출발지 IP 주소를 위조하는 공격이다.

5 ④ 개인정보처리자란 업무를 목적으로 개인정보파일을 운용하기 위하여 스스로 또는 다른 사람을 통하여 개인정보를 처리하는 공공기관, 법인, 단체 및 개인 등을 말한다.

※ 「개인정보 보호법」 제2조(정의)

    1. "개인정보"란 살아 있는 개인에 관한 정보로서 다음 각 목의 어느 하나에 해당하는 정보를 말한다.

        가. 성명, 주민등록번호 및 영상 등을 통하여 개인을 알아볼 수 있는 정보

        나. 해당 정보만으로는 특정 개인을 알아볼 수 없더라도 다른 정보와 쉽게 결합하여 알아볼 수 있는 정보. 이 경우 쉽게 결합할 수 있는지 여부는 다른 정보의 입수 가능성 등 개인을 알아보는 데 소요되는 시간, 비용, 기술 등을 합리적으로 고려하여야 한다.

        다. 가목 또는 나목을 제1호의2에 따라 가명처리함으로써 원래의 상태로 복원하기 위한 추가 정보의 사용·결합 없이는 특정 개인을 알아볼 수 없는 정보(이하 "가명정보"라 한다)

    1의2. "가명처리"란 개인정보의 일부를 삭제하거나 일부 또는 전부를 대체하는 등의 방법으로 추가 정보가 없이는 특정 개인을 알아볼 수 없도록 처리하는 것을 말한다.

    2. "처리"란 개인정보의 수집, 생성, 연계, 연동, 기록, 저장, 보유, 가공, 편집, 검색, 출력, 정정(訂正), 복구, 이용, 제공, 공개, 파기(破棄), 그 밖에 이와 유사한 행위를 말한다.

    3. "정보주체"란 처리되는 정보에 의하여 알아볼 수 있는 사람으로서 그 정보의 주체가 되는 사람을 말한다.

    4. "개인정보파일"이란 개인정보를 쉽게 검색할 수 있도록 일정한 규칙에 따라 체계적으로 배열하거나 구성한 개인정보의 집합물(集合物)을 말한다.

    5. "개인정보처리자"란 업무를 목적으로 개인정보파일을 운용하기 위하여 스스로 또는 다른 사람을 통하여 개인정보를 처리하는 공공기관, 법인, 단체 및 개인 등을 말한다.

    6. "공공기관"이란 다음 각 목의 기관을 말한다.

        가. 국회, 법원, 헌법재판소, 중앙선거관리위원회의 행정사무를 처리하는 기관, 중앙행정기관(대통령 소속 기관과 국무총리 소속 기관을 포함한다) 및 그 소속 기관, 지방자치단체

        나. 그 밖의 국가기관 및 공공단체 중 대통령령으로 정하는 기관

    7. "영상정보처리기기"란 일정한 공간에 지속적으로 설치되어 사람 또는 사물의 영상 등을 촬영하거나 이를 유·무선망을 통하여 전송하는 장치로서 대통령령으로 정하는 장치를 말한다.

    8. "과학적 연구"란 기술의 개발과 실증, 기초연구, 응용연구 및 민간 투자 연구 등 과학적 방법을 적용하는 연구를 말한다.

6 디지털 서명(digital signature) … 공개키 암호방식을 이용한 전자서명의 한 종류로 전자서명에 작성자로 기재된 자가 그 전자문서를 작성하였다는 사실과 작성내용이 송수신 과정에서 위조, 변조되지 않았다는 사실을 증명하고, 작성자가 그 전자문서 작성 사실을 나중에 부인할 수 없도록 한다.

7 분산 반사 서비스 거부(DRDoS) 공격 … DRDoS 공격은 공격자가 출발지 IP 주소를 공격 대상의 IP 주소로 위조해 정상적인 서비스를 제공하는 서버들에게 요청을 보내고, 그 응답을 공격 대상이 받게 되는 원리

※ DRDoS 공격의 특징

    ㉠ 출발지 IP 위조

    ㉡ 공격자 추적 불가

    ㉢ 봇 감염 불필요

    ㉣ 경유지 서버 목록 활용

    ㉤ TCP/IP의 취약점을 이용한 공격

정답 및 해설 5.④ 6.① 7.③

8 침입탐지시스템의 비정상행위 탐지 방법에 대한 설명으로 가장 옳지 않은 것은?

① 정상적인 행동을 기준으로 하여 여기서 벗어나는 것을 비정상으로 판단한다.

② 정량적인 분석, 통계적인 분석 등을 사용한다.

③ 오탐률이 높으며 수집된 다양한 정보를 분석하는 데 많은 학습 시간이 소요된다.

④ 알려진 공격에 대한 정보 수집이 어려우며, 새로운 취약성정보를 패턴화하여 지식데이터베이스로 유지 및 관리하기가 쉽지 않다.

9 메모리 변조 공격을 방지하기 위한 기술 중 하나로, 프로세스의 중요 데이터 영역의 주소를 임의로 재배치하여 공격자가 공격 대상 주소를 예측하기 어렵게 하는 방식으로 가장 옳은 것은?

① canary

② ASLR

③ no-execute

④ Buffer overflow

10 퍼징(fuzzing)에 대한 설명으로 가장 옳은 것은?

① 사용자를 속여서 사용자의 비밀정보를 획득하는 방법이다.

② 실행코드를 난독화하여 안전하게 보호하는 방법이다.

③ 소프트웨어 테스팅 방법 중 하나로 난수를 발생시켜서 대상 시스템에 대한 결함이 발생하는 입력을 주입하는 방법이다.

④ 소스 코드를 분석하는 정적 분석 방법이다.

11 보안 측면에서 민감한 암호 연산을 하드웨어로 이동함으로써 시스템 보안을 향상시키고자 나온 개념으로, TCG 컨소시엄에 의해 작성된 표준은?

① TPM

② TLS

③ TTP

④ TGT

8 ⊙ 침입탐지시스템(IDS : Intrusion Detection System)은 컴퓨터 또는 네트워크에서 발생하는 이벤트들을 모니터링하고, 침입 발생여부를 탐지(Detection)하고, 대응(Response)하는 자동화된 시스템
　　ⓛ 비정상행위 탐지 방식 : 비정상적인 행위나 CPU를 사용하는 것을 탐지하며 가장 쉽게 접근할 수 있는 방법이 통계적인 방법에 기반을 두는 것이고 정해진 모델을 벗어나는 경우 침입으로 간주하며 새로운 침입유형 탐지가 가능하나 오탐율이 높은 단점이 있다.

9 메모리 보호 … 컴퓨터 메모리의 사용을 제어하는 방법
　※ 메모리 보호기법의 종류
　　⊙ ASLR(Address Space Layout Randomization) : 실행 및 호출할 때 마다 주소배치를 무작위로 배정하는 기법
　　ⓛ DEP/NX(Data Execution Protection과 Non executable) : heap과 stack과 같이 buffer overflow 공격에 이용되는 메모리 공간에 있는 코드를 실행시키지 않는 기법
　　ⓒ ASCII-Armor : 라이브러리 함수의 상위 주소에 \x00인 NULL바이트를 삽입하는 기법
　　ⓔ Canary : buffer와 SFP(Stack Frame Pointer) 사이에 buffer overflow를 탐지하기 위한 임의의 데이터를 삽입하는 기법

10 퍼징(fuzzing) … 소프트웨어의 테스트 기법으로 유효하지 않은 값이나 임의의 값을 프로그램에 입력하는 등의 과정을 통하여 소프트웨어에 잠재적으로 존재하는 보안상의 결함을 찾아내는 것

11 TCG(Trusted Computing Group) … 신뢰할 수 있는 컴퓨팅 플랫폼 표준을 개발하기 위한 산업 컨소시엄
　① TPM(Trusted Platform Module) : 하드웨어 칩 기반의 암호화 처리 모듈에 대한 기술규격 표준 개발을 수행
　② TLS : 인터넷상에서 데이터의 도청이나 변조를 막기 위해 사용되는 보안 소켓 계층
　③ TTP : 사용자 인증, 부인방지, 키관리 등에서 당사자들로부터 신뢰를 얻고 중재, 인증, 증명, 관리 등을 하는 기관

정답 및 해설 8.④ 9.② 10.③ 11.①

12 접근 제어 방식 중, 주체의 관점에서 한 주체가 접근 가능한 객체와 권한을 명시한 목록으로 안드로이드 플랫폼과 분산 시스템 환경에서 많이 사용되는 방식은?

① 접근 제어 행렬(Access Control Matrix)

② 접근 가능 목록(Capability List)

③ 접근 제어 목록(Access Control List)

④ 방화벽(Firewall)

13 WPA2를 공격하기 위한 방식으로, WPA2의 4-way 핸드셰이크(handshake) 과정에서 메시지를 조작하고 재전송하여 정보를 획득하는 공격 방식으로 가장 옳은 것은?

① KRACK

② Ping of Death

③ Smurf

④ Slowloris

14 오일러 함수 $\varnothing(\ )$를 이용해 정수 n=15에 대한 $\varnothing(n)$을 구한 값으로 옳은 것은? (단, 여기서 오일러 함수 $\varnothing(\ )$는 RSA 암호 알고리즘에 사용되는 함수이다.)

① 1

② 5

③ 8

④ 14

12 접근 제어 방식 ⋯ 컴퓨터 시스템에 인가받은 접근은 허용하고, 인가받지 않은 접근은 허용하지 않는 하드웨어 및 소프트웨어의 특징 또는 운용 및 관리방식

② 접근 가능 목록(Capability List) : 임의의 사용자가 한 객체에서 수행할 수 있도록 허용된 작업들의 리스트

13 ① KRACK : 키 재설치 공격의 약자로, 일반적인 암호화 방법인 WPA2를 사용하는 모든 와이파이 연결에 영향을 주는 보안 결함이다.

② Ping of Death : 일반적으로 네트워크 관리에 사용되는 Ping 명령어를 이용해 DoS 공격을 시도하는 것

③ Smurf : 공격자가 ICMP를 조작하여 한 번에 많은 양의 ICMP Reply를 공격 대상에게 보내는 공격

④ Slowloris : 서버에 동시에 연결할 수 있는 접속자의 수를 모두 점유하는 공격

14 오일러 함수 ⋯ 오일러 함수는 오일러 $\varnothing$함수 또는 오일러 토션트 함수라고 하며, 어떤 자연수 n에, n보다 작거나 같은 자연수 중 n과 서로소인 수의 개수를 대응시키는 함수이다. 컴퓨터를 이용하여 전송하는 정보의 보안에 활용되고 있는 암호 체계를 만드는 데 오일러의 정리를 이용하였으며 이 암호체계는 세 사람의 성의 첫글자를 따서 RSA 암호 체계라고 부른다.

[풀이]

• n은 두 소수인 p와 q의 곱이며 $\varnothing(pq) = (p-1)(q-1)$이다.

n=15를 경우의 수로 나타냈을 때 p와 q를 3, 5 또는 5, 3으로 나타낼 수 있다.

$\varnothing(15) = (5-1)(3-1) = \varnothing(5)\varnothing(3)$

$\varnothing(15) = (4)(2) = 4*2 = 8$이다.

$\varnothing(n)$은 n = 1, 2인 경우를 제외하고는 항상 짝수가 됨을 알 수 있으며 몇 개의 자연수에 대해 오일러 $\varnothing$ 함수의 값을 구할 수 있다.

• 오일러 함수

$\varnothing(n)$	n
1	1, 2
2	3, 4, 6
4	5, 8, 10, 12
6	7, 9, 14, 18
8	15, 16, 20, 24, 30
10	11, 22
12	13, 21, 26, 28, 36, 42
14	–
16	17, 32, 34, 40, 48, 60

정답 및 해설 12.② 13.① 14.③

15 능동적 공격으로 가장 옳지 않은 것은?

① 재전송
② 트래픽 분석
③ 신분위장
④ 메시지 변조

16 무선랜 보안에 대한 설명으로 옳은 것을 〈보기〉에서 모두 고른 것은?

〈보기〉
㉠ WEP는 RC4 암호 알고리즘을 사용한다.
㉡ WPA는 AES 암호 알고리즘을 사용한다.
㉢ WPA2는 EAP 인증 프로토콜을 사용한다.

① ㉠, ㉡
② ㉠, ㉢
③ ㉡, ㉢
④ ㉠, ㉡, ㉢

17 BLP(Bell & La Padula) 모델에 대한 설명으로 가장 옳지 않은 것은?

① 다단계 등급 보안(Multi Level Security) 정책에 근간을 둔 모델이다.
② 기밀성을 강조한 모델이다.
③ 수학적 모델이다.
④ 상업용 보안구조 요구사항을 충족하는 범용 모델이다.

18 사회 공학적 공격 방법에 해당하지 않는 것은?

① 피싱
② 파밍
③ 스미싱
④ 생일 공격

15

	수동적 공격	능동적 공격
특징	전송적인 메시지를 도청이나 모니터링하는 공격 방법	전송되는 메시지를 변경하거나 새로운 정보를 생성해서 전달하는 공격 방식
공격유형	가로채기, 트래픽 분석	위장, 재전송, 메시지변조

※ 트래픽 분석 … 암호화되어 전송된 메시지를 도청하여 메시지의 내용을 파악하는 것이 불가능 하더라도, 메시지의 송신자와 수신자의 신원에 대한 정보를 파악하거나 존재자체에 대한 정보를 획득할 수 있는 것

16 ㉠ 1997년에 도입된 WEP(Wired Equivalent Privacy) 방식은 IEEE 802.11 초기 표준의 옵션 중 하나로, RC4 암호 알고리즘을 사용하여 당시 유선과 동등한 수준의 보안성을 가지게 할 의도로 만들어졌지만, RC4가 평문 공격에 취약하다는 등의 한계가 보고되면서 점차 WPA가 대체하기 시작했다.

㉡ WPA(Wi-Fi Protected Access) 방식의 기본 암호 알고리즘은 TKIP지만, 최근 무선기기들은 보안을 강화하기 위해 WPA라도 하더라도 WPA2에서 기본 암호 알고리즘으로 채택한 AES(Advanced Encryption Standard) 기반 CCMP(Counter Cipher Mode with block chaining message authentication code Protocol)를 함께 지원하기도 한다.

※ ㉡ 보기는 논란이 있을 수 있는 표현이다.

㉢ WPA2는 확장 가능 인증 프로토콜인 EAP(Extensible Authentication Protocol, 802.1x) 인증 프로토콜을 사용한다.

17 ㉠ 1997년에 도입된 WEP(Wired Equivalent Privacy) 방식은 IEEE 802.11 초기 표준의 옵션 중 하나로, RC4 암호 알고리즘을 사용하여 당시 유선과 동등한 수준의 보안성을 가지게 할 의도로 만들어졌지만, RC4가 평문 공격에 취약하다는 등의 한계가 보고되면서 점차 WPA가 대체하기 시작했다.

㉡ WPA(Wi-Fi Protected Access) 방식의 기본 암호 알고리즘은 TKIP지만, 최근 무선기기들은 보안을 강화하기 위해 WPA라고 하더라도 WPA2에서 기본 암호 알고리즘으로 채택한 AES(Advanced Encryption Standard) 기반 CCMP(Counter Cipher Mode with block chaining message authentication code Protocol)를 함께 지원하기도 한다.

※ ㉡ 보기는 논란이 있을 수 있는 표현이다.

㉢ WPA2는 확장 가능 인증 프로토콜인 EAP(Extensible Authentication Protocol, 802.1x) 인증 프로토콜을 사용한다.

18 사회 공학적 공격 방법 … 기술적인 방법이 아니라 사람들 간이 신뢰를 기반으로 하는 공격으로 통신망 보안 정보에 접근 권한이 있는 담당자와 신뢰를 쌓은 뒤 전화나 이메일을 통해 약점을 공략하거나, 공격 대상의 소홀한 보안 의식 등을 노린다.

① 피싱(phishing) : 유명기관 사칭 이메일 이용, 사용자를 유인하여 금융정보/개인정보 탈취

② 파밍(Pharming) : 정상적인 홈페이지 주소로 접속하여도 가짜(피싱)사이트로 유도되어 범죄자가 개인 금융정보등을 몰래 빼가는 수법

③ 스미싱(Smishing) : 무료쿠폰 또는 돌잔치 등의 내용으로 하는 문자메시지나 인터넷주소를 클릭하면 악성코드가 설치되어 소액결제 피해 발생 또는 개인 금융정보를 탈취하는 수법

정답 및 해설 15.② 16.② 17.④ 18.④

19 〈보기〉와 관련된 데이터베이스 보안 요구 사항으로 가장 옳은 것은?

> 〈보기〉
> 서로 다른 트랜잭션이 동일한 데이터 항목에 동시적으로 접근하여도 데이터의 일관성이
> 손상되지 않도록 하기 위해서는 로킹(locking) 기법 등과 같은 병행 수행 제어 기법 등이
> 사용되어야 한다.

① 데이터 기밀성
② 추론 방지
③ 의미적 무결성
④ 운영적 무결성

20 RSA에 대한 설명으로 가장 옳지 않은 것은?

① AES에 비하여 암, 복호화 속도가 느리다.
② 키 길이가 길어지면 암호화 및 복호화 속도도 느려진다.
③ 키 생성에 사용되는 서로 다른 두 소수(p, q)의 길이가 길어질수록 개인키의 안전성은 향상된다.
④ 중간자(man-in-the-middle) 공격으로부터 안전하기 위해서는 2,048비트 이상의 공개키를 사용하면 된다.

19 데이터베이스 보안 요구사항 ··· 일반적인 컴퓨터 시스템의 보안 요구사항으로 접근통제, 데이터베이스 무결성 보장, 사용자 인증, 감사, 비밀 데이터의 보호 및 관리 등이 포함

- ㉠ **부적절한 접근 방지** : 승인된 사요자의 접근 요청을 DBMS에 의해 검사
- ㉡ **추론방지** : 일반적 데이터로부터 비밀정보를 획득하는 추론 불가능
- ㉢ **데이터베이스의 무결성 보장** : 데이터베이스의 일관성 유지를 위하여 모든 트랜잭션을 원자적이어야 하고, 복구 시스템은 로그파일을 이용하여 데이터에 수행된 작업
- ㉣ **데이터의 운영적 무결성 보장** : 트랜잭션이 병행처리 동안에 데이터베이스 내의 데이터에 대한 논리적인 일관성을 보장
- ㉤ **데이터의 의미적 무결성 보장** : 데이터베이스는 데이터에 대한 허용값을 통제함으로써 변경 데이터의 논리적 일관성을 보장
- ㉥ **감사 기능** : 데이터베이스에 대한 모든 접근의 검사기록을 생성
- ㉦ **사용자 인증** : DBMS는 운영체제의 사용자 인증보다 엄격한 인증 요구
- ㉧ 비밀 데이터의 관리 및 보호
- ㉨ **제한** : 시스템 프로그램간의 부적절한 정보 전송 방지

20 ㉠ **중간자(man-in-the-middle) 공격** : 권한이 없는 개체가 두 통신 시스템 사이에서 스스로를 배치하고 현재 진행 중인 정보의 전달을 가로채면서 발생

㉡ 대칭키와 공개키 비교

항목	대칭키	공개키
키의 관계	암호화키＝복호화키	암호화키≠복호화키
안전한 키길이	256비트 이상	2048비트 이상
암호화키	비밀	공개
복호화키	비밀	비밀
비밀키 전송	필요	불필요
키 개수	n(n-1)/2	2n
암호화 속도	고속	저속
암호화할 수 있는 평문의 길이제한	제한없음	제한있음
경제성	높다	낮다
제공서비스	기밀성	기밀성, 부인방지, 인증, 무결성
목적	데이터 암호화	대칭키 교환
전자서명	복잡	간단
단점	키 교환 원리가 없다	중간자 공격에 취약
알고리즘	DES, 3DES, AES, IDEA	RSA, ECC, DSA

정답 및 해설 19.④ 20.④

1 쿠키(Cookie)에 대한 설명으로 옳지 않은 것은?

① 쿠키는 웹사이트를 편리하게 이용하기 위한 목적으로 만들어졌으며, 많은 웹사이트가 쿠키를 이용하여 사용자의 정보를 수집하고 있다.

② 쿠키는 실행파일로서 스스로 디렉터리를 읽거나 파일을 지우는 기능을 수행한다.

③ 쿠키에 포함되는 내용은 웹 응용프로그램 개발자가 정할 수 있다.

④ 쿠키 저장 시 타인이 임의로 쿠키를 읽어 들일 수 없도록 도메인과 경로 지정에 유의해야 한다.

2 악성프로그램에 대한 설명으로 옳지 않은 것은?

① Bot – 인간의 행동을 흉내 내는 프로그램으로 DDoS 공격을 수행한다.

② Spyware – 사용자 동의 없이 설치되어 정보를 수집하고 전송하는 악성 소프트웨어로서 금융 정보, 신상정보, 암호 등을 비롯한 각종 정보를 수집한다.

③ Netbus – 소프트웨어를 실행하거나 설치 후 자동적으로 광고를 표시하는 프로그램이다.

④ Keylogging – 사용자가 키보드로 PC에 입력하는 내용을 몰래 가로채 기록하는 행위이다.

3 정보보호 서비스에 대한 설명으로 옳지 않은 것은?

① Authentication – 정보교환에 의해 실체의 식별을 확실하게 하거나 임의 정보에 접근할 수 있는 객체의 자격이나 객체의 내용을 검증하는 데 사용한다.

② Confidentiality – 온오프라인 환경에서 인가되지 않은 상대방에게 저장 및 전송되는 중요정보의 노출을 방지한다.

③ Integrity – 네트워크를 통하여 송수신되는 정보의 내용이 불법적으로 생성 또는 변경되거나 삭제되지 않도록 보호한다.

④ Availability – 행위나 이벤트의 발생을 증명하여 나중에 행위나 이벤트를 부인할 수 없도록 한다.

---

1 쿠키(Cookie)는 웹사이트에 접속할 때 자동적으로 만들어지는 임시 파일로 이용자가 본 내용, 상품 구매 내역, 신용카드 번호, 아이디(ID), 비밀번호, IP주소 등의 정보를 담고 있는 일종의 정보파일이다.

2 • 트로이목마(Trojan horse) : 악성루틴이 숨어 있는 프로그램으로 겉보기에는 프로그램이 정상적으로 보이지만 실행 시 악성코드를 실행한다. '트로이 목마' 이야기 에서 나온 유래로 겉보기에는 평범한 목마 안에 사람이 숨어 있었다는 것에 비유한 것이다.
　• Netbus(넷버스) : 원격 공격자에게 피해 시스템에 대한 전체 권한을 부여하는 원격 조정 트로이 목마로서 파일 업로드, 응용 프로그램 실행, 문서 유출, 파일 삭제 등을 수행하며, 일반적으로 일단 실행되면 특정 시스템 폴더에 자신을 복사한 후 운영 체계를 시작할 때마다 트로이 목마가 실행되어 레지스트리 값을 만들면서 피해 시스템에 키로거 파일을 삽입하여 사용자가 입력한 사항을 감시하고 기록한다.

3 정보보호의 3요소(CIA)
　• 기밀성(Confidentiality) : 온오프라인 환경에서 인가되지 않은 상대방에게 저장 및 전송되는 중요정보의 노출을 방지
　• 무결성(Integrity) : 네트워크를 통하여 송수신되는 정보의 내용이 불법적으로 생성 또는 변경되거나 삭제되지 않도록 보호
　• 가용성(Availability) : 서버, 네트워크 등의 정보 시스템이 장애 없이 정상적으로 요청된 서비스를 수행할 수 있는 능력
　① 인증(Authentication) : 정보교환에 의해 실체의 식별을 확실하게 하거나 임의 정보에 접근할 수 있는 객체의 자격이나 객체의 내용을 검증

정답 및 해설 1.② 2.③ 3.④

4 다음에서 설명하는 스캔방법은?

> 공격자가 모든 플래그가 세트되지 않은 TCP 패킷을 보내고, 대상 호스트는 해당 포트가 닫혀 있을 경우 RST 패킷을 보내고, 열려 있을 경우 응답을 하지 않는다.

① TCP Half Open 스캔
② NULL 스캔
③ FIN 패킷을 이용한 스캔
④ 시간차를 이용한 스캔

5 SSL(Secure Socket Layer) 프로토콜에 대한 설명으로 옳지 않은 것은?

① ChangeCipherSpec – Handshake 프로토콜에 의해 협상된 암호규격과 암호키를 이용하여 추후의 레코드 계층의 메시지를 보호할 것을 지시한다.
② Handshake – 서버와 클라이언트 간 상호인증 기능을 수행하고, 암호화 알고리즘과 이에 따른 키 교환 시 사용된다.
③ Alert – 내부적 및 외부적 보안 연관을 생성하기 위해 설계된 프로토콜이며, Peer가 IP 패킷을 송신할 필요가 있을 때, 트래픽의 유형에 해당하는 SA가 있는지를 알아보기 위해 보안 정책 데이터베이스를 조회한다.
④ Record – 상위계층으로부터(Handshake 프로토콜, ChangeCipherSpec 프로토콜, Alert 프로토콜 또는 응용층) 수신하는 메시지를 전달하며 메시지는 단편화되거나 선택적으로 압축된다.

4 ① TCP Half Open 스캔

　SYN패킷 전송 후 SYN/ACK 패킷 수신 후 ACK 패킷을 보내지 않음

　SYN/ACK 수신시 해당 시스템 on, RST 수신시 해당 시스템 off

　– 반응 : 대상 포트가 열려 있을 경우 SYN/ACK 수신

　　　　　대상 포트가 닫혀 있을 경우 RST/ACK 수신

② NULL 스캔

　– 반응 : 대상 포트가 열려 있을 경우 응답이 없음

　　　　　대상 포트가 닫혀 있을 경우 RST/ACK

③ FIN 패킷을 이용한 스캔

　– 반응 : 대상 포트가 열려 있을 경우 응답이 없음

　　　　　대상 포트가 닫혀 있을 경우 RST/ACK 수신

※ 헤더 정보
- SYN – 접속요청
- ACK – 응답
- RST – 리셋
- FIN – 종료
- URG – 응급패킷
- PSH – 버퍼 없이 바로 전송

---

5 SSL(Secure Socket Layer) ⋯ 웹 브라우저와 서버 간의 개인 메시지의 전송 상태인 인터넷 환경에서 안전한 정보 교환을 위해 개발된 보안 프로토콜

- SSL을 구성하는 서브 프로토콜로서 Handshake 프로토콜, Change Cipher Spec 프로토콜, Alert 프로토콜, Record 프로토콜 등이 있다.
  - Record 프로토콜 : 암호화, 메시지인증, 프로토콜 캡슐화
  - Handshake 프로토콜 : 세션정보와 연결 정보를 공유
  - Change Cipher Spec 프로토콜 : 서버와 클라이언트 상호간의 cipher spec 확인
  - Alert 프로토콜 : 메시지의 암호화 오류, 인증서 오류 전달

정답 및 해설 4.② 5.③

6 블록체인에 대한 설명으로 옳지 않은 것은?

① 금융 분야에만 국한되지 않고 분산원장으로 각 분야에 응용할 수 있다.

② 블록체인의 한 블록에는 앞의 블록에 대한 정보가 포함되어 있다.

③ 앞 블록의 내용을 변경하면 뒤에 이어지는 블록은 변경할 필요가 없다.

④ 하나의 블록은 트랜잭션의 집합과 헤더(header)로 이루어져 있다.

7 다음의 결과에 대한 명령어로 옳은 것은?

Thu Feb 7 20:33:56 2019 1 198.188.2.2 861486 /tmp/12 C7 -ftp1.hmp h   or freeexam
ftp 0 * c 861486 0

① cat /var/adm/messages

② cat /var/log/xferlog

③ cat /var/adm/loginlog

④ cat /etc/security/audit_event

8 방화벽 구축 시 내부 네트워크의 구조를 외부에 노출하지 않는 방법으로 적절한 것은?

① Network Address Translation

② System Active Request

③ Timestamp Request

④ Fragmentation Offset

6 블록체인(Block Chain)

- 블록체인은 거래 내용이 담긴 블록(Block)을 사슬처럼 연결(chain)한 것이라 하여 붙여진 이름으로 네트워크에 참여하는 모든 사용자가 관리 대상이 되는 모든 데이터를 분산하여 저장하는 데이터 분산처리기술.
- 거래 정보가 담긴 원장을 거래 주체나 특정 기관에서 보유하는 것이 아니라 네트워크 참여자 모두가 나누어 가지는 기술이라는 점에서 '분산원장기술(DLC ; distributed ledger technology)' 또는 '공공거래장부'라고도 한다.
- 거래할 때마다 거래 정보가 담긴 블록이 생성되어 계속 연결되면서 모든 참여자의 컴퓨터에 분산 저장되는데, 이를 해킹하여 임의로 변경하거나 위조 또는 변조하려면 전체 참여자의 1/2 이상의 거래 정보를 동시에 수정하여야 하기 때문에 사실상 불가능하다. 따라서 접근을 차단함으로써 거래 정보를 보호·관리하는 기존의 금융 시스템과는 전혀 다른 모든 거래 정보를 모두 열람할 수 있도록 공개한 상태에서 은행 같은 공신력 있는 제3자의 보증 없이 당사자 간에 안전하게 블록체인에서는 거래가 이루어진다.

7
- xferlog는 ftp 서버의 데이터 전송관련 로그로 데몬을 통하여 송수신되는 모든 파일에 대한 기록을 제공하여 접속시간과 remote 시스템의 적정성 및 로그인 사용자, 송수신한 파일이 해킹툴이나 주요 자료인지 여부를 집중적으로 조사
- messages : 가장 기본적인 로그파일, 시스템 전반적인 사항에 대한 로그파일
- loginlog : 5번 이상 로그인 시도에 실패한 기록을 담고 있음
- audit_event : 감사 기록을 생성하는 시스템에 의해 내부적으로 발견된 행위

8 NAT(Network Address Translation)

㉠ 컴퓨터 네트워크 용어로서, IP패킷의 TCP/UDP 포트 숫자와 소스 및 목적지의 IP주소를 재기록 하면서 라우터를 통해 네트워크 트래픽을 주고 받는 기술. 외부에 공개된 공인(Public)IP와 내부에서 사용하는 사설(Private)IP가 다른 경우에 네트워크를 전송시 두 IP주소를 매핑하는 기술

㉡ NAT의 장점
- 공인(Public)IP를 전체 사용자에게 할당하지 않아도 되기 때문에 IP주소 부족이 해결됨
- 외부에서 내부 네트워크의 정보를 알 수 없기 때문에 보안성이 강함

정답 및 해설 6.③ 7.② 8.①

9 무선 LAN 보안에 대한 설명으로 옳지 않은 것은?

① WPA2는 RC4 알고리즘을 암호화에 사용하고, 고정 암호키를 사용한다.

② WPA는 EAP 인증 프로토콜(802.1x)과 WPA-PSK를 사용한다.

③ WEP는 64비트 WEP 키가 수분 내 노출되어 보안이 매우 취약하다.

④ WPA-PSK는 WEP보다 훨씬 더 강화된 암호화 세션을 제공한다.

10 다음 설명에 해당하는 DoS 공격을 옳게 짝 지은 것은?

> ㉠ 공격자가 공격대상의 IP 주소로 위장하여 중계 네트워크에 다량의 ICMP Echo Request 패킷을 전송하며, 중계 네트워크에 있는 모든 호스트는 많은 양의 ICMP Echo Reply 패킷을 공격 대상으로 전송하여 목표시스템을 다운시키는 공격
>
> ㉡ 공격자가 송신자 IP 주소를 존재하지 않거나 다른 시스템의 IP 주소로 위장하여 목적 시스템으로 SYN 패킷을 연속해서 보내는 공격
>
> ㉢ 송신자 IP 주소와 수신자 IP 주소, 송신자 포트와 수신자 포트가 동일하게 조작된 SYN 패킷을 공격 대상에 전송하는 공격

㉠	㉡	㉢
① Smurf Attack	Land Attack	SYN Flooding Attack
② Smurf Attack	SYN Flooding Attack	Land Attack
③ SYN Flooding Attack	Smurf Attack	Land Attack
④ Land Attack	Smurf Attack	SYN Flooding Attack

9 WPA2는 AES 알고리즘을 사용하며, 가변길이 암호키를 사용

10 서비스 거부 공격(DoS : Denial of Service) … 컴퓨터 자원(Resource)을 고갈 시키기 위한 공격으로 특정 서비스를 계속적으로 호출하여 CPU, Memory, Network 등의 자원을 고갈시키며 DoS 공격은 소프트웨어 취약점을 이용하는 공격과 IP Header를 변조하여 공격하는 로직 공격(Logic Attack), 무작위로 패킷을 발생시키는 플러딩 공격(Flooding Attack)으로 구분
① Smurf Attack : 목표 사이트에 응답 패킷의 트래픽이 넘쳐서 다른 사용자로부터 접속을 받아들일 수 없게 만드는 것
② SYN Flooding Attack : 서버별로 한정되어 있는 접속 가능 공간에 존재하지 않는 클라이언트가 접속 한 것처럼 속여 다른 사용자가 서비스를 제공받지 못하게 하는 것
③ Land Attack : IP Header를 변조하여 인위적으로 송신자 IP 주소 및 Port 주소를 수신자의 IP 주소와 Port 주소로 설정하여 트래픽을 전송하는 공격 기법

정답 및 해설 9.① 10.②

11 사용자 A가 사용자 B에게 해시함수를 이용하여 인증, 전자서명, 기밀성, 무결성이 모두 보장되는 통신을 할 때 구성해야 하는 함수로 옳은 것은?

> K: 사용자 A와 B가 공유하고 있는 비밀키
>
> KSa: 사용자 A의 개인키
>
> KPa: 사용자 A의 공개키
>
> H: 해시함수
>
> E: 암호화
>
> M: 메시지
>
> ||: 두 메시지의 연결

① EK[M || H(M)]

② M || EK[H(M)]

③ M || EKSa[H(M)]

④ EK[M || EKSa[H(M)]]

12 다음 알고리즘 중 공개키 암호 알고리즘에 해당하는 것은?

① SEED 알고리즘

② RSA 알고리즘

③ DES 알고리즘

④ AES 알고리즘

13 정보보안 관련 용어에 대한 설명으로 옳지 않은 것은?

① 부인방지(Non-repudiation) − 사용자가 행한 행위 또는 작업을 부인하지 못하는 것이다.

② 최소권한(Least Privilege) − 계정이 수행해야 하는 작업에 필요한 최소한의 권한만 부여한다.

③ 키 위탁(Key Escrow) − 암호화 키가 분실된 경우를 대비하여 키를 보관하는 형태를 의미한다.

④ 차분 공격(Differential Attack) − 대용량 해쉬 테이블을 이용하여 충분히 작은 크기로 줄여 크랙킹 하는 방법이다.

11 ㉠ 무결성 보장을 위해 해시함수를 이용하여 해시값을 만들고 해시값으로 ksa로 암호화 → EKSa[H(M)]]

㉡ 메시지와 암호화된 해시값은 연결 → M ‖ EKSa[H(M)]

㉢ 기밀성 보장 위해 메시지와 해시값을 공유비밀키 K로 암호화 → EK[M ‖ EKSa[H(M)]]

- **부인방지**(non-repudiation) : 메시지의 송수신이나 교환 후, 또는 통신이나 처리가 실행된 후에 그 사실을 증명함으로써 사실 부인을 방지하는 보안기술
- **인증**(authentication) : 시스템이 각 사용자를 정확히 식별하고자 할 때 사용하는 방법
- **전자 서명**(Digital Signature) : 인터넷 환경에서 특정 사용자를 인증(Authentication)하려고 사용
- **기밀성**(Confidentiality) : 인가(authorization)된 사용자만 정보 자산에 접근할 수 있는 것을 의미
- **무결성**(integrity) : 정밀성, 정확성, 완전성, 유효성의 의미로 사용되며, 데이터 베이스의 정확성을 보장하는 문제를 의미

12 ② **RSA 알고리즘** : 공개키 암호시스템(비공개키 방식)의 하나로, 전자서명이 가능한 최초의 알고리즘. RSA의 전자서명 기능은 전자 상거래 등의 광범위한 활용이 가능하며 RSA 암호의 안정성은 큰 숫자를 소인수분해하기 어렵다는 점에 기반한다.

① **SEED 알고리즘** : SEED 알고리즘은 전자상거래, 금융, 무선통신 등에서 전송되는 개인정보와 같은 중요한 정보를 보호하기 위해, 1999년 2월 한국인터넷진흥원과 국내 암호전문가들이 순수 국내기술로 개발한 128비트 블록의 암호 알고리즘이다.

③ **DES(Data Encryption Standard) 알고리즘** : 평문을 64비트로 나누어 56비트의 키를 이용해 다시 64비트의 암호문을 만들어 내는 암호화 방식으로 대칭형 블록 암호화 방식이다. '블록 암호'란 단순한 함수를 반복하여 암호문을 생성해 내는 방식을 말한다. 이 때 반복되는 함수를 '라운드 함수'라고 하며, 라운드 함수에 사용되는 키 값을 '라운드 키'라고 한다.

④ **AES(Advanced Encryption Standard Algorithm) 알고리즘** : DES의 안정성을 해치는 공격 기법들이 발견되면서 1998년 'AES'가 만들어 졌으며 평문을 128비트로 나누고 128 비트, 192비트, 256비트 중의 한 가지 종류의 키를 선택하여 암호화 하는 블록 암호 방식이다.

13 ④ 차분 공격(Differential Attack) : 암호해독의 한 방법으로 입력값의 변화에 따른 출력값의 변화를 이용하는 방법

정답 및 해설 11.④ 12.② 13.④

14 공통평가기준은 IT 제품이나 특정 사이트의 정보시스템의 보안성을 평가하는 기준이다. '보안 기능 요구사항'과 '보증요구사항'을 나타내는 보호프로파일(PP), 보호목표명세서(ST)에 대한 설명으로 옳지 않은 것은?

① 보호프로파일은 구현에 독립적이고, 보호목표명세서는 구현에 종속적이다.

② 보호프로파일은 보호목표명세서를 수용할 수 있고, 보호목표명세서는 보호프로파일을 수용할 수 있다.

③ 보호프로파일은 여러 시스템·제품을 한 개 유형의 보호프로파일로 수용할 수 있으나, 보호목표명세서는 한 개의 시스템·제품을 한 개의 보호목표명세서로 수용해야 한다.

④ 보호프로파일은 오퍼레이션이 완료되지 않을 수 있으나, 보호목표명세서는 모든 오퍼레이션이 완료되어야 한다.

15 「개인정보 보호법」시행령 상 개인정보 영향평가의 대상에 대한 규정의 일부이다. ㉠, ㉡에 들어갈 내용으로 옳은 것은?

> 제35조(개인정보 영향평가의 대상) 개인정보 보호법 제33조제1항에서 "대통령령으로 정하는 기준에 해당하는 개인정보파일"이란 개인정보를 전자적으로 처리할 수 있는 개인정보파일로서 다음 각 호의 어느 하나에 해당하는 개인정보파일을 말한다.
> 1. 구축·운용 또는 변경하려는 개인정보파일로서 (㉠) 이상의 정보주체에 관한 민감정보 또는 고유식별정보의 처리가 수반되는 개인정보파일
> 2. 구축·운용하고 있는 개인정보파일을 해당 공공기관 내부 또는 외부에서 구축·운용하고 있는 다른 개인정보파일과 연계하려는 경우로서 연계 결과 50만 명 이상의 정보주체에 관한 개인 정보가 포함되는 개인정보파일
> 3. 구축·운용 또는 변경하려는 개인정보파일로서 (㉡) 이상의 정보주체에 관한 개인정보파일

	㉠	㉡
①	5만 명	100만 명
②	10만 명	100만 명
③	5만 명	150만 명
④	10만 명	150만 명

14

	보호프로파일 (PP : Protection Profile)	보호목표명세서 (ST : Security Target)
정의	정보보호 제품별 표준 평가기준 및 절차를 제시한 것으로 보호 프로파일은 정보 보호 시스템 사용 환경에서 보안문제를 해결하기 위한 보안 요구사항을 국제 공통 평가 기준(CC)에서 선택해 작성한 제품이나 시스템 군별 보안 기능과 보안 요구사항	평가를 신청하려는 정보보호시스템에 해당하는 PP의 보안요구사항을 기초로 시스템 사용환경, 보안환경, 보안요구사항, 보안 기능 명세 등을 서술한 문서
차이점	• 정보보호시스템에 대한 개략적 서술 • 보안요구사항을 정의한 문서	• 시스템에 기초한 상세한 기술 • 시스템 구현에 대한 명세서 • 소비자의 요구를 직접적으로 만족

15 개인정보 보호법 시행령

제35조(개인정보 영향평가의 대상) 법 제33조 제1항에서 "대통령령으로 정하는 기준에 해당하는 개인정보파일"이란 개인정보를 전자적으로 처리할 수 있는 개인정보파일로서 다음 각 호의 어느 하나에 해당하는 개인정보파일을 말한다.

1. 구축·운용 또는 변경하려는 개인정보파일로서 5만명 이상의 정보주체에 관한 민감정보 또는 고유식별정보의 처리가 수반되는 개인정보파일
2. 구축·운용하고 있는 개인정보파일을 해당 공공기관 내부 또는 외부에서 구축·운용하고 있는 다른 개인정보파일과 연계하려는 경우로서 연계 결과 50만명 이상의 정보주체에 관한 개인정보가 포함되는 개인정보파일
3. 구축·운용 또는 변경하려는 개인정보파일로서 100만명 이상의 정보주체에 관한 개인정보파일
4. 법 제33조 제1항에 따른 개인정보 영향평가(이하 "영향평가"라 한다)를 받은 후에 개인정보 검색체계 등 개인정보파일의 운용체계를 변경하려는 경우 그 개인정보파일. 이 경우 영향평가 대상은 변경된 부분으로 한정한다.

정답 및 해설 14.② 15.①

16 버퍼 오버플로우(Buffer Overflow) 공격에 대한 대응으로 해당하지 않는 것은?

① 안전한 함수 사용

② Non-Executable 스택

③ 스택 가드(Stack Guard)

④ 스택 스매싱(Stack Smashing)

17 블록체인(Blockchain) 기술과 암호화폐(Cryptocurrency) 시스템에 대한 설명으로 옳지 않은 것은?

① 블록체인에서는 각 트랜잭션에 한 개씩 전자서명이 부여된다.

② 암호학적 해시를 이용한 어려운 문제의 해를 계산하여 블록체인에 새로운 블록을 추가할 수 있고 일정량의 암호화폐로 보상받을 수도 있다.

③ 블록체인의 과거 블록 내용을 조작하는 것은 쉽다.

④ 블록체인은 작업증명(Proof-of-work)과 같은 기법을 이용하여 합의에 이른다.

18 「정보통신기반 보호법」상 주요정보통신기반시설의 보호체계에 대한 설명으로 옳지 않은 것은?

① 주요정보통신기반시설 관리기관의 장은 정기적으로 소관 주요정보통신시설의 취약점을 분석·평가하여야 한다.

② 중앙행정기관의 장은 소관분야의 정보통신기반시설을 필요한 경우 주요정보통신기반시설로 지정할 수 있다.

③ 지방자치단체의 장이 관리·감독하는 기관의 정보통신기반시설은 지방자치단체의 장이 주요정보통신기반시설로 지정한다.

④ 과학기술정보통신부장관과 국가정보원장등은 특정한 정보통신기반시설을 주요정보통신기반시설로 지정할 필요가 있다고 판단하면 중앙행정기관의 장에게 해당 정보통신기반시설을 주요정보통신기반 시설로 지정하도록 권고할 수 있다.

16 • 버퍼 오버플로우(Buffer Overflow) 공격에 대한 대응책 : 버퍼 오버플로우에 취약한 함수 사용금지 및 최신 운영체제를 사용 권장한다. 운영체제는 발전하면서 Non-Executable Stack, 스택 가드(Stack Guard), 스택 쉴드(Stack Shield)와 같이 운영체제 내에서 해커의 공격코드가 실행되지 않도록 하는 여러 가지 장치를 가진다.

17 • 블록체인(Blockchain) : 암호화폐의 거래내역이 저장되는 공간이며 블록들이 순서대로 연결되어 있어 블록체인이라 하며 이는 위조 · 변조가 불가능
 • 암호화폐(Cryptocurrency) : 컴퓨터 등에 정보 형태로 남아 실물없이 사이버 상으로만 거래되는 전자화폐의 일종

18 주요정보통신기반시설의 지정 등〈「정보통신기반 보호법」 제8조〉
 ① 중앙행정기관의 장은 소관분야의 정보통신기반시설중 다음 각 호의 사항을 고려하여 전자적 침해행위로부터의 보호가 필요하다고 인정되는 정보통신기반시설을 주요정보통신기반시설로 지정할 수 있다.
  1. 해당 정보통신기반시설을 관리하는 기관이 수행하는 업무의 국가사회적 중요성
  2. 제1호에 따른 기관이 수행하는 업무의 정보통신기반시설에 대한 의존도
  3. 다른 정보통신기반시설과의 상호연계성
  4. 침해사고가 발생할 경우 국가안전보장과 경제사회에 미치는 피해규모 및 범위
  5. 침해사고의 발생가능성 또는 그 복구의 용이성
 ② 중앙행정기관의 장은 제1항에 따른 지정 여부를 결정하기 위하여 필요한 자료의 제출을 해당 관리기관에 요구할 수 있다.
 ③ 관계중앙행정기관의 장은 관리기관이 해당 업무를 폐지 · 정지 또는 변경하는 경우에는 직권 또는 해당 관리기관의 신청에 의하여 주요정보통신기반시설의 지정을 취소할 수 있다.
 ④ 지방자치단체의 장이 관리 · 감독하는 기관의 정보통신기반시설에 대하여는 행정안전부장관이 지방자치단체의 장과 협의하여 주요정보통신기반시설로 지정하거나 그 지정을 취소할 수 있다.
 ⑤ 중앙행정기관의 장이 제1항 및 제3항에 따라 지정 또는 지정 취소를 하고자 하는 경우에는 위원회의 심의를 받아야 한다. 이 경우 위원회는 제1항 및 제3항에 따라 지정 또는 지정취소의 대상이 되는 관리기관의 장을 위원회에 출석하게 하여 그 의견을 들을 수 있다.
 ⑥ 중앙행정기관의 장은 제1항 및 제3항에 따라 주요정보통신기반시설을 지정 또는 지정 취소한 때에는 이를 고시하여야 한다. 다만, 국가안전보장을 위하여 필요한 경우에는 위원회의 심의를 받아 이를 고시하지 아니할 수 있다.
 ⑦ 주요정보통신기반시설의 지정 및 지정취소 등에 관하여 필요한 사항은 이를 대통령령으로 정한다.
 주요정보통신기반시설의 지정 권고〈정보통신기반 보호법 제8조의2〉
 ① 과학기술정보통신부장관과 국가정보원장등은 특정한 정보통신기반시설을 주요정보통신기반시설로 지정할 필요가 있다고 판단되는 경우에는 중앙행정기관의 장에게 해당 정보통신기반시설을 주요정보통신기반시설로 지정하도록 권고할 수 있다. 이 경우 지정 권고를 받은 중앙행정기관의 장은 위원회의 심의를 거쳐 지정 여부를 결정하여야 한다.
 취약점의 분석 · 평가〈정보통신기반 보호법 제9조〉
 ① 관리기관의 장은 대통령령으로 정하는 바에 따라 정기적으로 소관 주요정보통신기반시설의 취약점을 분석 · 평가하여야 한다.

정답 및 해설 16.④ 17.③ 18.③

19 업무연속성(BCP)에 대한 설명으로 옳지 않은 것은?

① 업무연속성은 장애에 대한 예방을 통한 중단 없는 서비스 체계와 재난 발생 후에 경영 유지. 복구 방법을 명시해야 한다.

② 재해복구시스템의 백업센터 중 미러 사이트(Mirror Site)는 백업센터 중 가장 짧은 시간 안에 시스템 을 복구한다.

③ 콜드 사이트(Cold Site)는 주전산센터의 장비와 동일한 장비를 구비한 백업 사이트이다.

④ 재난복구서비스인 웜 사이트(Warm Site)는 구축 및 유지비용이 콜드 사이트(Cold Site)에 비해서 높다.

20 「개인정보 보호법 시행령」의 내용으로 옳지 않은 것은?

① 공공기관의 영상정보처리기기는 재위탁하여 운영할 수 없다.

② 개인정보처리자가 전자적 파일 형태의 개인정보를 파기하여야 하는 경우 복원이 불가능한 형태로 영구 삭제하여야 한다.

③ 개인정보처리자는 개인정보의 처리에 대해서 전화를 통하여 동의 내용을 정보주체에게 알리고 동의 의사표시를 확인하는 방법으로 동의를 받을 수 있다.

④ 공공기관이 개인정보를 목적 외의 용도로 이용하는 경우에는 '이용하거나 제공하는 개인정보 또는 개인정보파일의 명칭'을 개인정보의 목적 외 이용 및 제3자 제공 대장에 기록하고 관리하여야 한다.

19 업무 연속성 계획(BCP;Business Continuity Planning) … 어떠한 재난이 발생하더라도 데이터는 손실되지 않아 야 하며, 서비스는 중단 없이 계속돼야만 한다는 것.

- **콜드 사이트(Cold Site)** : 재해 발생을 대비하여 평상시 주기적으로 주요 데이터를 백업해 보관하거나 소산해 두고 재해 발생 시에 시스템 운용을 재개할 수 있도록 별도의 물리적인 공간과 전원 및 배전 설비, 통신 설비 등을 이용하는 복구 방식.
- **웜 사이트(Warm Site)** : 메인 센터와 동일한 수준의 정보 기술 자원을 보유하는 대신 중요성이 높은 기술 자 원만 부분적으로 보유하는 방식으로 실시간 미러링을 수행하지 않으며 데이터의 백업 주기가 수 시간~1일 (RTO) 정도로 핫사이트에 비해 다소 길다.
- **미러 사이트(Mirror Site)** : 메인 센터와 동일한 수준의 정보 기술 자원을 원격지에 구축하고, 메인 센터와 재해 복구 센터 모두 액티브 상태로 실시간 동시 서비스를 하는 방식으로 RTO(복구 소요 시간)은 이론적으로 '0'이다.

20 제26조(공공기관의 영상정보처리기기 설치·운영 사무의 위탁)
① 법 제25조제8항 단서에 따라 공공기관이 영상정보처리기기의 설치·운영에 관한 사무를 위탁하는 경우에는 다음 각 호의 내용이 포함된 문서로 하여야 한다.
  1. 위탁하는 사무의 목적 및 범위
  2. 재위탁 제한에 관한 사항
  3. 영상정보에 대한 접근 제한 등 안전성 확보 조치에 관한 사항
  4. 영상정보의 관리 현황 점검에 관한 사항
  5. 위탁받는 자가 준수하여야 할 의무를 위반한 경우의 손해배상 등 책임에 관한 사항
② 제1항에 따라 사무를 위탁한 경우에는 제24조제1항부터 제3항까지의 규정에 따른 안내판 등에 위탁받는 자 의 명칭 및 연락처를 포함시켜야 한다.

정답 및 해설 19.③ 20.①

1 정보통신망 등의 침해사고에 대응하기 위해 기업이나 기관의 업무 관할 지역 내에서 침해사고의 접수 및 처리 지원을 비롯해 예방, 피해 복구 등의 임무를 수행하는 조직은?

① CISO

② CERT

③ CPPG

④ CPO

2 취약한 웹 사이트에 로그인한 사용자가 자신의 의지와는 무관하게 공격자가 의도한 행위(수정, 삭제, 등록 등)를 일으키도록 위조된 HTTP 요청을 웹 응용 프로그램에 전송하는 공격은?

① DoS 공격

② 취약한 인증 및 세션 공격

③ SQL 삽입 공격

④ CSRF 공격

3 OECD 개인정보보호 8개 원칙 중 다음에서 설명하는 것은?

> 개인정보 침해, 누설, 도용을 방지하기 위한 물리적 · 조직적 · 기술적인 안전조치를 확보해야 한다.

① 수집 제한의 원칙(Collection Limitation Principle)

② 이용 제한의 원칙(Use Limitation Principle)

③ 정보 정확성의 원칙(Data Quality Principle)

④ 안전성 확보의 원칙(Security Safeguards Principle)

1 ① 정보보호 최고 책임자(CISO) : 기업에서 정보보안을 위한 기술적 대책과 법률 대응까지 총괄 책임을 지는 최고 임원.

③ 개인정보 관리사(CPPG) : 개인정보 보호정책과 대처 방법론에 대한 지식이나 능력을 갖춘 사람.

④ 개인정보 보호책임자(CPO) : 개인정보를 안전하게 보호 관리하기 위해 개인정보 처리 업무를 총괄해서 관리하는 최고 책임자.

2 ① DoS 공격 : 대상 네트워크나 웹 자원에 대한 합법적인 사용자의 접근을 방해하는 데 사용되는 방법

② 취약한 인증 및 세션 공격 : 다른 계정 도용 또는 권한 탈취 등 권한과 관련된 취약점을 악용하는 기법

③ SQL 삽입 공격 : 전송되는 인수에 추가적인 실행을 위한 코드를 넣는 것.

3 〈개인정보보호에 관한 OECD 8원칙〉

1. 수집제한의 원칙

무차별적인 개인정보를 수집하지 않도록 제한, 정보 수집을 위해서는 정보주체의 인지 또는 동의가 최소한의 요건 (범죄 수사 활동 등은 예외)

2. 정보정확성의 원칙

개인정보가 사용될 목적에 부합하고, 이용목적에 필요한 범위 안에서 정확하고, 완전하며, 최신의 것

3. 목적 명확화의 원칙

수집 목적이 수집 시점까지는 명확할(알려질) 것, 목적 변경시 명시될 것

4. 이용 제한의 원칙

목적 명확화 원칙에 의거 명시된 목적 외 공개, 이용 등 제한

5. 정보의 안전한 보호 원칙

개인정보 유실, 불법접근, 이용, 수정, 공개 등 위험에 대한 적절한 보안유지 조치에 의해 보호

6. 공개의 원칙

개인정보 관련 제도 개선, 실무, 정책 등에 대해 일반적 정책 공개 개인정보 존재, 성격, 주요이용목적, 정보처리자의 신원 등을 즉시 파악할 수 있는 장치 마련

7. 개인 참가의 원칙

개인은 자신과 관련한 정보를 정보처리자가 보유하고 있는지 여부에 대해 정보처리자로부터 확인받을 권리, 요구 거부 이유를 요구하고, 거부에 대해 이의 제기 권리

8. 책임의 원칙

정보처리자가 보호 원칙 시행조치 이행하는데 책임성

정답 및 해설 1.② 2.④ 3.④

4 스테가노그래피에 대한 설명으로 옳지 않은 것은?

① 스테가노그래피는 민감한 정보의 존재 자체를 숨기는 기술이다.

② 원문 데이터에 비해 더 많은 정보의 은닉이 가능하므로 암호화보다 공간효율성이 높다.

③ 텍스트·이미지 파일 등과 같은 디지털화된 데이터에 비밀 이진(Binary) 정보가 은닉될 수 있다.

④ 고해상도 이미지 내 각 픽셀의 최하위 비트들을 변형하여 원본의 큰 손상 없이 정보를 은닉하는 방법이 있다.

5 다음 중 OSI 7계층 모델에서 동작하는 세층이 다른 것은?

① L2TP

② SYN 플러딩

③ PPTP

④ ARP 스푸핑

6 해시 함수의 충돌에 대한 설명으로 옳은 것은?

① 해시 함수의 입력 메시지가 길어짐에 따라 생성되는 해시 값이 길어지는 것을 의미한다.

② 서로 다른 해시 함수가 서로 다른 입력 값에 대해 동일한 출력 값을 내는 것을 의미한다.

③ 동일한 해시 함수가 서로 다른 두 개의 입력 값에 대해 동일한 출력 값을 내는 것을 의미한다.

④ 동일한 해시 함수가 동일한 입력 값에 대해 다른 출력 값을 내는 것을 의미한다.

7 암호화 기법들에 대한 설명으로 옳지 않은 것은?

① Feistel 암호는 전치(Permutation)와 대치(Substitution)를 반복시켜 암호문에 평문의 통계적인 성질이나 암호키와의 관계가 나타나지 않도록 한다.

② Kerckhoff의 원리는 암호 해독자가 현재 사용되고 있는 암호 방식을 알고 있다고 전제한다.

③ AES는 암호키의 길이를 64비트, 128비트, 256비트 중에서 선택한다.

④ 2중 DES(Double DES) 암호 방식은 외형상으로는 DES에 비해 2배의 키 길이를 갖지만, 중간일치공격 시 키의 길이가 1비트 더 늘어난 효과밖에 얻지 못한다.

4 스테가노그래피(steganography) ··· 메시지가 전송되고 있다는 사실을 숨기는 기술 및 내용을 숨기기 위해 은닉 채널이나 보이지 않는 잉크를 사용하는 것과 같은 기술로 이미지 및 오디오 파일과 같이 다양한 디지털 매체를 통해 메시지를 숨겨 전송

5 • Layer2 : 데이터링크 계층
  – 데이터링크 계층은 오류 탐지 및 교정을 전담하는 계층으로 MAC 주소를 기반으로 통신을 하고 있다.
  – 프로토콜 : L2TP, PPTP, ARP 스푸핑
• Layer4 : 전송계층
  – 전송계층은 호스트들 사이에 메시지를 전송하는 계층으로, 이때 전달되는 메시지를 세그먼트라고 부른다.
  – 프로토콜 : TCP, UDP, SPX, 상호인증, 암호화, 무결성
• 위협 및 대응책
  – 위협
    SYN 플러딩
    포트 스캐닝
  – 대응책
    SYN 프락시
    허니팟

6 해시 충돌 ··· 해시 함수가 서로 다른 두 개의 입력값에 대해 동일한 출력값을 내는 상황을 의미하며 해시 함수가 무한한 가짓수의 입력값을 받아 유한한 가짓수의 출력값을 생성하는 경우, 비둘기집 원리에 의해 해시 충돌은 항상 존재한다.
  – 해시 충돌은 해시 함수를 이용한 자료구조나 알고리즘의 효율성을 떨어뜨린다.
  – 해시 함수는 해시 충돌이 자주 발생하지 않도록 구성하며 암호학적 해시 함수의 경우 해시 함수의 안전성을 깨뜨리는 충돌 공격이 가능할 수 있기에 의도적인 해시 충돌을 만드는 것이 어렵도록 해야 한다.

7 ③ AES는 DES를 대신하여 새로운 표준이 된 대칭 알고리즘으로 SPN 구조이며 입력블록은 128, 키사이즈는 128, 192, 256비트이고 그에 따라서 라운드 수는 각각 10, 12, 14이다.
  ① Feistel 암호는 암호방식의 설계가 암호학적으로 다른 암호방식보다 강하도록 두 개 이상의 기본 암호가 연속적으로 수행되는 방식을 말하며 전치와 대치를 번갈아 수행하는 방식이다.
  ② Kerckhoff의 원리는 암호시스템의 안전성은 암호 알고리즘의 비밀을 지키는데 의존되어서는 안되고, 키의 비밀을 지키는데 의존되어야 한다는 원리를 말한다.
  ④ 2중 DES(Double DES) 암호 방식은 관측된 평문과 암호문이 주어지고 중간충돌 공격을 하면 2중 DES가 단일 DES에 비하여 안전성이 증대하지 않음을 알 수 있음(암호 해독 시간이 단일 DES의 2배가 안됨)

정답 및 해설 4.② 5.② 6.③ 7.③

8 디지털 포렌식에 대한 설명에서 ㉠, ㉡에 들어갈 용어는?

(㉠) 공간은 물리적으로 파일에 할당된 공간이지만 논리적으로 사용할 수 없는 낭비 공간이기 때문에, 공격자가 의도적으로 정보를 은닉할 가능성이 있다. 또한, 이전에 저장되었던 데이터가 남아 있을 가능성이 있어 파일 복구와 삭제된 파일의 파편 조사에 활용할 수 있다. 이 때, 디지털 포렌식의 파일 (㉡) 과정을 통해 디스크 내 비구조화된 데이터 스트림을 식별하고 의미 있는 내용을 추출할 수 있다.

	㉠	㉡
①	실린더(Cylinder)	역어셈블링(Disassembling)
②	MBR(Master Boot Record)	리버싱(Reversing)
③	클러스터(Cluster)	디컴파일(Decompiling)
④	슬랙(Slack)	카빙(Carving)

9 버퍼 오버플로우 공격 대응 방법 중 ASLR(Address Space Layout Randomization)에 대한 설명으로 옳은 것은?

① 함수의 복귀 주소 위조 시, 공격자가 원하는 메모리 공간의 주소를 지정하기 어렵게 한다.

② 함수의 복귀 주소와 버퍼 사이에 랜덤(Random) 값을 저장하여 해당 주소의 변조 여부를 탐지한다.

③ 스택에 있는 함수 복귀 주소를 실행 가능한 임의의 libc 영역 내 주소로 지정하여 공격자가 원하는 함수의 실행을 방해한다.

④ 함수 호출 시 복귀 주소를 특수 스택에 저장하고 종료 시 해당 스택에 저장된 값과 비교하여 공격을 탐지한다.

10 국내의 기관이나 기업이 정보 및 개인정보를 체계적으로 보호할 수 있도록 통합된 관리체계 인증제도는?

① PIPL-P

② ISMS-I

③ PIMS-I

④ ISMS-P

---

8 • 디지털포렌식(Digital Forensic) : PC나 노트북, 휴대폰 등 각종 저장매체 또는 인터넷 상에 남아 있는 각종 디지털 정보를 분석해 범죄 단서를 찾는 수사기법을 말한다.

• 슬랙공간(slack space area) : 저장 매체의 물리적인 구조와 논리적인 구조의 차이로 발생하는 낭비공간으로 물리적으로 할당되어 있으나 논리적으로 할당되어 있지 않기 때문에 사용 불가능한 공간이며 정보 은닉 가능하다.

• 파일 카빙(File Carving) : 데이터 영역에 존재하는 파일 자체 정보(시그니처, 논리구조, 형식 등 고유특성)를 이용하는 방법으로 디스크의 비할당 영역을 대상으로 처음부터 끝까지 스캔하여 삭제된 파일을 찾아보고 특정 파일의 포맷이 탐지 될 경우 이를 복원하는 방식

9 ASLR(Address Space Layout Randomization) ⋯ 프로세스의 가상주소공간에 어떤 객체가 매핑될 때, 그 위치를 프로그램 실행시마다 랜덤하게 변경하는 보안기법.

• ASLR은 사용자 어플리케이션의 힙, 스택, 공유 라이브러리(예:libc, libpthread 등)를 처리의 가상 주소공간에 mapping 시키는 위치를 매 실행시마다 랜덤 하게 배치하는 것이며 이미 메모리 위치가 runtime에 결정되는 동적객체 들은 ASLR 개념을 적용할 필요가 없다고 할수 있다.

10 ISMS-P(Personal Information&Information Security Management System)

• 정보보호 및 개인정보보호를 위한 일련의 조치와 활동이 인증기준에 적합함을 인터넷진흥원 또는 인증기관이 증명하는 제도

• 'ISMS(정보보호 관리체계 인증, Information Security Management System) 인증'와 'PIMS(개인정보보호 관리체계 인증, Personal Information Security Mamagement System) 인증'의 중복을 해소하고자 만들어진 통합인증 제도

정답 및 해설 8.④ 9.① 10.④

11 다음의 블록 암호 운용 모드는?

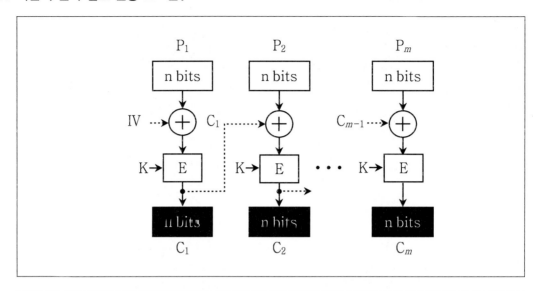

E: 암호화   K: 암호화 키

P1, P2,. . . , Pm: 평문 블록   C1, C2,. . . , Cm: 암호 블록

IV: 초기화 벡터   ⊕ : XOR

① 전자 코드북 모드(Electronic Code Book Mode)

② 암호 블록 연결 모드(Cipher Block Chaining Mode)

③ 암호 피드백 모드(Cipher Feedback Mode)

④ 출력 피드백 모드(Output Feedback Mode)

12 무결성을 위협하는 공격이 아닌 것은?

① 스누핑 공격(Snooping Attack)

② 메시지 변조 공격(Message Modification Attack)

③ 위장 공격(Masquerading Attack)

④ 재전송 공격(Replay Attack)

11 ② 암호 블록 연결 모드(Cipher Block Chaining Mode) : 암호문 블록을 마치 체인처럼 연결시키기 때문에 붙여진 이름으로 CBC 모드에서는 1 단계 앞에서 수행되어 결과로 출력된 암호문 블록에 평문 블록을 XOR 하고 나서 암호화를 수행한다. 따라서 생성되는 각각의 암호문 블록은 단지 현재 평문 블록 뿐만 아니라 그 이전의 평문 블록들의 영향도 받게 된다.

※ CBC 모드에서는 한 단계 전에 수행되어 결과로 출력된 암호문 블록에 평문 블록을 XOR하고 나서 암호화를 수행한다. 따라서 생성되는 각각의 암호문 블록은 현재 평문 블록뿐만 아니라 그 이전의 평문 블록들의 영향도 받게 된다.

12 보안공격의 3가지 형태
   ㉠ **기밀성 위협** : 허가된, 인가된 사람만 시스템에 접근 가능하다.(소극적 공격)
- 스누핑 공격
- 트래픽분석

   ㉡ **무결성 위협** : 정보의 내용이 불법적으로 생성 또는 변경되거나 삭제되지 않도록 해야 한다.(적극적 공격)
- 변조(메시지 수정)
- 위장
- 재전송
- 부인

   ㉢ **가용성 위협** : 정보는 사용자가 필요로 하는 시점에 접근 가능해야 한다는 원칙이다.(적극적 공격)

정답 및 해설 11.② 12.①

13 유럽의 일반개인정보보호법(GDPR)에 대한 설명으로 옳은 것은?

① EU 회원국들 간 개인정보의 자유로운 이동을 금지하기 위한 목적을 갖는다.

② 그 자체로는 EU의 모든 회원국에게 직접적인 법적 구속력을 갖지 않는다.

③ 중요한 사항 위반 시 직전 회계연도의 전 세계 매출액 4 % 또는 2천만 유로 중 높은 금액이 최대한도 부과 금액이다.

④ 만 19세 미만 미성년자의 개인정보 수집 시 친권자의 동의를 얻어야 한다.

14 IPsec의 캡슐화 보안 페이로드(ESP) 헤더에서 암호화되는 필드가 아닌 것은?

① SPI(Security Parameter Index)

② Payload Data

③ Padding

④ Next Header

15 SSL 프로토콜에 대한 설명으로 옳지 않은 것은?

① 서버와 클라이언트 간 양방향 통신에 동일한 암호화 키를 사용한다.

② 웹 서비스 이외에 다른 응용 프로그램에도 적용할 수 있다.

③ 단편화, 압축, MAC 추가, 암호화, SSL 레코드 헤더 추가의 과정으로 이루어진다.

④ 암호화 기능을 사용하면 주고받는 데이터가 인터넷상에서 도청되는 위험성을 줄일 수 있다.

16 KCMVP에 대한 설명으로 옳은 것은?

① 보안 기능을 만족하는 신뢰도 인증 기준으로 EAL1부터 EAL7까지의 등급이 있다.

② 암호 알고리즘이 구현된 프로그램 모듈의 안전성과 구현 적합성을 검증하는 제도이다.

③ 개인정보 보호활동을 체계적 · 지속적으로 수행하기 위한 관리체계의 구축과 이행 여부를 평가한다.

④ 조직의 정보자산을 효과적으로 보호하고 있는지 평가하여 일정 수준 이상의 기업에 인증을 부여한다.

13 GDPR(General Data Protection Regulation)은 EU 28개 회원국 등에 직접 적용되는 일반개인정보보호법.

구분	개정 일반개인정보보호법(GDPR)
개인정보의 범위	• 식별되었거나 식별될 수 있는 자연인에 관한 모든 정보 • 가명화 정보, 프로파일링 정보 추가 • 민감정보에 유전정보와 전과 또는 관련 안전조치 추가
정보주체의 권리	• 정보주체의 동의(자유롭고 특정적 정보를 받은 상태에서 명확한 의사표시)와 관리자의 동의취득 입증책임, 정보주체의 동의 철회권 • 개인정보의 삭제 및 확산을 정지 시킬 권리(삭제권) • 프로파일링 반대권 추가
사업자의 의무	• 관리자 및 처리자의 일반적 의무 • 행동규범의 책정 촉진 • 정보보호책임자(DPO)의 지명, 정보 침해통지, 정보보호영향평가 실시 등 추가
과징금 부과	• 회원국 간 통일된 과징금 기준 마련 – 최대 2천만 유로 또는 전세계 연매출액의 4% 과징금 부과 가능

14 IPSec 보안 페이로드 캡슐화(ESP : Encapsulating Security Payload) : ESP의 주요 역할은 IP 데이터그램을 암호화하여 프라이버시를 보장하는 것

※ ESP 필드

   ㉠ ESP 헤더

     • SPI와 Sequence Number라는 두 필드를 포함하며, 암호화된 데이터 앞에 온다.

   ㉡ ESP 트레일러

     • 암호화된 데이터 뒤에 위치하며, 패딩과 패딩 길이 필드를 이용하여 암호화된 데이터를 32비트로 맞춘다.

     • ESP 트레일러는 ESP의 다음 헤더 필드도 포함한다.

   ㉢ ESP 인증 데이터

     • AH 프로토콜과 유사한 방식으로 계산되는 ICV를 포함한다.

     • ESP의 선택적 인증 기능이 적용될 때 사용된다.

15 SSL은 클라이언트와 서버간 통신하는 데이터를 안전하게 보호하기 위해 사용하며 이를 위해 사용자 인증 및 비밀키 암호 (DES, 3DES, RC4)를 사용하여 데이터를 보호한다.

16 암호모듈검증제도(Korea Cryptographic Module Validation Program: KCMVP) : 전자정부법 시행령 제69조와 암호모듈시험 및 검증지침에 의거, 국가 및 공공기관 정보통신망에서 소통되는 자료 중에서 비밀로 분류되지 않은 중요 정보의 보호를 위해 사용되는 암호 모듈의 안전성과 구현 적합성을 검증하는 제도.

17 「개인정보 보호법」상 개인정보 분쟁조정위원회에 대한 설명으로 옳지 않은 것은?

① 분쟁조정위원회는 위원장 1명을 포함한 20명 이내의 위원으로 구성한다.

② 위원장은 행정안전부 · 방송통신위원회 · 금융위원회 및 개인정보보호위원회의 고위공무원단에 속하는 일반직공무원 중에서 위촉한다.

③ 분쟁조정위원회는 재적위원 과반수의 출석으로 개의하며 출석위원 과반수의 찬성으로 의결한다.

④ 위원은 자격정지 이상의 형을 선고받거나 심신상의 장애로 직무를 수행할 수 없는 경우를 제외하고는 그의 의사에 반하여 면직되거나 해촉되지 아니한다.

18 전자화폐 및 가상화폐에 대한 설명으로 옳지 않은 것은?

① 전자화폐는 전자적 매체에 화폐의 가치를 저장한 후 물품 및 서비스 구매 시 활용하는 결제 수단이며, 가상화폐는 전자화폐의 일종으로 볼 수 있다.

② 전자화폐는 발행, 사용, 교환 등의 절차에 관하여 법률에서 규정하고 있으나, 가상화폐는 별도로 규정하고 있지 않다.

③ 가상화폐인 비트코인은 분산원장기술로 알려진 블록체인을 이용한다.

④ 가상화폐인 비트코인은 전자화폐와 마찬가지로 이중 지불(Double Spending)문제가 발생하지 않는다.

17 ④ 위원장은 위원 중에서 공무원이 아닌 사람으로 보호위원회 위원장이 위촉한다.

※ 제7장 개인정보 분쟁조정위원회 제40조(설치 및 구성)

  ① 개인정보에 관한 분쟁의 조정(調停)을 위하여 개인정보 분쟁조정위원회(이하 "분쟁조정위원회"라 한다)를 둔다.

  ② 분쟁조정위원회는 위원장 1명을 포함한 20명 이내의 위원으로 구성하며, 위원은 당연직위원과 위촉위원으로 구성한다.

  ③ 위촉위원은 다음 각 호의 어느 하나에 해당하는 사람 중에서 보호위원회 위원장이 위촉하고, 대통령령으로 정하는 국가기관 소속 공무원은 당연직위원이 된다.

   1. 개인정보 보호업무를 관장하는 중앙행정기관의 고위공무원단에 속하는 공무원으로 재직하였던 사람 또는 이에 상당하는 공공부문 및 관련 단체의 직에 재직하고 있거나 재직하였던 사람으로서 개인정보 보호업무의 경험이 있는 사람

   2. 대학이나 공인된 연구기관에서 부교수 이상 또는 이에 상당하는 직에 재직하고 있거나 재직하였던 사람

   3. 판사 · 검사 또는 변호사로 재직하고 있거나 재직하였던 사람

   4. 개인정보 보호와 관련된 시민사회단체 또는 소비자단체로부터 추천을 받은 사람

   5. 개인정보처리자로 구성된 사업자단체의 임원으로 재직하고 있거나 재직하였던 사람

  ④ 위원장은 위원 중에서 공무원이 아닌 사람으로 보호위원회 위원장이 위촉한다.

  ⑤ 위원장과 위촉위원의 임기는 2년으로 하되, 1차에 한하여 연임할 수 있다.

  ⑥ 분쟁조정위원회는 분쟁조정 업무를 효율적으로 수행하기 위하여 필요하면 대통령령으로 정하는 바에 따라 조정사건의 분야별로 5명 이내의 위원으로 구성되는 조정부를 둘 수 있다. 이 경우 조정부가 분쟁조정위원회에서 위임받아 의결한 사항은 분쟁조정위원회에서 의결한 것으로 본다.

  ⑦ 분쟁조정위원회 또는 조정부는 재적위원 과반수의 출석으로 개의하며 출석위원 과반수의 찬성으로 의결한다.

  ⑧ 보호위원회는 분쟁조정 접수, 사실 확인 등 분쟁조정에 필요한 사무를 처리할 수 있다.

  ⑨ 이 법에서 정한 사항 외에 분쟁조정위원회 운영에 필요한 사항은 대통령령으로 정한다.

18 이중지불(double spending) : 만일 악의를 가진 사람이 동시에 각각 다른 유저에게 암호화폐(비트코인, 이더리움 등)를 사용할 경우 이를 '이중 지불'이라 한다. 이중 지불의 문제를 해결하는 것이 암호화폐의 핵심 기능이라 할 수 있다. 비트코인 채굴과 블록체인은 이중지불을 방지하는 데 그 목적이 있으며, 이로써 네트워크가 어떤 비트코인 거래들이 유효한 것인지를 확인하고 합의할 수 있다.

정답 및 해설 17.② 18.④

19 X.509 인증서(버전 3)의 확장(Extensions) 영역에 포함되지 않는 항목은?

① 인증서 정책(Certificate Policies)

② 기관 키 식별자(Authority Key Identifier)

③ 키 용도(Key Usage)

④ 서명 알고리즘 식별자(Signature Algorithm Identifier)

20 다음에서 설명하는 접근 제어 모델은?

> 군사용 보안구조의 요구사항을 충족시키기 위해 개발된 최초의 수학적 모델로 알려져 있다. 불법적 파괴나 변조보다는 정보의 기밀성 유지에 초점을 두고 있다. '상위레벨 읽기금지 정책(No-Read-Up Policy)'을 통해 인가받은 비밀 등급이 낮은 주체는 높은 보안 등급의 정보를 열람할 수 없다. 또한, 인가받은 비밀 등급 이하의 정보 수정을 금지하는 '하위레벨 쓰기금지 정책(No-Write-Down Policy)'을 통해 비밀 정보의 유출을 차단한다.

① DAC(Discretionary Access Control) 모델

② Bell-LaPadula 모델

③ Biba 모델

④ RBAC(Role-Based Access Control) 모델

19 ④ 서명 알고리즘 식별자(Signature Algorithm Identifier)은 인증서의 기본영역에 해당한다.

ⓐ 인증서의 기본 영역
  - 버전 : 인증서의 형식 구분(우리가 사용하는 대부분의 공인인증서는 버전3이다.)
  - 일련번호 : 인증서를 발급한 인증기관 내의 인증서 일련번호
  - 서명 알고리즘 : 인증서를 발급할 때 사용한 알고리즘
  - 발급자 : 인증서를 발급한 인증기관의 DN(Distinguish Name)
  - 유효 기간(시작, 끝) : 인증서를 사용할 수 있는 기간(시작일과 만료일을 기록하며 초 단위까지 표기됨).
  - 주체 : 인증서 소유자의 DN(Distinguish Name)
  - 공개키 : 인증서의 모든 영역을 해시해서 인증기관의 개인키로 서명한 값

ⓑ 인증서의 확장 영역
  - 기관 키 식별자 : 인증서를 확인할 때 사용할 인증기관 공개키의 유일 식별자
  - 주체 키 식별자 : 인증서 소유자의 공개키에 대한 유일 식별자
  - 주체 대체 이름 : 인증서 사용자의 이름 혹은 또 다른 별개의 이름에 대한 부가정보로 사용자 ID, E-mail, IP 주소, DNS 이름 등을 표시(버전3에서는 x.500DN 이외에 하나의 대체 이름을 가질 수 있다.)
  - CRL 배포 지점 : 인증서의 폐기 여부를 확인하기 위한 인증서 폐기 목록(CRL)이 있는 위치
  - 기관 정보 액세스
  - 키 사용 용도 : 인증서에 포함된 공개키의 용도를 나타냄
    📷 전자서명, 부인 방지, 키 암호화, 데이터 암호화, 키 동의, 인증서 서명 등
  - 인증서 정책
  - 손도장 알고리즘
  - 손도장

20 ① DAC(Discretionary Access Control) 모델 : 임의적 접근통제로 어떤 사용자든지 임의적으로 다른 객체에 접근할 수 있도록 허용하는 기법
③ Biba 모델 : 무결성을 통제하기 위해 개발된 보안 모델
④ RBAC(Role-Based Access Control) 모델 : 역할기반접근통제로 사용자에게 할당된 역할에 기반하여 접근 통제하는 기법

정답 및 해설 19.④ 20.②

6월 15일 | 제2회 서울특별시 시행

1 해시와 메시지 인증코드에 대한 〈보기〉의 설명에서 ㉠, ㉡에 들어갈 말을 순서대로 나열한 것은?

〈보기〉

해시와 메시지 인증코드는 공통적으로 메시지의 (㉠)을 검증할 수 있지만, 메시지 인증코드만 (㉡) 인증에 활용될 수 있다.

	㉠	㉡		㉠	㉡
①	무결성	상호	②	무결성	서명자
③	비밀성	상호	④	비밀성	서명자

2 바이러스의 종류 중에서 감염될 때마다 구현된 코드의 형태가 변형되는 것은?

① Polymorphic Virus

② Signature Virus

③ Generic Decryption Virus

④ Macro Virus

3 침입탐지시스템(IDS)에 대한 설명으로 가장 옳지 않은 것은?

① 오용탐지는 새로운 침입 유형에 대한 탐지가 가능하다.

② 기술적 구성요소는 정보 수집, 정보 가공 및 축약, 침입 분석 및 탐지, 보고 및 조치 단계로 이루어진다.

③ 하이브리드 기반 IDS는 호스트 기반 IDS와 네트워크 기반 IDS가 결합한 형태이다.

④ IDS는 공격 대응 및 복구, 통계적인 상황 분석 보고 기능을 제공한다.

1 • 해쉬함수의 응용

    - 해쉬함수는 전자서명에 사용된다고 했는데, 이것은 서명자가 특정 문서에 자신의 개인키를 이용하여 연산함으로써 데이터의 무결성과 서명자의 인증성을 함께 제공하는 방식이다. 메시지 전체에 직접 서명하는 것은 공개키 연산을 모든 메시지 블록마다 반복해야 하기 때문에 매우 비효율적이며 메시지에 대한 해쉬값을 계산한 후, 이것에 서명함으로써 매우 효율적으로 전자서명을 생성할 수 있다.

    - 서명자는 메시지 자체가 아니라 해쉬값에 대해 서명을 하였지만, 같은 해쉬값을 가지는 다른 메시지를 찾아내는 것이 어렵기 때문에 이 서명은 메시지에 대한 서명이라고 인정된다.

    - 송신자의 신분인증이 필요없고 데이터가 통신 중 변조되지 않았다는 무결성만 필요할 때, 해쉬함수를 메시지 인증코드(MAC : Message Authentication Code)라는 형태로 사용할 수 있다. 송신자와 수신자가 비밀키를 공유하고 있으면 송신자는 메시지와 공유된 비밀키를 입력으로 하여 해쉬값을 계산하면 메시지 인증코드가 된다. 메시지와 메시지 인증코드를 보내면 수신자는 메시지가 통신 도중 변조되지 않았다는 확신을 가질 수 있다.

2 ① Polymorphic Virus (다형성 바이러스) : 파일을 감염시킬 때마다 자신의 이름이나 모습을 바꾸는 바이러스

    ② Signature Virus (바이러스 서명) : 바이러스의 고유한 비트열이나 이진수의 패턴, 특정 바이러스를 검색, 식별하기 위해 사용되는 지문과 같은 것

    ④ Macro Virus (매크로 바이러스) : 매크로 명령을 사용하는 프로그램의 데이터에 감염되는 컴퓨터 바이러스

3 침입탐지시스템(IDS, Intrusion Detection System) … 일반적으로 시스템에 대한 원치 않는 조작을 탐지.

    • 침입탐지 기법은 비정상적인 컴퓨터의 비정상적인 행위나 사용에 근거한 침입을 탐지하고 새로운 공격이 탐지 가능한 비정상 탐지 모델과 시스템이나 응용 소프트웨어의 약점을 통하여 시스템에 침입할 수 있는 공격 형태로 새로운 공격에 대해서 탐지가 불가능한 오용탐지 모델이 있다.

정답 및 해설 1.① 2.① 3.①

4 〈보기〉에서 블록암호 모드 중 초기 벡터(Initialization Vector)가 필요하지 않은 모드를 모두 고른 것은?

〈보기〉

㉠ CTR 모드   ㉡ CBC 모드
㉢ ECB 모드

① ㉠
② ㉢
③ ㉡, ㉢
④ ㉠, ㉡, ㉢

5 스트림 암호(Stream Cipher)에 대한 설명으로 가장 옳지 않은 것은?

① Key Stream Generator 출력값을 입력값(평문)과 AND 연산하여, 암호문을 얻는다.
② 절대 안전도를 갖는 암호로 OTP(One-Time Pad)가 존재한다.
③ LFSR(Linear Feedback Shift Register)로 스트림 암호를 구현할 수 있다.
④ Trivium은 현대적 스트림 암호로 알려져 있다.

6 〈보기〉에서 설명하는 DRM 구성요소는?

〈보기〉
DRM의 보호 범위에서 유통되는 콘텐츠의 배포 단위로서 암호화된 콘텐츠 메타 데이터, 전자서명 등의 정보로 구성되어 있다. 또한, MPEG – 21 DID 규격을 따른다.

① 식별자
② 클리어링 하우스
③ 애플리케이션
④ 시큐어 컨테이너

4 블록암호 운용모드 : 블록암호를 반복적으로 안전하게 이용하는 절차에 대한 방식으로 가변길이 데이터를 암호화하기 위해 블록 단위로 나눈 후, 그 블록들을 어떤 방식으로 암호화 처리를 할지를 정해주는 것으로 초기화 벡터와 패딩이 있다.

ㄱ 초기화 벡터(IV) : 첫 블록을 암호화 할 때 사용되는 값으로 일반적으로 블록암호의 경우 블록크기와동일하며 CTR 등의 일부 운용 방식에서는 초기화 벡터라는 용어 대신의 nonce라는 용어를 사용

ㄴ 패딩(Padding) : 데이터를 블록단위로 맞추기 위해서 부족한 부분을 특정 값으로 채워 넣는 것

• ECB mode(전자코드북)

– 운용방식 중 간단한 구조를 가지며 암호화 하려는 메시지를 여러 블록으로 나누어 각각 암호화 하는 방식이다.

– 블록 암호의 가장 기본적인 형태라고 볼수 있으며 순수하게 입력 블록단위로 부가적인 것 없이 암호 알고리즘만 수행한다.

– 장점 : 병렬 처리가 가능, 빠른 연산이 가능, 초기화 벡터를 거의 사용하지 않으며 같은 메시지에 대해서 암호화를 진행한다면 동일한 암호문이 나오게 된다.

• CBC mode(암호블록 체인)

– 1976년 IBM에 의해 개발되었으며 ECB mode의 같은 블록에 대한 암호문이 같은 취약점을 개선하였다. 첫 블록의 경우 초기화 벡터와 xor 연산이 적용된 후 암호화가 진행되며 각 블록의 암호화 연산으로 나온 결과값을 다시 초기화 벡터로 사용하여 다음 블록이 암호화 되는 방식이다.

• CTR mode (카운터)

– 블록암호 방식을 스트림 암호로 바꾸는 구조로 카운터 값을 이용해서 각 블록마다 현재 블록이 몇 번째 인지 정하고 그 카운터 값과 nonce 값을 결합하여 블록암호의 입력값으로 사용한다.

5 스트림 암호(Stream Cipher)는 대칭 키 암호의 구조 중 하나로, 유사난수를 연속적(스트림)으로 생성하여 암호화하려는 자료와 결합하려는 구조를 가진다. 이진 수열 발생기로 평문을 일련의 비트열로 취급하여 한 번에 1비트씩(혹은 바이트/워드 단위) 암호화시키는 암호 시스템이다.

스트림 암호는 빠르게 디자인될 수 있고 실제로 어떠한 블록 암호보다도 빠르기 때문에 무선통신 기기에 주로 사용된다.

블록 암호는 큰 블록 데이터를 사용하지만 스트림 암호는 일반적으로 평문의 작은 단위인 비트를 사용하며 암호화는 일반적으로 비트 단위 배타적 논리합(XOR) 연산으로 평문과 키 스트림과의 결합에 의해서 생성된다.

6 DRM의 구성요소

• 패키저(Packager) : 콘텐츠를 메타 데이터와 함께 배포 가능한 단위로 묶는 기능

• 보안 컨테이너(Secure Container) : 원본을 안전하게 유통하기 위한 전자적 보안 장치

• 클리어링 하우스 : 콘텐츠 배포 정책 및 라이선스의 발급을 관리

• 컨트롤러 : 배포된 콘텐츠의 이용 권한을 통제

정답 및 해설 4.② 5.① 6.④

7 이더넷(Ethernet)상에서 전달되는 모든 패킷(Packet)을 분석하여 사용자의 계정과 암호를 알아내는 것은?

① Nessus
② SAINT
③ Sniffing
④ IPS

8 리눅스 시스템에서 패스워드 정책이 포함되고, 사용자 패스워드가 암호화되어 있는 파일은?

① /etc/group
② /etc/passwd
③ /etc/shadow
④ /etc/login.defs

9 타원곡선 암호에 대한 설명으로 가장 옳지 않은 것은?

① 타원곡선 암호의 단점은 보안성 향상을 위하여 키 길이가 길어진다는 것이다.
② 타원곡선에서 정의된 연산은 덧셈이다.
③ 타원곡선을 이용하여 디피-헬먼(Diffie-Hellman) 키 교환을 수행할 수 있다.
④ 타원곡선은 공개키 암호에 사용된다.

10 영지식 증명(Zero-Knowledge Proof)에 대한 설명 으로 가장 옳지 않은 것은?

① 영지식 증명은 증명자(Prover)가 자신의 비밀 정보를 노출하지 않고 자신의 신분을 증명하는 기법을 의미 한다.
② 영지식 증명에서 증명자 인증 수단으로 X.509 기반의 공개키 인증서를 사용할 수 있다.
③ 최근 블록체인상에서 영지식 증명을 사용하여 사용자의 프라이버시를 보호하고자 하며, 이러한 기술로 zk-SNARK가 있다.
④ 영지식 증명은 완정성(Completeness), 건실성(Soundness), 영지식성(Zero-Knowledgeness) 특성을 가져야 한다.

7 ① 네서스(Nessus)는 서비스 취약점 자동 분석 도구이며, 취약한 버전을 사용하고 있는 시스템, 네트워크, 웹 애플리케이션의 취약점을 빠르게 분석하여 보안위협을 파악

④ 침입차단시스템(Intrusion Prevention System, IPS)은 외부 네트워크로부터 내부 네트워크로 침입하는 네트워크 패킷을 찾아 제어하는 기능을 가지는 소프트웨어 또는 하드웨어로 일반적으로 내부 네트워크로 들어오는 모든 패킷이 지나가는 경로에 설치

8 ① /etc/group : 로그인 사용자의 그룹권한 관리를 위한 파일
② /etc/passwd : 시스템에 로그인과 계정에 관련된 권한 관리를 위한 파일
④ /etc/login.defs : 사용자 계정의 설정과 관련된 기본값을 정의한 파일

9 타원곡선 암호 … 타원곡선 시스템을 이용한 공개키 암호방식으로 짧은 키 사이즈로 높은 안전성이 확보되고, 또한 서명할 때의 계산을 고속으로 할 수 있는 것이 특징이며 스마트 카드(IC카드) 등의 정보처리능력이 그다지 높지 않은 기기에서 이용하기에 적합한 암호화 방식

• 1985년 워싱턴대학교의 수학교수인 닐 코블리츠(Neal Koblitz)와 IBM연구소의 빅터 밀러(Victor Miller)가 거의 동시에, 독립적으로 고안한 공개키 형식의 암호화 방식으로 타원곡선이라고 불리는 수식에 의해서 정의되는 특수한 가산법을 기반으로 하여 암호화·복호화를 하는 암호화 방식이다.

• 이 방식으로 만든 암호를 해독하는 것은 타원곡선상의 이산대수 문제를 푸는 것과 거의 같은 정도로 어렵다. 이를 해독하는 방법은 아직 발견되지 않았다. 다만, 일부 곡선에서는 약점이 발견되고 있어, 실제로 이 방식을 적용할 때에는 이것을 피해 갈 연구가 필요하며 짧은 키 사이즈로 높은 안전성이 확보되고, 또한 서명할 때의 계산을 고속으로 할 수 있는 것이 특징이다. 스마트카드(IC카드) 등의 정보처리능력이 그다지 높지 않은 기기에서 이용하기에 적합한 암호화 방식이다.

10 • 영지식 증명(Zero-Knowledge Proof)은 두 사용자 간의 상호작용을 통하여 비밀정보를 노출하지 않고도 그 정보를 가지고 있다는 것을 상대방에게 증명하는 방법으로 복잡한 과정을 거쳐야 하는 프로토콜 수행에서 매 단계가 원래의 약속대로 잘 진행된다는 것을 확신하게 하는 데 이용한다.

• zk-SNARK(영지식 증명에 필요한 핵심 기술)는 "Zero-Knowledge Succinct Non-Interactive Argument of Knowledge"을 의미하며, 한 사람이 정보를 공개하지 않고 인증자와 검증자 사이의 직접적인 상호작용 없이 비밀키를 소유할 수 있는 증명 구성을 나타낸다.

정답 및 해설 7.③ 8.③ 9.① 10.②

11 「개인정보 보호법」상 주민등록번호의 처리에 대한 설명으로 가장 옳지 않은 것은?

① 개인정보처리자는 주민등록번호가 분실, 도난, 유출, 위조, 변조 또는 훼손되지 아니하도록 암호화 조치를 통하여 안전하게 보관하여야 한다.

② 행정안전부장관은 개인정보처리자가 처리하는 주민등록번호가 분실, 도난, 유출, 위조, 변조 또는 훼손된 경우에는 5억원 이하의 과징금을 부과·징수할 수 있으나, 개인정보처리자가 안전성 확보에 필요한 조치를 다한 경우에는 그러하지 아니하다.

③ 개인정보처리자는 정보주체가 인터넷 홈페이지를 통하여 회원으로 가입하는 단계에서는 주민등록번호를 사용하지 아니하고도 회원으로 가입할 수 있는 방법을 제공하여야 한다.

④ 개인정보처리자로부터 주민등록번호를 제공받은 자는 개인정보 보호 위원회의 심의·의결을 거쳐 제공받은 주민등록번호를 목적 외의 용도로 이용하거나 이를 제3자에게 제공할 수 있다.

12 〈보기〉의 설명에 해당되는 공격 유형으로 가장 적합한 것은?

〈보기〉

SYN 패킷을 조작하여 출발지 IP 주소와 목적지 IP 주소를 일치시켜서 공격 대상에 보낸다. 이때 조작된 IP 주소는 공격 대상의 주소이다.

---

① Smurf Attack

② Land Attack

③ Teardrop Attack

④ Ping of Death Attack

11 ④ 개인정보처리자로부터 개인정보를 제공받은 자는 다음 각 호의 어느 하나에 해당하는 경우를 제외하고는 개
    인정보를 제공받은 목적 외의 용도로 이용하거나 이를 제3자에게 제공하여서는 아니 된다〈개인정보 보호법
    제19조〉.
    1. 정보주체로부터 별도의 동의를 받은 경우
    2. 다른 법률에 특별한 규정이 있는 경우
  ① 개인정보처리자는 제24조 제3항에도 불구하고 주민등록번호가 분실·도난·유출·위조·변조 또는 훼손되
    지 아니하도록 암호화 조치를 통하여 안전하게 보관하여야 한다〈개인정보 보호법 제24조의2 제2항 전단〉.
  ② 보호위원회는 개인정보처리자가 처리하는 주민등록번호가 분실·도난·유출·위조·변조 또는 훼손된 경우
    에는 5억 원 이하의 과징금을 부과·징수할 수 있다. 다만, 주민등록번호가 분실·도난·유출·위조·변조
    또는 훼손되지 아니하도록 개인정보처리자가 제24조 제3항에 따른 안전성 확보에 필요한 조치를 다한 경우
    에는 그러하지 아니하다〈개인정보 보호법 제34조의2〉.
  ③ 개인정보처리자는 제1항 각 호에 따라 주민등록번호를 처리하는 경우에도 정보주체가 인터넷 홈페이지를 통
    하여 회원으로 가입하는 단계에서는 주민등록번호를 사용하지 아니하고도 회원으로 가입할 수 있는 방법을
    제공하여야 한다〈개인정보 보호법 제24조의2 제3항〉.

12 ② Land Attack(Local Area Network Denial Attack) : IP스푸핑을 이용한 SYN 공격으로 공격자는 공격대상
    시스템의 IP주소로 출발지주소를 변경한(spoofed) TCP SYN 패킷을 보내며 패킷을 받은 시스템은 TCP
    SYN-ACK을 자신에게 보내게 되고 유휴시간제한(Idle timeout)까지 빈 연결을 만들게 된다. 이 과정을 반
    복하게 되면 시스템에는 빈 연결이 계속해서 쌓여 시스템 버퍼가 범람하게 되고, 결과적으로 서비스거부
    (DoS) 상태가 된다.
  ① Smurf Attack : 패킷을 전송할 때 스푸핑을 활용하여 출발지 주소를 공격대상의 IP주소로 설정하고 브로드캐
    스트 대역으로 전송하게 되면 목적지를 찾지 못한 시스템은 패킷을 전송하였던 출발지의 주소로 패킷을 다
    시 전송하게 되는 원리이다.
  ③ Teardrop Attack : 서비스 거부 공격(DOS)의 하나. 공격 대상 컴퓨터에 헤더가 조작된 일련의 IP 패킷 조각
    (IP fragments)들을 전송함으로써 컴퓨터의 OS를 다운시키는 공격이다. 주로 MS 윈도우나 리눅스 2.0.3
    2와 2.1.63 이전 버전의 OS에 영향을 준다.
  ④ Ping of Death Attack(죽음의 핑) : 규정 크기 이상의 ICMP 패킷으로 시스템을 마비시키는 공격. 프로토콜
    허용범위 이상의 ICMP Echo Request 패킷을 원격 IP주소에 송신하게 되면 허용범위 이상의 응답을 받게
    되면서 버퍼 오버플로우를 발생시켜 공격대상의 IP스택을 넘치게 만드는 원리이다.

정답 및 해설 11.④ 12.②

13 TLS 및 DTLS 보안 프로토콜에 대한 설명으로 가장 옳지 않은 것은?

① TLS 프로토콜에서는 인증서(Certificate)를 사용 하여 인증을 수행할 수 있다.

② DTLS 프로토콜은 MQTT 응용 계층 프로토콜의 보안에 사용될 수 있다.

③ TLS 프로토콜은 Handshake. Change Cipher Spec. Alert 프로토콜과 Record 프로토콜 등으로 구성되어 있다.

④ TCP 계층 보안을 위해 TLS가 사용되며, UDP 계층 보안을 위해 DTLS가 사용된다.

14 무선 통신 보안 기술에 대한 설명으로 가장 옳지 않은 것은?

① 무선 네트워크 보안 기술에 사용되는 WPA2 기술은 AES/CCMP를 사용한다.

② 무선 네트워크에서는 인증 및 인가, 과금을 위해 RADIUS 프로토콜을 사용할 수 있다.

③ 무선 AP의 SSID값 노출과 MAC 주소 기반 필터링 기법은 공격의 원인이 된다.

④ 무선 네트워크 보안 기술인 WEP(Wired Equivalent Privacy) 기술은 유선 네트워크 수준의 보안성을 제공 하므로 기존의 보안 취약성 문제를 극복했다.

15 서비스 거부 공격(DoS)에 대한 설명으로 가장 옳지 않은 것은?

① 공격자가 임의로 자신의 IP 주소를 속여서 다량으로 서버에 보낸다.

② 대상 포트 번호를 확인하여 17, 135, 137번, UDP 포트 스캔이 아니면, UDP Flooding 공격으로 간주한다.

③ 헤더가 조작된 일련의 IP 패킷 조각들을 전송한다.

④ 신뢰 관계에 있는 두 시스템 사이에 공격자의 호스트를 마치 하나의 신뢰 관계에 있는 호스트인 것처럼 속인다.

13 • DTLS(Datagram Transport Layer Security)：TLS(Transport Layer Security) 프로토콜을 기반으로 하여 암호화된 데이터 그램을 전송할 수 있도록 해주는 UDP(User Datagram Protocol)를 위한 보안 프로토콜.

• TLS(Transport Layer Security)：인터넷에서 통신하고 있는 애플리케이션과 그 사용자들 간에 프라이버시를 지키기 위한 프로토콜.

• CoAP(Constrained Application Protocol)：인터넷에서 사물인터넷 디바이스처럼 제한된 컴퓨팅 성능을 갖는 디바이스들의 통신을 위해 IETF의 CoRE(Constrained RESTful Environment) 워킹그룹에서 표준화한 프로토콜.

• MQTT(Message Queueing Telemetry Transport)：CoAP와 유사하게 모바일 기기나 낮은 대역폭의 소형 디바이스들에 최적화된 메시징 프로토콜.

※ **사물인터넷 응용 프로토콜** … 인터넷의 핵심 기술은 IP이지만 인터넷을 폭발적으로 성장시킨 기술은 TCP/IP 위에서 웹의 세상을 연 HTTP이다.

• HTTP는 FTP, DNS, SMTP 등과 같은 인터넷 응용 프로토콜 중의 하나로 인터넷 응용 프로토콜의 공통점은 각각이 먼저 사용하는 포트 번호 (인터넷의 수송계층 프로토콜인 TCP, UDP 프로토콜의 헤더에 존재)를 가진다는 것이다. 사물인터넷의 디바이스들을 위해 제한적인 환경을 위해 HTTP와 유사한 목적으로 사용하도록 만들어진 기술로 대표적인 것이 CoAP(Constrained Application Protocol), MQTT(Message Queueing Telemetry Transport)이다.

대표적인 인터넷 공식 포터번호		
Port 번호	적용되는 수송 프로토콜	응용 (프로토콜) 이름
20, 21	TCP	FTP
23	TCP	Telnet
25	TCP	이메일 (SMTP)
53	TCP/UDP	도메인(DNS)
80	TCP/UDP	웹(HTTP)
110	TCP	이메일 가져오기(POP3)
443	TCP/UDP/SCTP	암호화 웹(HTTPS)
1883	TCP/UDP	MOTT
5683	UDP	CoAP

14 WEP (Wired Equivalent Privacy)：무선랜 표준을 정의하는 IEEE 802.11 규약의 일부분으로 무선 LAN 운용간의 보안을 위해 사용되는 기술로서 유선랜에서 제공하는 것과 유사한 수준의 보안 및 기밀 보호를 무선랜에 제공하기 위하여 Wi-Fi 표준에 정의되어 있는 보안 프로토콜

15 서비스 거부 공격(DoS)：시스템을 악의적으로 공격해 해당 시스템의 자원을 부족하게 하여 원래 의도된 용도로 사용하지 못하게 하는 공격으로 특정 서버에게 수많은 접속 시도를 만들어 다른 이용자가 정상적으로 서비스 이용을 하지 못하게 한다.

정답 및 해설 13.② 14.④ 15.④

16 윈도우 운영체제에서의 레지스트리(Registry)에 대한 설명으로 가장 옳은 것은?

① 레지스트리 변화를 분석함으로써 악성코드를 탐지할 수 있다.

② 레지스트리는 운영체제가 관리하므로 사용자가 직접 조작할 수 없다.

③ 레지스트리 편집기를 열었을 때 보이는 다섯 개의 키를 하이브(Hive)라고 부른다.

④ HKEY_CURRENT_CONFIG는 시스템에 로그인하고 있는 사용자와 관련된 시스템 정보를 저장한다.

17 침입차단시스템에 대한 설명으로 가장 옳은 것은?

① 스크린드 서브넷 구조(Screened Subnet Architecture)는 DMZ와 같은 완충 지역을 포함하며 구축 비용이 저렴하다.

② 스크리닝 라우터 구조(Screening Router Architecture)는 패킷을 필터링하도록 구성되므로 구조가 간단하고 인증 기능도 제공할 수 있다.

③ 이중 네트워크 호스트 구조(Dual-homed Host Architecture)는 내부 네트워크를 숨기지만, 베스천 호스트가 손상되면 내부 네트워크를 보호할 수 없다.

④ 스크린드 호스트 게이트웨이 구조(Screened Host Gateway Architecture)는 서비스 속도가 느리지만, 베스천 호스트에 대한 침입이 있어도 내부 네트워크를 보호할 수 있다.

18 최근 알려진 Meltdown 보안 취약점에 대한 설명으로 가장 옳은 것은?

① CPU가 사용하는 소비 전력 패턴을 사용하여 중요한 키 값이 유출되는 보안 취약점이다.

② CPU의 특정 명령어가 실행될 때 소요되는 시간을 측정하여 해당 명령어와 주요한 키 값이 유출될 수 있는 보안 취약점이다.

③ SSL 설정 시 CPU 실행에 영향을 미쳐 CPU 과열로 인해 오류를 유발하는 보안 취약점이다.

④ CPU를 고속화하기 위해 사용된 비순차적 명령어 처리(Out-of-Order Execution) 기술을 악용한 보안 취약점이다.

16 레지스트리(Registry) : 윈도우 운영체제에서 가장 핵심적인 역할을 담당하고 있으며 시스템의 모든 설정 데이터를 모아두는 중앙 저장소로서 레지스트리에는 윈도우가 작동되는 구성값과 설정 그리고 프로그램과 관련된 모든 정보가 저장되어 있다. 따라서 윈도우의 부팅과정에서부터 로그인, 응용프로그램의 실행에 이르기까지 윈도우에서 행해지는 모든 작업이 레지스트리에 기록된 정보를 바탕으로 진행된다.

- 레지스트리의 루트키
  - HKEY_CLASSES_ROOT
    시스템에 등록된 파일 확장자와 그 파일의 어플리케이션 정보에 대해 제공
  - HKEY_CURRENT_USER
    HKEY_USERS의 항목중에서 현재 로그인한 사용자의 항목에 대한 단축경로
  - HKEY_LOCAL_MACHINE
    하드웨어와 소프트웨어의 정보를 저장
  - HKEY_USERS
    시스템에 있는 모든 사용자 정보와 그룹에 관한 정보
  - HKEY_CURRENT_CONFIG
    부팅시 사용되는 소프트웨어와 하드웨어 정보
- 레지스트리 구성
  - 이름 : 레지스트리값의 이름
  - 종류(데이터 유형) : 레지스트리 키에 값을 저장하기 위해 사용하는 데이터 형식
  - 데이터(내용) : 레지스트리 값의 실질적인 내용. 레지스트리 값의 종류에 따라 값의 내용이 정해짐
  - 기본값 : 모든 레지스트리 키가 하나씩 가지고 있는 기본 요소. 응용프로그램은 레지스트리 키에서(기본값)을 통해 다른 값에 접근할 수 있기 때문에 이름이 정해져 있든 없든 기본값을 지워서는 안된다.

17 ① 스크린드 서브넷 구조(Screened Subnet Architecture) : 스크리닝 라우터들 사이에 듀얼홈드 게이트 웨이가 위치하는 구조로 인터넷 내부와 네트워크 사이에 DMZ라는 네트워크 완충지역 역할을 하는 서브넷을 운영하는 방식

② 스크리닝 라우터 구조(Screening Router Architecture) : 라우터를 이용해 각 인터페이스에 들어오고 나가는 패킷을 필터링하여 내부 서버로의 접근을 가려냄

④ 스크린드 호스트 게이트웨이 구조(Screened Host Gateway Architecture) : 듀얼홈드와 스크리닝 라우터를 결합한 형태. 내부 네트워크에 놓여 있는 배스천 호스트와 외부 네트워크 사이에 스크리닝 라우터를 설치하여 구성하며 패킷 필터링 또는 스크리닝 라우터의 한 포트를 외부 네트워크에 연결, 다른 포트를 네트워크에 연결하는 구조

18 멜트다운(Meltdown) … 각자 격리돼 있는 커널 메모리 운영체계를 교란시켜 응용프로그램이 권한 없는 데이터까지 접근할 수 있도록 하는 방식.

- 멜트다운은 '비순차적 명령어 처리(Out of order execution)' 설계에서부터 발생한다. 비순차적 명령어 처리 방식이란 CPU가 처리 속도를 최적화하기 위해 처리하기 어려운 명령어를 캐시 메모리에 저장해두는 것을 말한다. 기본적인 명령어 처리 방식에선 특정 응용프로그램이 커널 메모리를 통해 내부 메모리 접근을 시도할 때, 커널 메모리는 필요한 데이터에 대해 통로 역할을 해주게 된다. 이는 각 메모리에 대해 권한이 없는 응용프로그램의 접근이 막혀 있다는 뜻이다. 하지만 멜트다운은 비순차적 명령어 처리가 이뤄지는 과정에서 해당 보안 구조가 무너져내리는 상태를 가리킨다.

정답 및 해설 16.① 17.③ 18.④

19 〈보기〉는 TCSEC(Trusted Computer System Evaluation Criteria)에 의하여 보안 등급을 평가할 때 만족해야 할 요건들에 대한 설명이다. 보안 등급이 높은 것부터 순서대로 나열된 것은?

〈보기〉

ⓐ 강제적 접근 제어가 구현되어야 한다.
ⓑ 정형화된 보안 정책을 일정하게 유지하여야 한다.
ⓒ 사용자가 자신의 파일에 대한 접근 권한을 설정할 수 있어야 한다.

---

① ㉠ - ㉡ - ㉢
② ㉠ - ㉢ - ㉡
③ ㉡ - ㉠ - ㉢
④ ㉡ - ㉢ - ㉠

20 정보보호 및 개인정보보호 관리체계인증(ISMS-P)에 대한 설명으로 가장 옳지 않은 것은?

① 정보보호 관리체계 인증만 선택적으로 받을 수 있다.
② 개인정보 제공 시뿐만 아니라 파기 시의 보호조치도 포함한다.
③ 위험 관리 분야의 인증기준은 보호대책 요구사항 영역에서 규정한다.
④ 관리체계 수립 및 운영 영역은 Plan, Do, Check, Act의 사이클에 따라 지속적이고 반복적으로 실행 되는지 평가한다.

19 TCSEC(Trusted Computer System Evaluation Criteria) ··· 안전한 컴퓨터 시스템을 위하여 기밀성이 강조된 오렌지 북이라고 불리우는 평가 지침서.
- TCSEC 평가 기준은 미국의 정보보호시스템 평가 표준으로 채택되었고 세계 최초의 보안 시스템 평가기준으로 다른 평가기준의 모체가 되었으며 각 보안 등급을 평가하기 위해 크게 네 가지 범주에 해당하는 요구사항을 가지고 있으며 각각 보안정책, 책임성, 보증, 문서화 등이다.
  - 보안정책 : 정보를 보호하려는 조직을 위한 기본 적인 요구사항으로 임의적 접근제어, 강제적 접근제어, 레이블, 레이블된 정보의 유출, 사람이 읽을수 있는 출력 형태로 레이블, 장치 레이블 등이 있다.
  - 책임성 : 시스템이 DAC와 MAC를 지원하기 위한 기능으로 식별 및 인증, 감사 및 신뢰성 있는 경로 기능 등을 제공한다.
  - 보증 : 시스템의 보안기능이 올바르게 작동하는가를 검사하여 시스템의 신뢰성을 제공하는 요구사항으로 시스템 구조, 시스템의 무결성, 시스템 시험, 설계 명세서 및 검증, 형상관리, 비밀채널의 분석등이 있다.
  - 문서화 : 매우 어렵고 시간이 많이 걸리는 작업이지만 평가를 위해 꼭 필요한 작업이며 문서에는 사용자를 위한 보안지침서, 관리자를 위한 보안 특성 지침서, 시험문서, 설계문서 등이 있다.

20 정보보호 및 개인정보보호 관리체계인증(ISMS-P) ··· 정보통신망의 안정성 확보 및 개인정보 보호를 위해 조직이 수립한 일련의 조치와 활동이 인증기준에 적합함을 인증기관이 평가하여 인증을 부여하는 제도.
- 인증범위

구분		내용
ISMS-P ISMS-P	정보보호 및 개인정보보호 관리체계 인증	• 정보서비스의 운영 및 보호에 필요한 조직, 물리적 위치, 정보자산 • 개인정보 처리를 위한 수집, 보유, 이용, 제공, 파기에 관여하는 개인정보처리 시스템, 취급자를 포함.
ISMS ISMS	정보보호 관리체계인증	• 정보서비스의 운영 및 보호에 필요한 조직, 물리적 위치, 정보자산을 포함

- 관리체계 수립 및 운영 영역은 관리체계 기반 마련, 관리체계 운영, 관리체계 점검 시 개선의 4개 분야 16개 인증 기준으로 구성되어 있으며 관리체계 수립 및 운영은 정보보호 및 개인정보보호 관리체계를 운영하는 동안 Plan, Do, Check, Act의 사이클에 따라 지속적이고 반복적으로 실행되어야 한다.

정답 및 해설 19.③ 20.③

1 전자 서명(digital signature) 보안 메커니즘이 제공하는 보안 서비스가 아닌 것은?

① 근원 인증
② 메시지 기밀성
③ 메시지 무결성
④ 부인 방지

2 AES(Advanced Encryption Standard)에 대한 설명으로 옳은 것은?

① DES(Data Encryption Standard)를 대신하여 새로운 표준이 된 대칭 암호 알고리즘이다.
② Feistel 구조로 구성된다.
③ 주로 고성능의 플랫폼에서 동작하도록 복잡한 구조로 고안되었다.
④ 2001년에 국제표준화기구인 IEEE가 공표하였다.

3 침입탐지시스템(IDS)에 대한 설명으로 옳지 않은 것은?

① 호스트 기반 IDS와 네트워크 기반 IDS로 구분한다.
② 오용 탐지 방법은 알려진 공격 행위의 실행 절차 및 특징 정보를 이용하여 침입 여부를 판단한다.
③ 비정상 행위 탐지 방법은 일정 기간 동안 사용자, 그룹, 프로토콜, 시스템 등을 관찰하여 생성한 프로파일이나 통계적 임계치를 이용하여 침입 여부를 판단한다.
④ IDS는 방화벽처럼 내부와 외부 네트워크 경계에 위치해야 한다.

1 ⊙ **전자 서명**(digital signature) : 서명 알고리즘을 통해 송신자는 메시지에 송신자 개인키를 이용해 서명하며 수신자는 메시지와 서명을 받고 송신자의 공개키를 이용해 검증한다.

ⓛ **특징** : 무결성, 인증, 부인방지

• 근원 인증 : 전자 서명의 서명자를 누구든지 검증할 수 있음

• 메시지 무결성 : 메시지 전송 중에 메시지의 내용이 부당하게 변경되었는지를 확인해 주는 기능

• 부인 방지 : 서명행위 이후 서명한 사실을 부인할 수 없음

2 **AES**(Advanced Encryption Standard) **알고리즘** … AES 알고리즘은 DES의 암호화 강도가 점점 약해지면서 새롭게 개발된 알고리즘이다. 기존 DES 알고리즘은 대칭키 암호 방식으로 56비트의 매우 짧은 길이를 가지고 있어 공격에 취약한 약점이 있었다. 안정성 및 알고리즘의 변경 없이도 128비트 암호화 블록, 다양한 키의 길이 (128/192/256비트)의 블록 크기로 확장이 가능하며 2000년 10월 최종 선정되었다.

3 **침입탐지시스템**(IDS) … 네트워크에서 백신과 유사한 역할을 하는 것으로 네트워크를 통한 공격을 탐지하기 위한 장비이다.

정답 및 해설 1.② 2.① 3.④

4 RSA 암호 알고리즘에서 두 소수, p = 17, q = 23과 키 값 e = 3을 선택한 경우, 평문 m = 8에 대한 암호문 c로 옳은 것은?

① 121　　　　　　　　　　　　　② 160

③ 391　　　　　　　　　　　　　④ 512

5 다음에서 설명하는 블록체인 합의 알고리즘은?

> - 비트코인에서 사용하는 방식이 채굴 경쟁으로 과도한 자원 소비를 발생시킨다는 문제를 해결하기 위한 대안으로 등장하였다.
> - 채굴 성공 기회를 참여자에 따라 차등적으로 부여한다.
> - 다수결로 의사 결정을 해서 블록을 추가하는 방식이 아니므로 불특정 다수가 참여하는 환경에서 유효하다.

① Paxos

② PoW(Proof of Work)

③ PoS(Proof of Stake)

④ PBFT(Practical Byzantine Fault Tolerance)

4 ㉠ RSA 암호 알고리즘 : 리베스트, 샤미르, 에이들먼이 1977년에 개발한 암호체계로 처음으로 사용화되었고 지금도 널리 쓰이는 대표적인 공개키 암호체계로 안정성은 매우 큰 정수의 소인수 분해가 어렵다는 점에 기반하고 있다.

〈Alice는 Bob이 자신에게 암호문을 보낼 수 있도록 암호화 키와 복호화 키를 구성한다.〉

• 키생성

두 개의 서로 다른 소수 p와 q를 선택하여 곱해 n=pq를 계산

n=17*23

오일러 함수의 값 $\varnothing$(pq)=(p-1)(q-1)과 서로소인 적당한 자연수 e를 선택

e=3

(p-1)(q-1)에 대한 e의 역원 d, 즉 ed=1(mod(p-1)(q-1))을 만족하는 d를 구한다.

Alice는 호제법을 이용하여 d의 값을 간단히 구할 수 있지만 Alice 이외의 사람이 n의 두 소인수 p와 q를 모른 채 d를 알아내기는 거의 불가능하다.

Alice는 n과 e를 공개→공개키

p, q, d 는 비밀→비밀키

1. p=17과 q=23

2. n=pq=391을 계산

㉡ RSA 암호화/ 복호화

• 암호화

평문 : m

암호문 : c = me mod n

• 복호화

암호문 : c

평문 : m=cd mod n

c = 83mod 391 (391 = 17 × 23, n = p × q)

c = 512mod 391 = 121

5 ㉠ 지분증명_PoS(Proof of Stake) : 암호화폐를 보유한 지분율에 비례하여 의사결정 권한을 주는 합의 알고리즘으로 노드가 보유한 자산을 기준으로 권한을 분배하여 합의하고 보상을 분배한다.

㉡ 작업증명_PoW(Proof of Work) : 블록체인 시스템에서 가장 보편적으로 사용하는 합의 알고리즘

정답 및 해설 4.① 5.③

6 IEEE 802.11i RSN(Robust Security Network)에 대한 설명으로 옳은 것은?

① TKIP는 확장형 인증 프레임워크이다.

② CCMP는 데이터 기밀성 보장을 위해 AES를 CTR 블록 암호 운용 모드로 이용한다.

③ EAP는 WEP로 구현된 하드웨어의 펌웨어 업데이트를 위해 사용한다.

④ 802.1X는 무결성 보장을 위해 CBC─MAC를 이용한다.

7 CC(Common Criteria) 인증 평가 단계를 순서대로 바르게 나열한 것은?

> 가. PP(Protection Profile) 평가
> 나. ST(Security Target) 평가
> 다. TOE(Target Of Evaluation) 평가

① 가→나→다
② 가→다→나
③ 나→가→다
④ 다→나→가

8 SQL 삽입 공격에 대한 설명으로 옳지 않은 것은?

① 사용자 요청이 웹 서버의 애플리케이션을 거쳐 데이터베이스에 전달되고 그 결과가 반환되는 구조에서 주로 발생한다.

② 공격이 성공하면 데이터베이스에 무단 접근하여 자료를 유출하거나 변조시키는 결과가 초래될 수 있다.

③ 사용자의 입력값으로 웹 사이트의 SQL 질의가 완성되는 약점을 이용한 것이다.

④ 자바스크립트와 같은 CSS(Client Side Script) 기반 언어로 사용자 입력을 필터링하는 방법으로 공격에 대응하는 것이 바람직하다.

6 IEEE 802.11i RSN(Robust Security Network) 보안규격 … 802.1x 기반 인증인 포트 기반 접근제어를 이용해 사용자 인증과 무선 네트워크 접근을 제어하며 802.1x, EAP와 함께 AES를 이용하며 기기가 적법한 기기인지 판단하기 위해 대규모 패스워드, MAC주소, 하드웨어 ID 데이터베이스 등을 관리할 필요가 없다.

- 인증 : 사용자와 AS 간에 상호 인증, 클라이언트와 AP 간에 사용할 임시키 생성을 정의
- 접근제어 : 인증기능 사용, 적절한 메시지 라우팅, 키 교환을 통해 구현, 다양한 인증 프로토콜로 구현됨
- 메시지 무결성을 통한 프라이버시

※ 서비스와 프로토콜
  - CBC-MAC : 암호블록 체인 메시지 인증 코드
  - CCM : 암호블록 체인 메시지 인증 코드를 갖는 카운터 모드
  - CCMP : 암호블록 체인 MAC 프로토콜을 갖는 카운터 모드
  - TKIP : 임시 키 무결성 프로토콜

※ EAP : 인증을 위해 최적화된 전송 프로토콜로서, MD5, TLS, TTLS 등 다양한 하부 인증 메커니즘을 수용할 수 있도록 확장 기능

※ 802.1X : 유무선 네트워크에 대한 인증된 네트워크 접속을 제공하는 IEEE 표준으로 중앙 사용자 ID, 인증, 동적키 관리 및 계정을 지원하며 포트에 기반하여 네트워크 액세스를 제어한다.

7 CC(Common Criteria) 인증 … IT제품의 보안성을 평가하는 기준으로 보안과 관련된 기능성 측면에서 보안성을 평가하는 기준이라 하며 PP, ST, TOE가 평가 대상이다.

※ 평가 : 보호프로파일, 보안목표명세서, TOE가 정의된 기준을 만족하는지 사정하는 것

→ 보호프로파일과 보안목표명세서가 평가 대상이 되는 이유는 이 문서들이 TOE로 표현되는 평가 대상의 보안 기능성을 정의하고 있으며 PP와 ST가 올바로 정의되어 작성되었는지 먼저 검증하고, 이에 따라 TOE가 정의된 보안 기능성을 구현했는지 검증하는 순서로 평가가 진행

8 SQL 삽입 공격 … 악의적인 사용자가 보안상의 취약점을 이용하여 임의의 SQL 문을 주입하고 실행되게 하여 데이터베이스가 비정상적인 동작을 하도록 조작하는 행위로, 공격이 비교적 쉬운 편이고 공격에 성공할 경우 큰 피해를 입힐 수 있는 공격이다.

정답 및 해설 6.① 7.① 8.④

9 유닉스/리눅스의 파일 접근 제어에 대한 설명으로 옳지 않은 것은?

① 접근 권한 유형으로 읽기, 쓰기, 실행이 있다.

② 파일에 대한 접근 권한은 소유자, 그룹, 다른 모든 사용자에 대해 각각 지정할 수 있다.

③ 파일 접근 권한 변경은 파일에 대한 쓰기 권한이 있으면 가능하다.

④ SetUID가 설정된 파일은 실행 시간 동안 그 파일의 소유자의 권한으로 실행된다.

10 IPSec에 대한 설명으로 옳지 않은 것은?

① 전송(transport) 모드에서는 전송 계층에서 온 데이터만을 보호하고 IP 헤더는 보호하지 않는다.

② 인증 헤더(Authentication Header) 프로토콜은 발신지 호스트를 인증하고 IP 패킷으로 전달되는 페이로드의 무결성을 보장하기 위해 설계되었다.

③ 보안상 안전한 채널을 만들기 위한 보안 연관(Security Association)은 양방향으로 통신하는 호스트 쌍에 하나만 존재한다.

④ 일반적으로 호스트는 보안 연관 매개변수들을 보안 연관 데이터베이스에 저장하여 사용한다.

11 「클라우드컴퓨팅 발전 및 이용자 보호에 관한 법률」 제25조(침해사고 등의 통지 등), 제26조(이용자 보호 등을 위한 정보 공개), 제27조(이용자 정보의 보호)에 명시된 것으로 옳지 않은 것은?

① 클라우드컴퓨팅서비스 제공자는 이용자 정보가 유출된 때에는 즉시 그 사실을 과학기술정보통신부장관에게 알려야 한다.

② 이용자는 클라우드컴퓨팅서비스 제공자에게 이용자 정보가 저장되는 국가의 명칭을 알려 줄 것을 요구할 수 있다.

③ 클라우드컴퓨팅서비스 제공자는 법원의 제출명령이나 법관이 발부한 영장에 의하지 아니하고는 이용자의 동의 없이 이용자 정보를 제3자에게 제공하거나 서비스 제공 목적 외의 용도로 이용할 수 없다. 클라우드컴퓨팅서비스 제공자로부터 이용자 정보를 제공받은 제3자도 또한 같다.

④ 클라우드컴퓨팅서비스 제공자는 이용자와의 계약이 종료되었을 때에는 이용자에게 이용자 정보를 반환하여야 하고 클라우드컴퓨팅서비스 제공자가 보유하고 있는 이용자 정보를 파기할 수 있다.

9 파일 접근 권한 보호 … 리눅스는 파일에 무단으로 접근하는 것을 방지하고 보호하는 기능을 제공한다. 사용자는 자신의 파일과 디렉토리 중에서 다른 사용자가 접근해도 되는 것과 그렇지 않은 것을 구분하여 접근 권한을 제한한다.

ㄱ 접근 권한의 종류 : 읽기, 쓰기, 실행, 권한없음(-)

ㄴ 접근 권한의 표기 방법 : 파일의 종류, 소유자, 그룹, 기타 사용자

ㄷ 특수 접근 권한
  • SetUID : 맨앞자리가 4
  • 해당 파일이 실행되는 동안에는 파일을 실행한 사용자의 권한이 아니라 파일 소유자의 권한으로 실행, passwd가 대표적 설정되면 소유자의 실행권한에 s가 표시

10 IPSec(Internet Protocol Security) … 모든 트래픽을 IP 계층에서 암호화하거나 무결성을 보호함으로써 상위 계층 패킷에 대한 보안성을 향상시키는 방법으로 응용프로그램과 사용자에게 투명성을 제공하는 네트워크 계층의 보안통신규약이다.

→ 강한 보안성 제공, 방화벽 통과하여 원격지 호스트에 접속하는 것 허용

→ 전송모드

IPSec Header 필드가 IP와 TCP header 사이에 위치하며 전송모드는 IP 패킷의 payload까지만 보호

※ IPSec(Internet Protocol Security) 프로토콜의 구조

  ㄱ 인증헤더(AH)
    • 데이터 무결성과 IP패킷(발신지 인증)의 인증을 제공하며 패킷을 암호화하지 않음
    • 보안 페이로드 캡슐화(ESP)-기밀성까지 제공
      AH와는 달리 메시지 내용에 대한 기밀성과 관련된 서비스를 제공, 옵션에 따라 AH와 동일한 일중 서비스를 할 수 있음
  ㄴ 키관리 프로토콜 : IPSec을 위한 SA을 생성하며, 그에 따른 키 관리를 수행하는 복합 프로토콜
  ㄷ 보안 연관(Security Association) : IPSec으로 통신하기 전에 단말 간 가상의 연결이 필요하며 IPSec을 사용하는 노드 간 필요한 값을 주고받기 위해 연결된 논리적 선로이며 보안 연관(Security Association)은 단방향이기 때문에 노드가 양방향 통신을 한다면 두 개의 보안 연관(Security Association)이 연결되어야 한다.

11 ④ 클라우드컴퓨팅서비스 제공자는 이용자와의 계약이 종료되었을 때에는 이용자에게 이용자 정보를 반환하여야 하고 클라우드컴퓨팅서비스 제공자가 보유하고 있는 이용자 정보를 파기하여야 한다〈「클라우드컴퓨팅 발전 및 이용자 보호에 관한 법률」 제27조 제3항 전단〉.

① 제25조 제3항 ② 제26조 제2항 ③ 제27조 제1항

정답 및 해설 9.③ 10.③ 11.④

12 인증기관이 사용자의 공개키에 대한 인증을 수행하기 위해 X.509 형식의 인증서를 생성할 때 서명에 사용하는 키는?

① 인증기관의 공개키

② 인증기관의 개인키

③ 사용자의 개인키

④ 인증기관과 사용자 간의 세션키

13 하이브리드 암호 시스템에 대한 설명으로 옳지 않은 것은?

① 메시지는 대칭 암호 방식으로 암호화한다.

② 일반적으로 대칭 암호에 사용하는 세션키는 의사 난수 생성기로 생성한다.

③ 생성된 세션키는 무결성 보장을 위하여 공개키 암호 방식으로 암호화한다.

④ 메시지 송신자와 수신자가 사전에 공유하고 있는 비밀키가 없어도 사용할 수 있다.

14 해시함수의 충돌저항성을 위협하는 공격 방법은?

① 생일 공격

② 사전 공격

③ 레인보우 테이블 공격

④ 선택 평문 공격

12 ㉠ **인증기관(CA : Certificate Authority)** : 지정된 신뢰기관으로 사용자의 공개키에 전자서명을 수행하여 인증서를 발급하는 기관

㉡ **인증서 전자 서명 생성**
- 메시지(공개키)를 지정된 해시 알고리즘으로 암호화→메시지 다이제스트(Message Digest) 생성
- 생성된 메시지 다이제스트를 인증기관(CA)의 개인키로 암호화→전자 서명

㉢ **공개키(public key)** : 지정된 인증기관에 의해 제공되는 키 값으로서 이 공개키로부터 개인키와 함께 결합되어 메시지 및 전자서명의 암호화와 복원에 효과적으로 사용
- 공개키와 개인키를 결합하는 방식은 비대칭 암호작성법이라 한다.
- 공개키를 사용하는 시스템을 공개키 기반구조(PKI)라고 한다.

㉣ **개인키(private or secret key)** : 암호 작성 및 해독기법에서, 개인키란 암호/복호를 위해 비밀 메시지를 교환하는 당사자만이 알고 있는 키

㉤ **x.509** : 공개키 인증서와 인증 알고리즘의 표준 가운데에서 공개키 기반(pki)의 ITU-T 표준이다.

13 **하이브리드 암호 시스템**
- 대칭 암호와 공개키 암호의 장점을 조합한 방법
- 메시지의 기밀성 : 고속의 대칭 암호
- 대칭 암호 키의 기밀성 : 공개 키 암호

14 **충돌저항성** … 해시 값의 충돌은 앞서 말했던 것처럼 서로 다른 메시지들이 같은 해시 값을 내는 것 또는 그러한 메시지들을 말한다.

→충돌찾기

충돌 찾는 게 더 빠름→생일 공격(birthday attack)

N개의 메시지와 그 만큼의 해시 값이 주어졌을 때, 두 해시 값의 쌍들을 점거해서 최대 N × (N-1) / 2개의 잠재적 충돌을 만들 수 있다.

→생일 공격으로 충돌을 찾는 가장 간단한 방법이지만 상당히 많은 메모리가 필요하다.

② **사전 공격(Dictionary attack)** : 패스워드 공격 방법의 하나로 비밀키 암호 알고리즘의 키를 사용할 경우 적용 가능한 공격 방법

③ **레인보우 테이블 공격(Rainbow Table Attack)** : 해시 테이블과 R함수의 반복 수행을 통해 일치하는 해시 값으로 비밀번호를 찾는 패스워드 크래킹 방법

④ **선택 평문 공격(Chosen Plaintext Attack)** : 암호 분석가가 임의로 선택한 평문과 그것에 대응한 암호문에서 암호 키를 알아내기 위해 시도하는 공격

정답 및 해설 12.② 13.③ 14.①

15 블록 암호 운용 모드에 대한 설명으로 옳지 않은 것은?

① CFB는 블록 암호화를 병렬로 처리할 수 없다.

② ECB는 IV(Initialization Vector)를 사용하지 않는다.

③ CBC는 암호문 블록에 오류가 발생한 경우 복호화 시 해당 블록만 영향을 받는다.

④ CTR는 평문 블록마다 서로 다른 카운터 값을 사용하여 암호문 블록을 생성한다.

16 「개인정보 보호법」상 공개된 장소에 영상정보처리기기를 설치·운영할 수 있는 경우가 아닌 것은?

① 범죄의 예방 및 수사를 위하여 필요한 경우

② 공공기관의 장이 허가한 경우

③ 교통정보의 수집·분석 및 제공을 위하여 필요한 경우

④ 시설안전 및 화재 예방을 위하여 필요한 경우

17 SMTP 클라이언트가 SMTP 서버의 특정 사용자를 확인함으로써 계정 존재 여부를 파악하는 데 악용될 수 있는 명령어는?

① HELO

② MAIL FROM

③ RCPT TO

④ VRFY

15 블록 암호의 운용 모드

- ECB(전자코드북) : 가장 단순하며 기본적인 모드
- 암호화하려는 메시지를 여러 블록으로 나누어 각각 암호화 하는 방식
- CBC(암호블록체인) : 가장 보안성이 높은 모드로 가장 많이 사용
- 각 블록은 암호화되기 전에 이전 블록의 암호화한 결과가 XOR되며, 첫 블록의 경우에는 초기화 벡터가 사용됨.
- CFB(암호 피드백) : CBC의 변형인 모드로 동일 평문이 동일한 암호문이 되지 않도록 하며, 블록 암호가 스트링 암호처럼 구성하여 평문과 암호문의 길이가 같다(==패딩이 필요 없음).
- CBC와 마찬가지로 암호화는 순차적이고 복호화는 병렬적으로 처리 가능
- OFB(암호 피드백) : 암호 알고리즘의 출력을 암호 알고리즘의 입력으로 피드백
- 블록 암호가 스트링 암호처럼 구성하여 평문과 암호문의 길이가 같다(==패딩이 필요 없음).
- 암호화 방법과 복호화 방법이 동일하기 때문에 암호문을 한번 더 암호화 하면 평문이 나온다(복호화 시 암호화).
- CTR(카운터) : OFB와 같이 블록 암호를 스트림 암호처럼 사용하기 위한 목적으로 사용(==패딩이 필요 없음. 암호화와 복호화가 같은 구조)

16 개인정보보호법 제25조(영상정보처리기기의 설치 운영제한) 제1항 ⋯ 누구든지 다음 각 호의 경우를 제외하고는 공개된 장소에 영상정보처리 기기를 설치 운영하여서는 아니 된다.
1. 법령에서 구체적으로 허용하고 있는 경우
2. 범죄의 예방 및 수사를 위하여 필요한 경우
3. 시설안전 및 화재 예방을 위하여 필요한 경우
4. 교통 단속을 위하여 필요한 경우
5. 교통정보의 수집, 분석 및 제공을 위하여 필요한 경우

17 SMTP(Simple Mail Transfer Protocol) ⋯ 인터넷상에서 전자우편을 전송할 때 이용하게 되는 표준 통신 규약
④ VRFY : SMTP 클라이언트가 SMTP 서버에 특정 아이디에 대한 메일이 있는지 검증하기 위해 보내는 명령어
① HELO : SMTP 세션을 초기화하고 식별할 수 있는 데이터를 교환함.
② MAIL FROM : 송신자의 메일 주소를 통지
③ RCPT TO : 수신자 메일 주소 통지

정답 및 해설 15.③ 16.② 17.④

18 다음 법 조문의 출처는?

> 제47조(정보보호 관리체계의 인증) ① 과학기술정보통신부장관은 정보통신망의 안정성·신뢰성 확보를 위하여 관리적·기술적·물리적 보호조치를 포함한 종합적 관리체계(이하 "정보보호 관리체계"라 한다)를 수립·운영하고 있는 자에 대하여 제4항에 따른 기준에 적합한 지에 관하여 인증을 할 수 있다.

① 국가정보화 기본법
② 개인정보 보호법
③ 정보통신망 이용촉진 및 정보보호 등에 관한 법률
④ 정보통신산업진흥법

19 위조된 출발지 주소에서 과도한 양의 TCP SYN 패킷을 공격 대상 시스템으로 전송하는 서비스 거부 공격에 대응하기 위한 방안의 하나인, SYN 쿠키 기법에 대한 설명으로 옳은 것은?

① SYN 패킷이 오면 세부 정보를 TCP 연결 테이블에 기록한다.
② 요청된 연결의 중요 정보를 암호화하고 이를 SYN—ACK 패킷의 응답(acknowledgment) 번호로 하여 클라이언트에게 전송한다.
③ 클라이언트가 SYN 쿠키가 포함된 ACK 패킷을 보내오면 서버는 세션을 다시 열고 통신을 시작한다.
④ TCP 연결 테이블에서 연결이 완성되지 않은 엔트리를 삭제하는 데까지의 대기 시간을 결정한다.

20 ISO/IEC 27001:2013 보안관리 항목을 PDCA 모델에 적용할 때, 점검(check)에 해당하는 항목은?

① 성과평가(performance evaluation)
② 개선(improvement)
③ 운영(operation)
④ 지원(support)

18 정보통신망 이용촉진 및 정보보호 등에 관한 법률

제1조(목적) 이 법은 정보통신망의 이용을 촉진하고 정보통신서비스를 이용하는 자의 개인정보를 보호함과 아울러 정보통신망을 건전하고 안전하게 이용할 수 있는 환경을 조성하여 국민생활의 향상과 공공복리의 증진에 이바지함을 목적으로 한다.

19 SYN 쿠키 기법

• 클라이언트에서 연결 요청이 있을 경우 SYN/ACK 패킷에 특별한 쿠키 값을 담아 보낸다.

• ACK이 올 경우 쿠키값을 검증하여 제대로 된 값인 경우 연결을 형성한다.

20 PDCA 모델 … 일반적으로 업무현장에서 Plan(계획), Do(실행), Check(평가), Action(개선)을 반복함으로써, 생산 관리 및 품질 관리 등의 업무를 지속적으로 개선해 나가는 방법

• Plan(계획) : 목표를 설정하고 업무 계획을 작성하는 단계

• Do(실행) : P단계에서 세운 계획을 실제로 해 보는 단계

• Check(평가) : 계획에 따라 실행되어 있었는지 평가하는 단계

• Action(개선) : 실시 결과를 검토하고 업무 개선을 할 단계

→ P로 계획하고 D에서 테스트한 결과를 C로 평가하고 마지막 A에서 실행

정답 및 해설 18.③ 19.③ 20.①

1 정보보호 위험관리에 대한 설명으로 옳지 않은 것은?

① 자산은 조직이 보호해야 할 대상으로 정보, 하드웨어, 소프트웨어, 시설 등이 해당한다.

② 위험은 자산에 손실이 발생할 가능성과 관련되어 있으나 이로 인한 부정적인 영향을 미칠 가능성과는 무관하다.

③ 취약점은 자산이 잠재적으로 가진 약점을 의미한다.

④ 정보보호대책은 위협에 대응하여 자산을 보호하기 위한 관리적, 기술적, 물리적 대책을 의미한다.

2 공개키 암호화에 대한 설명으로 옳지 않은 것은?

① ECC(Elliptic Curve Cryptography)와 Rabin은 공개키 암호 방식이다.

② RSA는 소인수 분해의 어려움에 기초를 둔 알고리즘이다.

③ 전자서명 할 때는 서명하는 사용자의 공개키로 암호화한다.

④ ElGamal은 이산대수 문제의 어려움에 기초를 둔 알고리즘이다.

3 X.509 인증서 형식 필드에 대한 설명으로 옳은 것은?

① Issuer name − 인증서를 사용하는 주체의 이름과 유효기간 정보

② Subject name − 인증서를 발급한 인증기관의 식별 정보

③ Signature algorithm ID − 인증서 형식의 버전 정보

④ Serial number − 인증서 발급 시 부여된 고유번호 정보

4 일방향 해시함수를 사용하여 비밀번호를 암호화할 때 salt라는 난수를 추가하는 이유는?

① 비밀번호 사전공격(Dictionary attack)에 취약한 문제를 해결할 수 있다.

② 암호화된 비밀번호 해시 값의 길이를 줄일 수 있다.

③ 비밀번호 암호화의 수행 시간을 줄일 수 있다.

④ 비밀번호의 복호화를 빠르게 수행할 수 있다.

---

1 ㉠ **위험관리(Risk Management)** : 조직의 자산에 대한 위험을 감수할 수 있는 수준으로 유지하기 위하여 자산에 대한 위험을 분석하고 이러한 위험으로부터 자산을 보호하기 위한 비용 대비 효과적인 보호대책을 마련하는 일련의 과정
㉡ **위험(risk)** : 원하지 않는 사건이 발생하여 손실 또는 부정적인 영향을 미칠 가능성

2 **전자서명** … 암호기술의 인증기능을 이용해 전자문서에 서명이 가능하게 하는 것

3 **X.509** … 1988sus ITU-T에 의해 표준으로서 제안된 공개키 인증서 형식으로 전자서명을 위한 인증서에 대한 기본 형식을 정의한 규격
① Issuer name – 발행자의 이름
② Subject name – 소유자의 이름
③ Signature algorithm ID – 서명 알고리즘 식별자

4 ㉠ **일방향 해시함수** : 무결성을 확인하기 위한 방법으로서 메시지의 내용이 변조되지 않았다는 것을 보장하는 것
• 해시함수 : 수학적인 연산을 통해 원본 메시지를 변환하여 암호화된 메시지인 다이제스트를 생성하는 기법
• 일방향성 : 원본 메시지를 알면 암호화된 메시지를 구하기는 쉽지만 암호화된 메시지로는 원본 메시지를 구할 수 없는 것
㉡ **솔트(salt)** : 소금을 친다라는 의미로 해시함수로 도출된 데이터에 특정한 값을 추가하여 보안성을 한층 더 강화하는 기법으로 일방향 해시함수도 솔트(salt)값 없이 저장한다면 공격자에게 쉽게 보안 노출이 가능하여 솔트(salt)값의 추가 여부에 따라서 패스워드의 노출 가능서이 크게 차이가 남

정답 및 해설 1.② 2.③ 3.④ 4.①

5 윈도우 운영체제에서 TPM(Trusted Platform Module)에 대한 설명으로 옳지 않은 것은?

① TPM의 공개키를 사용하여 플랫폼 설정정보에 서명함으로써 디지털 인증을 생성한다.

② TPM은 신뢰 컴퓨팅 그룹(Trusted Computing Group)에서 표준화된 개념이다.

③ TPM은 키 생성, 난수 발생, 암복호화 기능 등을 포함한 하드웨어 칩 형태로 구현할 수 있다.

④ TPM의 기본 서비스에는 인증된 부트(authenticated boot), 인증, 암호화가 있다.

6 키 k에 대한 블록 암호 알고리즘 E_k, 평문블록 M_i, Z_0는 초기벡터, $Z_i = E_k(Z_{i-1})$가 주어진 경우, 이때 i = 1, 2, ..., n에 대해 암호블록 C_i를 $C_i = Z_i \oplus M_i$로 계산하는 운영모드는? (단, $\oplus$는 배타적 논리합이다)

① CBC

② ECB

③ OFB

④ CTR

7 정보보호 시스템 평가 기준에 대한 설명으로 옳은 것은?

① ITSEC의 레인보우 시리즈에는 레드 북으로 불리는 TNI(Trusted Network Interpretation)가 있다.

② ITSEC은 None부터 B2까지의 평가 등급으로 나눈다.

③ TCSEC의 EAL2 등급은 기능시험 결과를 의미한다.

④ TCSEC의 같은 등급에서는 뒤에 붙는 숫자가 클수록 보안 수준이 높다.

8 을 위해 클라이언트가 최초로 전송하는 ClientHello 메시지에 포함되는 정보가 아닌 것은? SSL(Secure Socket Layer)의 Handshake 프로토콜에서 클라이언트와 서버 간에 논리적 연결 수립

① 세션 ID

② 클라이언트 난수

③ 압축 방법 목록

④ 인증서 목록

---

5 TPM(Trusted Platform Module) … 암호화된 키, 패스워드, 디지털 인증서 등을 저장하는 안전한 저장 공간을 제공하는 보안 모듈

6 블록 암호 운영 모드 … 긴 평문을 전부 암호화하기 위해서 블록 암호 알고리즘을 반복 사용해야 하는데 반복 사용하는 방법을 블록 암호의 모드라고 한다.
① CBC : 암호화 알고리즘의 결과를 평문 블록과 XOR 하고 나서 암호화를 수행
② ECB : 평문 블록을 암호화한 것을 그대로 암호 블록으로 사용
③ OFB : 출력 피드백 모드로 평문 블록과 암호 알고리즘의 출력을 XOR 해서 암호문 블록을 만듦
④ CTR : 1씩 증가하는 카운터를 암호화해서 키 스트림을 만드는 스트림 암호

7 TCSEC 평가기준
• 미국의 정보보호 시스템 평가표준으로 채택되었고 세계 최초의 보안 시스템 평가기준으로 다른 평가 기준의 모체
• TCSEC는 D, C, B, A의 네 등급으로 분류하며 세부적으로는 D, C1, C2, B1, B2, B3, A1의 등급으로 나눈다. A등급이 가장 높은 보안 등급이며 D등급은 보안에 대한 요구사항이 없는 최소한의 보안 등급을 의미한다.

8 ㉠ SSL(Secure Socket Layer) : 1994년 넷스케이프사의 웹브라우저를 위한 보안 프로토콜로 처음 제안
㉡ Handshake Protocol : SSL 프로토콜에서 가장 복잡한 부분으로 클라이언트와 서버의 상호 인증, 암호 알고리즘, 암호키, MAC 알고리즘 등의 속성을 사전 합의

정답 및 해설 5.① 6.③ 7.④ 8.④

9 소수 p = 13, 원시근 g = 2, 사용자 A와 B의 개인키가 각각 3, 2일 때, Diffie-Hellman 키 교환 알고리즘을 사용하여 계산한 공유 비밀키는?

① 6

② 8

③ 12

④ 16

10 「개인정보 보호법」상 기본계획에 대한 조항의 일부이다. ㉠, ㉡에 들어갈 내용을 바르게 연결한 것은?

제9조(기본계획)

① 보호위원회는 개인정보의 보호와 정보주체의 권익 보장을 위하여 (㉠)년마다 개인정보 보호 기본계획(이하 "기본계획"이라 한다)을 관계 중앙행정기관의 장과 협의하여 수립한다.

② 기본계획에는 다음 각 호의 사항이 포함되어야 한다.

  1. 개인정보 보호의 기본목표와 추진방향

  2. 개인정보 보호와 관련된 제도 및 법령의 개선

  3. 개인정보 침해 방지를 위한 대책

  4. (㉡   )

  5. 개인정보 보호 교육·홍보의 활성화

  6. 개인정보 보호를 위한 전문인력의 양성

  7. 그 밖에 개인정보 보호를 위하여 필요한 사항

	㉠	㉡
①	1	개인정보 보호 자율규제의 활성화
②	3	개인정보 보호 자율규제의 활성화
③	1	개인정보 활용·폐지를 위한 계획
④	3	개인정보 활용·폐지를 위한 계획

11 NIST의 AES(Advanced Encryption Standard) 표준에 따른 암호화 시 암호키(cipher key) 길이가 256비트일 때 필요한 라운드 수는?

① 8 ② 10

③ 12 ④ 14

---

9 ㉠ 디피 헬만 키 교환 방식 : 1976년 Diffie와 Hellman이 개발한 최초의 공개키 알고리즘으로써 제한된 영역에서 멱의 계산에 비하여 이산대수로그 문제의 계산이 어렵다는 이론에 기초를 둔다. 이 알고리즘은 메세지를 암/복호화하는 데 사용되는 알고리즘이 아니라 암/복호화를 위해 사용되는 키의 분배 및 교환에 주로 사용되는 알고리즘이다.

㉡ A와 B의 개인키가 각각 3, 2를 사용하여 비밀키 공유

g^{ab} mod p = 2^{23} mod 13 = 2^6 mod 13 = 12

(mod는 나머지를 구하는 함수이므로 몫은 4이고 나머지는 12이므로 답은 12이다.)

10 개인정보 보호법 제9조(기본계획)

① 보호위원회는 개인정보의 보호와 정보주체의 권익 보장을 위하여 3년마다 개인정보 보호 기본계획(이하 "기본계획"이라 한다)을 관계 중앙행정기관의 장과 협의하여 수립한다.

② 기본계획에는 다음 각 호의 사항이 포함되어야 한다.

  1. 개인정보 보호의 기본목표와 추진방향
  2. 개인정보 보호와 관련된 제도 및 법령의 개선
  3. 개인정보 침해 방지를 위한 대책
  4. 개인정보 보호 자율규제의 활성화
  5. 개인정보 보호 교육·홍보의 활성화
  6. 개인정보 보호를 위한 전문인력의 양성
  7. 그 밖에 개인정보 보호를 위하여 필요한 사항

③ 국회, 법원, 헌법재판소, 중앙선거관리위원회는 해당 기관(그 소속 기관을 포함한다)의 개인정보 보호를 위한 기본계획을 수립·시행할 수 있다.

11 AES(Advanced Encryption Standard) … 고급 암호화 표준(Advanced Encryption Standard)이라고 불리는 AES 암호 알고리즘은 DES를 대체한 암호 알고리즘이며 암호화와 복호화 과정에서 동일한 키를 사용하는 대칭 키 알고리즘이다.

DES에 비해서 키 사이즈가 자유롭다. 즉, 가변 길이의 블록과 가변 길이의 키 사용이 가능하다.(128bit, 192bit, 256bit)

	key length	block length	number of rounds
AES-128	4	4	10
AES-192	6	4	12
AES-256	8	4	14

12 IPsec의 ESP(Encapsulating Security Payload)에 대한 설명으로 옳지 않은 것은?

① 인증 기능을 포함한다.

② ESP는 암호화를 통해 기밀성을 제공한다.

③ 전송 모드의 ESP는 IP 헤더를 보호하지 않으며, 전송계층으로부터 전달된 정보만을 보호한다.

④ 터널 모드의 ESP는 Authentication Data를 생성하기 위해 해시 함수와 공개키를 사용한다.

13 네트워크나 컴퓨터 시스템의 자원 고갈을 통해 시스템 성능을 저하시키는 공격에 해당하는 것만을 모두 고르면?

㉠ Ping of Death 공격	㉡ Smurf 공격
㉢ Heartbleed 공격	㉣ Sniffing 공격

① ㉠, ㉡

② ㉠, ㉢

③ ㉡, ㉢

④ ㉡, ㉣

14 다음 설명에 해당하는 위험분석 및 평가 방법을 옳게 짝 지은 것은?

㉠ 전문가 집단의 토론을 통해 정보시스템의 취약성과 위험 요소를 추정하여 평가하기 때문에 시간과 비용을 절약할 수 있지만, 정확도가 낮다.

㉡ 이미 발생한 사건이 앞으로 발생한다는 가정하에 수집된 자료를 통해 위험 발생 가능성을 예측하며, 자료가 많을수록 분석의 정확도가 높아진다.

㉢ 어떤 사건도 기대하는 대로 발생하지 않는다는 사실에 근거하여 일정 조건에서 위협에 대해 발생 가능한 결과들을 예측하며, 적은 정보를 가지고 전반적인 가능성을 추론할 수 있다.

	㉠	㉡	㉢
①	순위 결정법	과거자료 분석법	기준선 접근법
②	순위 결정법	점수법기준선	접근법
③	델파이법	과거자료 분석법	시나리오법
④	델파이법	점수법	시나리오법

12 ㉠ IPsec : 통신 세션의 각 IP 패킷을 암호화하고 인증하는 안전한 인터넷 프로토콜(IP) 통신을 위한 OSI 3계층 보안 프로토콜

㉡ ESP(Encapsulating Security Payload)

• 전송 모드 : IP 페이로드와 ESP 트레일러를 암호화하고 암호화된 데이터와 ESP 헤더를 인증

• 터널 모드 : 원본 IP 패킷 전체와 ESP 트레일러를 암호화하고 암호화된 데이터와 ESP 헤더를 인증

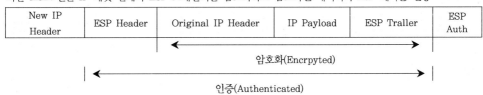

13 ㉠ Ping of Death 공격 : ICMP 패킷의 크기를 정상적인 크기보다 크게 만들어 전송하는 공격

㉡ Smurf 공격 : 웜이 네트워크를 공격할 때 많이 사용하는 것으로 ICMP 패킷 이용

㉢ Heartbleed 공격 : OpenSSL버전에서 클라이언트와 웹서버 간 암호화 통신이 제대로 이뤄지는지 검증하기 위해 사용되는 프로토콜인 하트비트(HeartBeat)에서 발견된 취약점

㉣ Sniffing 공격 : (소극적 공격)네트워크의 중간에서 남의 패킷 정보를 도청하는 해킹 유형의 하나로 수동적 공격에 해당하며 도청할 수 있도록 설치되는 도구를 스니퍼라고 한다.

※ 네트워크 공격 종류

• 네트워크 공격 : 네트워크 패킷 도/감청
종류) 스니핑, 스푸핑, 세션 하이재킹

• 서비스거부 공격 : 서버의 자원을 소비시켜 시스템을 다운
종류) SYN Flooding, UDP Flooding, Land 공격, Ping of Death, Smurf 공격, Tear Drop, Tiny Fragment 공격, Fragment overlap 공격

• 네트워크 스캐닝 공격 : 공격 전 취약점 파악
종류) TCP Scan, UDP Scan

14 ③ 정성적 위험분석 및 평가 방법 중 델파이법과 시나리오법, 정량적 위험분석 및 평가 방법 중 과거자료 분석법에 대한 설명이다.

정답 및 해설 12.④ 13.① 14.③

15 「정보통신망 이용촉진 및 정보보호 등에 관한 법률 시행령」 제19조(국내대리인 지정 대상자의 범위)에 명시된 자가 아닌 것은?

① 전년도(법인인 경우에는 전(前) 사업연도를 말한다) 매출액이 1,000억 원 이상인 자

② 정보통신서비스 부문 전년도(법인인 경우에는 전 사업연도를 말한다) 매출액이 100억 원 이상인 자

③ 전년도(법인인 경우에는 전(前) 사업연도를 말한다) 매출액이 1조 원 이상인 자

④ 이 법을 위반하여 정보통신서비스 이용의 안전성을 현저히 해치는 사건·사고가 발생하였거나 발생할 가능성이 있는 경우로서 법 제64조 제1항에 따라 방송통신위원회로부터 관계 물품·서류 등을 제출하도록 요구받은 자

16 커버로스(Kerberos) 프로토콜에 대한 설명으로 옳지 않은 것은?

① 양방향 인증방식의 문제점을 보완하여 신뢰하는 제3자 인증 서비스를 제공한다.

② 사용자의 패스워드를 추측하거나 캡처하지 못하도록 일회용 패스워드를 제공한다.

③ 버전 5에서는 이전 버전과 달리 DES가 아닌 다른 암호 알고리즘을 사용할 수 있다.

④ 클라이언트는 사용자의 식별정보를 평문으로 인증 서버(Authentication Server)에 전송한다.

17 다음 설명에 해당하는 악성코드 분석도구를 옳게 짝 지은 것은?

> ㉠ 가상화 기술 기반으로 악성코드의 비정상 행위를 유발하는 실험과정에서 발생할 수 있는 분석시스템으로의 침해를 방지하여 통제된 환경과 분석 기능을 제공한다.
> ㉡ 악성코드의 행위를 추출하기 위해 실제로 해당 코드를 실행함으로써 발생하는 비정상 행위 혹은 시스템 동작 환경의 변화를 살펴볼 수 있는 동적 분석 기능을 제공한다.

	㉠	㉡
①	Sandbox	Process Explorer
②	Sandbox	Burp Suite
③	Blackbox	IDA Pro
④	Blackbox	OllyDBG

15 정보통신망 이용촉진 및 정보보호 등에 관한 법률 시행령 제19조(국내대리인 지정 대상자의 범위)

① 법 제32조의5 제1항에서 "대통령령으로 정하는 기준에 해당하는 자"란 다음 각 호의 어느 하나에 해당하는 자를 말한다.

1. 전년도[법인인 경우에는 전(前) 사업연도를 말한다] 매출액이 1조원 이상인 자
2. 정보통신서비스 부문 전년도(법인인 경우에는 전 사업연도를 말한다) 매출액이 100억 원 이상인 자
3. 삭제
4. 이 법을 위반하여 정보통신서비스 이용의 안전성을 현저히 해치는 사건·사고가 발생하였거나 발생할 가능성이 있는 경우로서 법 제64조 제1항에 따라 방송통신위원회로부터 관계 물품·서류 등을 제출하도록 요구받은 자

② 제1항 제1호 및 제2호에 따른 매출액은 전년도(법인인 경우에는 전 사업연도를 말한다) 평균환율을 적용하여 원화로 환산한 금액을 기준으로 한다.

16 커버로스(Kerberos) 프로토콜 ⋯ MIT에서 개발한 분산 환경에서 개체 인증 서비스를 제공하는 네트워크 인증 시스템으로 사용자가 서버의 인증을 얻기 위해서 티켓이라는 인증값을 사용한다.

공개키 암호 방식을 전혀 사용하지 않고 대칭키 암호 방식만 사용하여 신뢰된 티켓 발급 서버를 이용하여 인증을 한다.

㉠ 장점 : 커버로스는 당사자와 당사자가 인증을 요청하는 서비스 간의 통신 내용을 암호화 키 및 암호 프로세스를 이용하여 보호하기 때문에 데이터의 기밀성과 무결성을 보장할 수 있다.

㉡ 단점 : 커버로스는 패스워드 추측 공격에 취약하며, 사용자가 패스워드를 바꾸며 비밀키도 변경해야 하는 번거로움이 있다.

17 ㉠ 악성코드
- 악의적인 동작을 실시하기 위해서 개발한 프로그램/실행파일
- 일반적으로 EXE 실행파일로 배포가 되거나 스크립트를 포함한 문서형 파일로 배포

㉡ 악성코드 배포 목적 : 공공기관, 국가기관, 민가기업, 학교 등 기밀 정보를 탈취하기 위해서 배포

㉢ 악성코드 분석도구
- Sandbox : 악성코드 분석(초기 분석도구)
- Process Explorer : 실행 중인 프로세스에 대한 정보확인 및 실시간으로 변화하는 프로세스 상태, 상하위 관계 모니터링(동적분석도구)
- OllyDBG : 악성 코드 파일을 실행하고 상세하게 분석하는 방법으로 고급 정적 분석 내용을 기반으로 디버거를 통하여 동작하는 악성 코드의 내부 상태를 파악하는 방법(고급 동적 분석)
- IDA : 악성 코드 파일을 실행하지 않고, 상세하게 분석하는 방법(고급 정적 분석)

정답 및 해설 15.① 16.② 17.①

18 윈도우 운영체제의 계정 관리에 대한 설명으로 옳은 것은?

① 'net accounts guest /active:no' 명령은 guest 계정을 비활성화한다.

② 'net user' 명령은 시스템 내 사용자 계정정보를 나열한다.

③ 'net usergroup' 명령은 시스템 내 사용자 그룹정보를 표시한다.

④ 컴퓨터/도메인에 모든 접근권한을 가진 관리자 그룹인 'Admin'이 기본적으로 존재한다.

19 임의적 접근 통제(Discretionary Access Control) 모델에 대한 설명으로 옳은 것은?

① 주체가 소유권을 가진 객체의 접근 권한을 다른 사용자에게 부여할 수 있으며, 사용자 신원에 따라 객체의 접근을 제한한다.

② 주체와 객체가 어떻게 상호 작용하는지를 중앙 관리자가 관리하며, 사용자 역할을 기반으로 객체의 접근을 제한한다.

③ 주체와 객체에 각각 부여된 서로 다른 수준의 계층적인 구조의 보안등급을 비교하여 객체의 접근을 제한한다.

④ 주체가 접근할 수 있는 상위와 하위의 경계를 설정하여 해당 범위 내 임의 객체의 접근을 제한한다.

20 「정보통신망 이용촉진 및 정보보호 등에 관한 법률」 제45조(정보통신망의 안정성 확보 등)에 정보보호조치에 관한 지침에 포함되어야 할 보호조치로 명시되지 않은 것은?

① 정보의 불법 유출·위조·변조·삭제 등을 방지하기 위한 기술적 보호조치

② 사전 정보보호대책 마련 및 보안조치 설계·구현 등을 위한 기술적 보호조치

③ 정보통신망의 지속적인 이용이 가능한 상태를 확보하기 위한 기술적·물리적 보호조치

④ 정보통신망의 안정 및 정보보호를 위한 인력·조직·경비의 확보 및 관련 계획수립 등 관리적 보호조치

18 윈도우의 주요그룹

구분	특징
Administrators	• 대표적인 관리자 그룹으로, 윈도우 시스템의 모든 권한을 가지고 있는 그룹이다. • 사용자 계정을 만들거나 없앨 수 있으며, 디렉토리와 프린터를 공유하는 명령을 내릴 수 있다. • 사용할 수 있는 자원에 대한 권한을 설정할 수 있다.
Power Users	• Administrators 그룹이 가진 권한 대부분을 가지지만, 로컬 컴퓨터에서만 관리할 능력을 가지고 있다. • 해당 컴퓨터 밖의 네트워크에서는 일반 사용자로 존재한다.
Backup Operators	• 윈도우 시스템에서 시스템 파일을 백업하는 권한을 가지고 있다. • 로컬 컴퓨터에 로그인하고 시스템을 종료할 수 있다.
Users	• 대부분의 사용자가 기본으로 속하는 그룹으로 여기에 속한 사용자는 네트워크를 통해 서버나 다른 도메인 구성요소에 로그인할 수 있다. • 관리 계정에 비해서 한정된 권한을 가진다.
Guests	• 윈도우 시스템에서 Users 그룹과 같은 권한을 갖는 그룹이다. • 두 그룹 모두 네트워크를 통해서 서버에 로그인할 수 있으며, 서버로의 로컬 로그인은 금지된다.

19 ㉠ **임의적 접근 통제(Discretionary Access Control) 모델** : 행렬을 이용해 주체, 객체, 접근 권한의 관계를 기술하는 방법

㉡ **강제적 접근 통제(MAC, Mandatory Access Control)** : 보안 목적을 위해 사용자가 가지는 권한, 허가 그리고 기능을 크게 감소시키며 보안 레이블과 보안 허가증을 비교하는 것에 기반을 두는 접근 제어

㉢ **역할기반 접근 통제(RBAC, Role Based Access Control)** : 사용자의 역할에 기반을 두고 접근을 제어하며 권한을 역할과 연관시키고 사용자들이 적절한 역할을 할당 받도록해 권한의 관리를 용이하게 하는 것

20 정보통신망 이용촉진 및 정보보호 등에 관한 법률 제45조(정보통신망의 안정성 확보 등)

① 다음 각 호의 어느 하나에 해당하는 자는 정보통신서비스의 제공에 사용되는 정보통신망의 안정성 및 정보의 신뢰성을 확보하기 위한 보호조치를 하여야 한다.

  1. 정보통신서비스 제공자

  2. 정보통신망에 연결되어 정보를 송·수신할 수 있는 기기·설비·장비 중 대통령령으로 정하는 기기·설비·장비(이하 "정보통신망연결기기등"이라 한다)를 제조하거나 수입하는 자

② 과학기술정보통신부장관은 제1항에 따른 보호조치의 구체적 내용을 정한 정보보호조치에 관한 지침(이하 "정보보호지침"이라 한다)을 정하여 고시하고 제1항 각 호의 어느 하나에 해당하는 자에게 이를 지키도록 권고할 수 있다.

③ 정보보호지침에는 다음 각 호의 사항이 포함되어야 한다.

  1. 정당한 권한이 없는 자가 정보통신망에 접근·침입하는 것을 방지하거나 대응하기 위한 정보보호시스템의 설치·운영 등 기술적·물리적 보호조치

  2. 정보의 불법 유출·위조·변조·삭제 등을 방지하기 위한 기술적 보호조치

  3. 정보통신망의 지속적인 이용이 가능한 상태를 확보하기 위한 기술적·물리적 보호조치

  4. 정보통신망의 안정 및 정보보호를 위한 인력·조직·경비의 확보 및 관련 계획수립 등 관리적 보호조치

  5. 정보통신망연결기기등의 정보보호를 위한 기술적 보호조치

④ 과학기술정보통신부장관은 관계 중앙행정기관의 장에게 소관 분야의 정보통신망연결기기등과 관련된 시험·검사·인증 등의 기준에 정보보호지침의 내용을 반영할 것을 요청할 수 있다.

정답 및 해설 18.② 19.① 20.②

1 겉으로는 유용한 프로그램으로 보이지만 사용자가 의도하지 않은 악성 루틴이 숨어 있어서 사용자가 실행시키면 동작하는 악성 소프트웨어는?

① 키로거

② 트로이목마

③ 애드웨어

④ 랜섬웨어

2 능동적 공격에 해당하는 것만을 모두 고르면?

㉠ 도청	㉡ 서비스 거부
㉢ 트래픽 분석	㉣ 메시지 변조

① ㉠, ㉢

② ㉡, ㉢

③ ㉡, ㉣

④ ㉢, ㉣

3 분산 서비스 거부(DDoS) 공격에 대한 설명으로 옳지 않은 것은?

① 하나의 공격 지점에서 대규모 공격 패킷을 발생시켜서 여러 사이트를 동시에 공격하는 방법이다.

② 가용성에 대한 공격이다.

③ 봇넷이 주로 활용된다.

④ 네트워크 대역폭이나 컴퓨터 시스템 자원을 공격 대상으로 한다.

4 부인방지 서비스를 제공하기 위한 전자서명에 대한 설명으로 옳지 않은 것은?

① 서명할 문서에 의존하는 비트 패턴이어야 한다.

② 다른 문서에 사용된 서명을 재사용하는 것이 불가능해야 한다.

③ 전송자(서명자)와 수신자(검증자)가 공유한 비밀 정보를 이용하여 서명하여야 한다.

④ 서명한 문서의 내용을 임의로 변조하는 것이 불가능해야 한다.

---

1 ② 트로이목마 : 겉으로는 정상적이고 유용한 기능을 가진 컴퓨터 프로그램 이지만, 실제로는 시스템이나 네트워크의 취약성을 이용하거나 시스템이 허가되지 않은 접근을 가능하게 해 주는 악성 프로그램
　① 키로거(KeyLoggers) : 컴퓨터 사용자의 키보드 움직임을 탐지해 아이디나 패스워드, 계좌번호, 카드 번호 등과 같은 개인의 중요한 정보를 몰래 빼 가는 해킹 공격
　③ 애드웨어 : 소프트웨어 내장된 광고, 감염시 팝업 광고가 뜨거나 브라우저가 광고사이트로 연결
　④ 랜섬웨어(Ransomware) : '몸값(Ransom)'과 '소프트웨어(Software)'의 합성어로 시스템을 잠그거나 데이터를 암호화해 사용할 수 없도록 만든 뒤, 이를 인질로 금전을 요구하는 악성 프로그램

2 보안공격 : 전송되는 메시지에 대한 불법적인 공격자의 위협
　• 능동적 공격
　－시스템의 자원을 바꾸거나 동작에 영향을 미치려는 시도
　－종류 : 서비스 거부, 메시지 변조
　• 수동적 공격
　－시스템의 정보를 이용하거나 알아내려는 시도
　－종류 : 도청, 트래픽 분석

3 DDoS(Distributed Denial of Service) … 해킹 방식의 하나로서 여러 대의 공격자를 분산 배치하여 동시에 '서비스 공격'을 함으로써 시스템이 더 이상 정상적 서비스를 제공할 수 없도록 만드는 것

4 전자서명(Digital Signature) … 서명자가 해당 전자문서에 서명하였음을 나타내기 위해 전자문서에 첨부되거나 논리적으로 결합된 전자적 형태의 정보
　※ 전자서명의 특징
　• 위조불가 : 합법적인 서명자만이 전자서명을 생성할 수 있어야 함
　• 부인방지 : 서명한 사실을 부인할 수 없어야 함
　• 재사용불가 : 서명을 다른 전자문서의 서명으로 사용할 수 없어야 함
　• 변경불가 : 문서의 내용을 변경 불가해야 함
　• 서명자 인증 : 전자서명의 서명자를 누구든지 검증할 수 있어야 함

정답 및 해설 1.② 2.③ 3.① 4.③

5 다음은 IT 보안 관리를 위한 국제 표준(ISO/IEC 13335)의 위험 분석 방법에 대한 설명이다. ㉠~㉢에 들어갈 용어를 바르게 연결한 것은?

(㉠)은 가능한 빠른 시간 내에 적정 수준의 보호를 제공한 후 시간을 두고 중요 시스템에 대한 보호 수단을 조사하고 조정하는 것을 목표로 한다. 이 방법은 모든 시스템에 대하여 (㉡)에서 제시하는 권고 사항을 구현하는 것으로 시작한다. 중요 시스템을 대상으로 위험에 즉각적으로 대응하기 위하여 비정형 접근법이 적용될 수 있다. 그리고 (㉢)에 의한 단계별 프로세스를 적절하게 수행한다. 결과적으로 시간이 흐름에 따라 비용 대비 효과적인 보안 통제가 선택되도록 할 수 있다.

	㉠	㉡	㉢
①	상세 위험 분석	기준선 접근법	복합 접근법
②	상세 위험 분석	복합 접근법	기준선 접근법
③	복합 접근법	기준선 접근법	상세 위험 분석
④	복합 접근법	상세 위험 분석	기준선 접근법

6 다음에서 설명하는 크로스사이트 스크립팅(XSS) 공격의 유형은?

공격자는 XSS 코드를 포함한 URL을 사용자에게 보낸다. 사용자가 그 URL을 요청하고 해당 웹 서버가 사용자 요청에 응답한다. 이때 XSS 코드를 포함한 스크립트가 웹 서버로부터 사용자에게 전달되고 사용자 측에서 스크립트가 실행된다.

① 세컨드 오더 XSS   ② DOM 기반 XSS

③ 저장 XSS   ④ 반사 XSS

7 SHA 알고리즘에서 사용하는 블록 크기와 출력되는 해시의 길이를 바르게 연결한 것은?

	알고리즘	블록 크기	해시 길이
①	SHA-12	56비트	160비트
②	SHA-256	512비트	256비트
③	SHA-384	1024비트	256비트
④	SHA-512	512비트	512비트

5 위험분석 … 위험의 요소인 자산, 위협, 취약성, 정보보호대책을 분석하여 위험의 종류나 규모를 정함
- 복합 접근법 : 고위험영역을 식별하여 상세 위험분석을 수행하고, 그 외의 다른 영역은 베이스라인 접근법을 사용하는 방식으로 비용과 자원을 효과적으로 사용할 수 있으며 고위험 영역을 빠르게 식별하고 적절하게 처리할 수 있다는 장점이 있어 많이 사용
- 기준선 접근법 : 모든 시스템에 대하여 표준화된 보호대책의 세트를 체크리스트 형태로 제공하며 분석의 비용과 시간이 절약된다는 장점
- 상세 위험 분석 : 자산분석, 위협분석, 취약성 분석의 각 단계를 수행하여 위험을 평가하는 것으로 취약성 분석과 별도로 설치된 정보보호대책에 대한 분석을 수행

6 크로스사이트 스크립팅(XSS) … 웹 애플리케이션에서 많이 나타나는 취약점의 하나로 웹사이트 관리자가 아닌 이가 웹페이지에 악성 스크립트를 삽입할 수 있는 취약점
※ 종류
- 저장 XSS 공격 : 접속자가 많은 웹사이트를 대상으로 공격자가 XSS 취약점이 있는 웹서버에 공격용 스크립트를 입력시켜 놓으면 방문자가 악성 스크립트가 삽입되어 있는 페이지를 읽는 순간 방문자의 브라우저를 공격
- 반사 XSS 공격 : 반사 XSS 공격으로 악성 스크립트가 포함된 URL을 사용자가 클릭하도록 유도하여 URL을 클릭하면 클라이언트를 공격
- DOM 기반 XSS 공격 : DOM 환경에서 악성 URL을 통해 사용자의 브라우저를 공격

7
- 해시 알고리즘은 대표적으로 MD, SHA 알고리즘 이외에도 RMD160, TIGER, HAVAL 알고리즘 등이 있다.
- SHA 알고리즘은 미국 NSA에서 만들어졌으며 160비트의 값을 생성하는 해시함수로 MD4가 발전한 형태이며 MD5보다 조금 느리지만 좀 더 안전하다.
- ※ SHA 알고리즘의 종류와 특징

알고리즘	블록크기	해시 결과값 길이	해시 강도
SHA256	512	256	1
SHA384	1024	384	1.5
SHA512	1024	512	2

정답 및 해설 5.③ 6.④ 7.②

8 데이터베이스 접근 권한 관리를 위한 DCL(Data Control Language)에 속하는 명령으로 그 설명이 옳은 것은?

① GRANT : 사용자가 테이블이나 뷰의 내용을 읽고 선택한다.

② REVOKE : 이미 부여된 데이터베이스 객체의 권한을 취소한다.

③ DROP : 데이터베이스 객체를 삭제한다.

④ DENY : 기존 데이터베이스 객체를 다시 정의한다.

9 「개인정보 보호법」상 가명정보의 처리에 관한 특례에 대한 사항으로 옳지 않은 것은?

① 개인정보처리자는 통계작성, 과학적 연구, 공익적 기록보존 등을 위하여 정보주체의 동의 없이 가명정보를 처리할 수 있다.

② 개인정보처리자는 가명정보를 처리하는 과정에서 특정 개인을 알아볼 수 있는 정보가 생성된 경우에는 내부적으로 해당 정보를 처리 보관하되, 제3자에게 제공해서는 아니 된다.

③ 개인정보처리자는 가명정보를 처리하고자 하는 경우에는 가명정보의 처리 목적, 제3자 제공 시 제공받는 자 등 가명정보의 처리 내용을 관리하기 위하여 대통령령으로 정하는 사항에 대한 관련 기록을 작성하여 보관하여야 한다.

④ 통계작성, 과학적 연구, 공익적 기록보존 등을 위한 서로 다른 개인정보처리자 간의 가명정보의 결합은 개인정보 보호위원회 또는 관계 중앙행정기관의 장이 지정하는 전문기관이 수행한다.

10 시스템 내 하드웨어의 구동, 서비스의 동작, 에러 등의 다양한 이벤트를 선택·수집하여 로그로 저장하고 이를 다른 시스템에 전송할 수 있도록 해 주는 유닉스의 범용 로깅 메커니즘은?

① utmp

② syslog

③ history

④ pacct

8 데이터 제어어(DCL : Data Control Language)

㉠ 데이터의 보안, 무결성, 권한, 회복, 병행제어 등 정의하는데 사용하는 언어로 주로 데이터 관리를 목적으로 사용

㉡ 종류
- GRANT : 권한부여
- DENY : 권한금지

9 개인정보 보호법

제1조 목적

이 법은 개인정보의 처리 및 보호에 관한 사항을 정함으로써 개인의 자유와 권리를 보호하고, 나아가 개인의 존엄과 가치를 구현함을 목적으로 한다.

제2조(정의)

5. "개인정보처리자"란 업무를 목적으로 개인정보파일을 운용하기 위하여 스스로 또는 다른 사람을 통하여 개인정보를 처리하는 공공기관, 법인, 단체 및 개인 등을 말한다.

10 syslog
- 사용자 인증과 관련된 로그 및 커널, 데몬들에서 생성된 모든 로그를 포함하여 기록
- rlogin, ftp, finger, telnet, pop3 등에 대한 접속기록 및 접속 실패 기록

※ 유닉스/리눅스의 시스템의 로그파일 종류
- utmp : 시스템에 현재 로그인한 사용자들에 대한 상태 정보를 수집
- history : 시스템에 접근한 후 수행한 명령어들을 확인
- pacct : 시스템에 들어온 사용자가 어떤 명령어를 실행 시키고 어떠한 작업을 했는지에 대한 사용 내역 등이 기록

정답 및 해설 8.② 9.② 10.②

11 타원곡선 암호시스템(ECC)은 타원곡선 이산대수의 어려움을 이용한다. 그림과 같이 실수 위에 정의된 타원곡선과 타원곡선 상의 두 점 P와 R이 주어진 경우, R = kP를 만족하는 정수 k 의 값은? (단, 점선은 타원곡선의 접선, 점을 연결하는 직선 또는 수직선을 나타낸다)

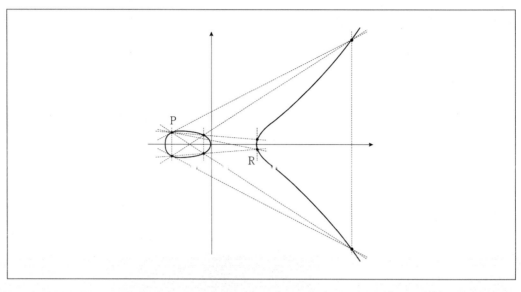

① 2

② 3

③ 4

④ 5

12 공개키 암호시스템에 대한 설명으로 옳은 것만을 모두 고르면?

> ㉠ 한 쌍의 공개키와 개인키 중에서 개인키만 비밀로 보관하면 된다.
> ㉡ 동일한 안전성을 가정할 때 ECC는 RSA보다 더 짧은 길이의 키를 필요로 한다.
> ㉢ 키의 분배와 관리가 대칭키 암호시스템에 비하여 어렵다.
> ㉣ 일반적으로 암호화 및 복호화 처리 속도가 대칭키 암호시스템에 비하여 빠르다.

① ㉠, ㉡

② ㉠, ㉣

③ ㉡, ㉢

④ ㉢, ㉣

11 타원곡선 암호시스템(ECC)

타원곡선의 대수적 구조를 기반으로 한 이산로그 문제에 착안해 만들어진 공개키 암호화 알고리즘

R＝kP

R＝공개키

k＝개인키

같은 값을 가지고 있는 P(공개키)를 구하는 타원곡선은 R=2로 정의 한다.

해당 P(공개키)를 지나는 직선이 2개이므로 R은 4P이므로 k는 4가 된다.

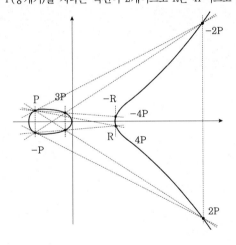

12 공개키 암호시스템 … 비밀키 암호와 달리 송신자와 수신자가 다른 키를 사용하여 비밀통신을 수행하며 송신자는 수신자의 공개키에 해당하는 정보를 사용하여 데이터를 암호화하여 네트워크를 통해 전송한다.

※ 특징
- 암호화 키와 복호화 키가 다르다.
- 대칭키(비밀키) 알고리즘에 비하여 속도가 느리다.
- 긴문서의 암호보다 대칭키(비밀키) 알고리즘의 키 값에 대한 암호에 사용한다.
- 키 관리와 키 분배가 용이하다.

정답 및 해설 11.③ 12.①

13 이메일의 보안을 강화하기 위한 기술이 아닌 것은?

① IMAP
② S/MIME
③ PEM
④ PGP

14 국제 정보보호 표준(ISO 27001:2013 Annex)은 14개 통제 영역에 대하여 114개 통제 항목을 정의하고 있다. 통제 영역의 하나인 물리적 및 환경적 보안에 속하는 통제 항목에 대한 설명에 해당하지 않는 것은?

① 보안 구역은 인가된 인력만의 접근을 보장하기 위하여 적절한 출입 통제로 보호한다.
② 자연 재해, 악의적인 공격 또는 사고에 대비한 물리적 보호를 설계하고 적용한다.
③ 데이터를 전송하거나 정보 서비스를 지원하는 전력 및 통신 배선을 도청, 간섭, 파손으로부터 보호한다.
④ 정보보호에 영향을 주는 조직, 업무 프로세스, 정보 처리 시설, 시스템의 변경을 통제한다.

15 대칭키 암호시스템에 대한 암호 분석 방법과 암호 분석가에게 필수적으로 제공되는 모든 정보를 연결한 것으로 옳지 않은 것은?

① 암호문 단독(ciphertext only) 공격 – 암호 알고리즘, 해독할 암호문
② 기지 평문(known plaintext) 공격 – 암호 알고리즘, 해독할 암호문, 임의의 평문
③ 선택 평문(chosen plaintext) 공격 – 암호 알고리즘, 해독할 암호문, 암호 분석가에 의해 선택된 평문과 해독할 암호문에 사용된 키로 생성한 해당 암호문
④ 선택 암호문(chosen ciphertext) 공격 – 암호 알고리즘, 해독할 암호문, 암호 분석가에 의해 선택된 암호문과 해독할 암호문에 사용된 키로 복호화한 해당 평문

13 IMAP … 인터넷 메일 서버에서 메일을 읽기 위한 인터넷 표준 통신 규약

※ 이메일의 보안을 강화하기 위한 기술 종류

- S/MIME
- 현재 가장 널리 사용되는 이메일 보안 프로토콜
- PEM 구현의 복잡성, PGP의 낮은 보안성과 기존 시스템과의 통합이 용이하지 않다는 점을 보완하기 위해 개발
- PEM : IETF에서 인터넷 드래프트로 채택한 기밀성, 인증, 무결성, 부인방지를 지원하는 이메일 보안기술
- PGP : 대표적인 이메일과 파일보호를 위해 암호화를 사용하는 암호시스템

14 국제 정보보호 표준(ISO 27001:2013 Annex)

- 정보보호관리체계에 대해 국제 인증 시 필요한 요구사항의 국제 인증 규격
- 조직의 자산 및 정보 보호를 위해 정보보호관리체계를 수립하는 국제 인증 규격

※ 국제 정보보호 표준(ISO 27001:2013 Annex)의 인증요구사항

- **보안정책** : 정보보호에 대한 경영방침과 지원사항에 대한 통제구조
- **정보보안조직** : 조직 내에서 보안을 관리하기 위한 보안 조직 구성, 책임, 역할이다.
- **인적자원보안** : 인적오류, 절도, 사기 등의 위험을 감소하기 위한 대응 방안을 확인한다.
- **자산관리** : 조직 자산에 대한 분류 및 이에 따른 적절한 보호 프로세스를 말한다.
- **접근통제** : 문서화된 접근 통제 정책, 패스워드 사용, 권한관리 등을 말한다.
- **암호통제** : 정보에 대한 기밀성, 인증, 무결성을 보호하도록 암호화 사용을 말한다.
- **물리적/환경적보안** : 사업자의 비 인가된 접근 및 방해요인 예방을 위한 대응책
- **운영보안** : 정보처리 시설의 정확하고 안전한 운영을 보장하기 위한 대응
- **통신보안** : 네트워크 상의 정보와 정보처리시스템의 보호를 보장
- **정보시스템 취득, 개발, 유지보수** : 데이터 암호화, 메시지 인증, 변경관리 절차, 소프트웨어 패키지 변경 제한 등을 말한다.
- **공급자 관계** : 공급자가 접근할 수 있는 조직 자산에 대한 보호를 보장
- **정보보안 사고관리** : 보안사고에 대한 대응 절차의 수립 및 이행 보장
- **업무연속성관리** : 업무 지속성 계획 절차, 업무 지속성 계획 시험 및 계획 갱신
- **준거성** : 소프트웨어 복제 통제, 조직 기록의 보호, 데이터 보호 등을 말한다.

15 대칭키 암호시스템

- 암호화에 사용되는 암호키와 복호화에 사용되는 암호키가 동일한 암호화 기법
- 암호공격은 당사자가 아닌 제3자가 암호키가 없는 상태에서 암호문을 복호화 시키는 방법을 말하며 주로 암호키와 평문을 찾는 것을 그 목적으로 한다.
- **암호문 단독(ciphertext only Attack) 공격** : 암호 공격자에게는 가장 불리한 방법으로 공격자는 단지 암호문만을 가지고 있으며 이로부터 평문 또는 키를 찾아내는 방법.
- **알려진 평문(known plaintext Attack) 공격** : 공격자가 특정 암호문에 대한 평문을 알고 있는 상황에서 키를 찾아내거나 다른 암호문에 대한 평문을 알아내는 방법
- **선택 평문(chosen plaintext Attack) 공격** : 공격자가 암호장치에 얼마든지 접근할 수 있어서 선택된 평문을 입력하고 그에 대한 암호문을 얻을 수 있는 상황에서 복호화키를 찾아내거나 선택된 암호문에 대한 평문을 찾아내고자 한다.
- **선택 암호문(chosen ciphertext Attack) 공격** : 공격자가 복호화 장치에 접근할 수 있어서 선택한 어떤 암호문에 대해서도 평문을 얻을 수 있는 능력을 가지고 있는 경우에 키를 찾아내거나 선택된 암호문에 대해 평문을 얻고자 하는 공격이다.

정답 및 해설 13.① 14.④ 15.②

16 IPv4 패킷에 대하여 터널 모드의 IPSec AH(Authentication Header) 프로토콜을 적용하여 산출된 인증 헤더가 들어갈 위치로 옳은 것은?

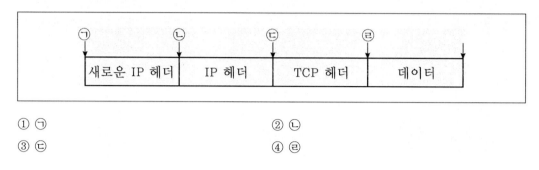

① ㉠

② ㉡

③ ㉢

④ ㉣

17 정보보호 관련 법률과 소관 행정기관을 잘못 짝 지은 것은?

① 「전자정부법」 – 행정안전부

② 「신용정보의 이용 및 보호에 관한 법률」 – 금융위원회

③ 「정보통신망 이용촉진 및 정보보호 등에 관한 법률」 – 개인정보보호위원회

④ 「정보통신기반 보호법」 – 과학기술정보통신부

18 침입탐지시스템의 비정상(anomaly) 탐지 기법에 대한 설명으로 옳지 않은 것은?

① 상대적으로 급격한 변화나 발생 확률이 낮은 행위를 탐지한다.

② 정상 행위를 예측하기 어렵고 오탐률이 높지만 알려지지 않은 공격에도 대응할 수 있다.

③ 수집된 다양한 정보로부터 생성한 프로파일이나 통계적 임계치를 이용한다.

④ 상태전이 분석과 패턴 매칭 방식이 주로 사용된다.

16 IPSec(Internet Protocol Security)
- 암호화 기술을 이용하여 IP 패킷 단위로 데이터 변조 방지 및 은닉 기능을 제공하는 프로토콜 모음
- IPSec AH(Authentication Header) : 인증헤더 및 데이터 무결성 보장을 위해 동작

※ IPSec의 동작모드
- 전송모드 : IP패킷의 페이로드를 보호하는 모드, 즉 IP의 상위 프로토콜 데이터를 보호하는 모드

최초 IP 헤더	AH	TCP 데이터	전송 데이터

- 터널모드 : IP 패킷 전체를 보호하는 모드로 IPsec으로 캡슐화하여 IP헤더를 식별할 수 없기 때문에 네트워크 상 패킷 전송이 불가능하다.

새로운 IP 헤더	AH	최초IP 헤더	TCP 데이터	전송 데이터

17 「정보통신망 이용촉진 및 정보보호 등에 관한 법률」 – 방송통신위원회, 과학기술정보통신부

18 IDS(침입 탐지 시스템) … 컴퓨터 시스템의 비정상적인 사용, 오용, 남용 등 알려진 특정공격에 대해 수집된 정보를 조사 및 분석하여 공격 시그니처를 저장한 데이터베이스의 구축을 끝낸 후 그렇게 사전에 저장된 정보와 현재 통신을 비교하여 일치하는 통신을 실시간으로 탐지 혹은 감지하는 수동적인 방어 개념의 시스템

	오용탐지	이상탐지(anomaly)
정의	데이터베이스에 등록된 침입 패턴 정보를 침입자의 활동기록과 비교하여 동일하면 침입으로 간주한다.	데이터베이스에 등록된 정상 패턴을 침입자의 활동 기록과 비교하여 다르면 침입으로 간주한다.
동작방식	시그니처	설정, 행동, 통계
탐지기법	시그니처 분석 상태 전이 페트리넷	통계적 방법 데이터 마이닝 기계학습
기술	패턴 비교	신경망 – 인공지능을 통한 학습
장점	오탐율 낮음 빠른 속도	사전 침입 탐지
단점	알려지지 않은 공격 탐지 불가	오탐율 높음

19 「전자서명법」상 과학기술정보통신부장관이 정하여 고시하는 전자서명인증업무 운영기준에 포함되어 있는 사항이 아닌 것은?

① 전자서명 관련 기술의 연구 · 개발 · 활용 및 표준화

② 전자서명 및 전자문서의 위조 · 변조 방지대책

③ 전자서명인증서비스의 가입 · 이용 절차 및 가입자 확인방법

④ 전자서명인증업무의 휴지 · 폐지 절차

20 안드로이드 보안 체계에 대한 설명으로 옳지 않은 것은?

① 모든 응용 프로그램은 일반 사용자 권한으로 실행된다.

② 기본적으로 안드로이드는 일반 계정으로 동작하는데 이를 루트로 바꾸면 일반 계정의 제한을 벗어나 기기에 대한 완전한 통제권을 가질 수 있다.

③ 응용 프로그램은 샌드박스 프로세스 내부에서 실행되며, 기본적으로 시스템과 다른 응용 프로그램으로의 접근이 통제된다.

④ 설치되는 응용 프로그램은 구글의 인증 기관에 의해 서명 · 배포된다.

19 제7조(전자서명인증업무 운영기준 등)

① 과학기술정보통신부장관은 전자서명의 신뢰성을 높이고 가입자 및 이용자가 합리적으로 전자서명인증서비스를 선택할 수 있도록 정보를 제공하기 위하여 필요한 조치를 마련하여야 한다.

② 과학기술정보통신부장관은 다음 각 호의 사항이 포함된 전자서명인증업무 운영기준(이하 "운영기준"이라 한다)을 정하여 고시한다. 이 경우 운영기준은 국제적으로 인정되는 기준 등을 고려하여 정하여야 한다.

1. 전자서명 및 전자문서의 위조 · 변조 방지대책
2. 전자서명인증서비스의 가입 · 이용 절차 및 가입자 확인방법
3. 전자서명인증업무의 휴지 · 폐지 절차
4. 전자서명인증업무 관련 시설기준 및 자료의 보호방법
5. 가입자 및 이용자의 권익 보호대책
6. 그 밖에 전자서명인증업무의 운영 · 관리에 관한 사항

20 안드로이드의 보안체계

• **응용프로그램의 권한관리** : 안드로이드에 설치된 모든 응용 프로그램은 일반 사용자 권한으로 실행

• **응용프로그램에 대한 서명** : 안드로이드 역시 애플과 마찬가지로 설치되는 응용 프로그램에 대해 서명을 하고 있다. 하지만 애플이 자신의 CA를 통해 각 응용프로그램을 서명하여 배포하는 반면, 안드로이드는 개발자가 서명하도록 하는 점이 가장 큰 차이점이다.

• **샌드박스 활용** : 안드로이드 애플리케이션 역시 iOS와 마찬가지로 샌드박스 프로세스 내부에서 실행되며 기본적으로 시스템과 다른 어플리케이션에 접근하는 것을 통제하고 있다. 하지만 안드로이드는 특정 형태를 갖추어 권한을 요청하는 것을 허용

• **안드로이드의 취약점**

－안드로이드는 사용자의 선택에 따라 보안 수준을 선택할 수 있으며 iOS보다 훨씬 자유로운 운영체제이다.

－기본적으로 안드로이드는 일반 계정으로 동작할 때 약간의 제한이 있는데, 이를 루트권한으로 바꾸면 제한을 넘어서서 모바일 기기에 대한 완전한 통제권을 가질 수 있다.

정답 및 해설 19.① 20.④

1 보안의 3대 요소 중 적절한 권한을 가진 사용자가 인가한 방법으로만 정보를 변경할 수 있도록 하는 것은?

① 무결성(integrity)
② 기밀성(confidentiality)
③ 가용성(availability)
④ 접근성(accessability)

2 스트림 암호에 대한 설명으로 옳지 않은 것은?

① 데이터의 흐름을 순차적으로 처리해 가는 암호 알고리즘이다.
② 이진화된 평문 스트림과 이진 키스트림 수열의 XOR 연산으로 암호문을 생성하는 방식이다.
③ 스트림 암호 알고리즘으로 RC5가 널리 사용된다.
④ 구현이 용이하고 속도가 빠르다는 장점이 있다.

3 DES(Data Encryption Standard)에 대한 설명으로 옳지 않은 것은?

① 1977년에 미국 표준 블록 암호 알고리즘으로 채택되었다.
② 64비트 평문 블록을 64비트 암호문으로 암호화한다.
③ 페이스텔 구조(Feistel structure)로 구성된다.
④ 내부적으로 라운드(round)라는 암호화 단계를 10번 반복해서 수행한다.

1 보안의 3대 요소
- **기밀성(confidentiality)** : 인가된 사용자만 정보자산에 접근할수 있는 것
- **무결성(integrity)** : 적절한 권한을 가진 사용자가 인가한 방법으로만 정보를 변경할 수 있도록 하는 것
- **가용성(availability)** : 필요한 시점에 정보 자산에 대한 접근이 가능하도록 하는 것

2 스트림 암호 ⋯ 대칭키 암호의 구조 중 하나로, 유사난수를 스트림으로 생성하여 암호화하려는 자료와 결합하는 구조로 블록단위로 암호화, 복호화 되는 블록암호와는 달리 이진화된 평문 스트림과 이진 키스트림의 XOR 연산으로 1비트의 암호문을 생성하는 방식

※ 특징
- 하드웨어 구현이 간편하며 속도가 빠르다.
- 대표적으로 RC4가 널리 사용된다.

3 DES(Data Encryption Standard)
- 64비트의 평문을 46비트의 암호문으로 만드는 블록 암호 시스템으로 64비트의 키를 사용
- 16라운드의 반복적인 암호화 과정을 갖고 있으며, 각 라운드마다 전치 및 대치의 과정을 거친 평문과 56비트의 내부키에서 나온 48비트의 키가 섞여 암호문을 만든다.
- DES는 16번의 라운드 함수를 사용하며 각 라운드 함수는 페이스텔 암호로 되어 있다.

정답 및 해설 1.① 2.③ 3.④

4 다음 ㈎~㈐에 해당하는 악성코드를 옳게 짝 지은 것은?

㈎ 사용자의 문서와 사진 등을 암호화시켜 일정 시간 안에 일정 금액을 지불하면 암호를 풀어주는 방식으로 사용자에게 금전적인 요구를 하는 악성코드

㈏ 운영체제나 특정 프로그램의 취약점을 이용하여 공격하는 악성코드

㈐ 외부에서 파일을 내려받는 다운로드와 달리 내부 데이터로부터 새로운 파일을 생성하여 공격을 수행하는 악성코드

	㈎	㈏	㈐
①	드로퍼	익스플로잇	랜섬웨어
②	드로퍼	랜섬웨어	익스플로잇
③	랜섬웨어	익스플로잇	드로퍼
④	랜섬웨어	드로퍼	익스플로잇

5 ISO 27001의 정보보호영역(통제분야)에 해당하지 않은 것은?

① 소프트웨어 품질 보증(Software Quality Assurance)

② 접근통제(Access Control)

③ 암호화(Cryptography)

④ 정보보안 사고관리(Information Security Incident Management)

4 ㈎ 랜섬웨어 : 사용자 컴퓨터 시스템에 침투하여 중요 파일에 대한 접근을 차단하고 금품을 요구하는 악성프로그램

㈏ 익스플로잇(취약점 공격) : 컴퓨터의 소프트웨어나 하드웨어 및 컴퓨터 관련 전자 제품의 버그, 보안 취약점 등 설계상 결함을 이용해 공격자의 의도된 동작을 수행하도록 만들어진 절차나 일련의 명령

㈐ 드로퍼 : 컴퓨터 사용자가 인지하지 못하는 순간에 바이러스 혹은 트로이 목마 프로그램을 사용자의 컴퓨터에 설치하는 프로그램

5 ISO 27001 ··· 국제 표준 정보 보호 관리 체계(ISME) 인증으로 국제표준화기구에서 제정한 국제 정보 보호 관리 체계 국제 인증 규격

※ [ISO27001의 인증요구사항] 2013기준, 총 14개 도메인

도메인	설명
보안정책	정보보호에 대한 경영방침과 지원사항에 대한 통제구조
정보보안조직	조직 내에서 보안을 관리하기 위한 보안 조직 구성/책임/역할
인적자원보안	인적오류, 절도, 사기 등의 위험을 감소하기 위한 대응 방안 확인
자산관리	조직 자산에 대한 분류 및 이에 따른 적절한 보호 프로세스
접근통제	문서화된 접근 통제 정책, 패스워드 사용, 권한 관리 등
암호통제	정보에 대한 기밀성, 인증, 무결성을 보호하도록 암호화 사용
물리적/환경적보안	사업자의 비 인가된 접근 및 방해요인 예방을 위한 대응책
운영보안	정보처리 시설의 정확하고 안전한 운영을 보장하기 위한 대응
통신보안	네트워크 상의 정보와 정보처리시스템의 보호를 보장
정보시스템 취득, 개발, 유지보수	데이터 암호화, 메시지 인증, 변경관리 절차, 소프트웨어 패키지 변경 제한 등
공급자 관계	공급자가 접근할 수 있는 조직 자산에 대한 보호를 보장
정보보안사고관리	보안사고에 대한 대응 절차의 수립 및 이행 보장
업무연속성관리	업무 지속성 계획절차, 업무 지속성 계획 시험 및 계획 갱신
준거성	소프트웨어 복제 통제, 조직 기록의 보호, 데이터 보호 등

정답 및 해설 4.③ 5.①

6 암호화 알고리즘과 복호화 알고리즘에서 각각 다른 키를 사용하는 것은?

① SEED

② ECC

③ AES

④ IDEA

7 DoS(Denial of Service)의 공격유형이 아닌 것은?

① Race Condition

② TearDrop

③ SYN Flooding

④ Land Attack

8 다음에서 설명하는 방화벽 구축 형태는?

- 배스천(Bastion) 호스트와 스크린 라우터를 혼합하여 사용한 방화벽
- 외부 네트워크와 내부 네트워크 사이에 스크린 라우터를 설치하고 스크린 라우터와 내부 네트워크 사이에 배스천 호스트를 설치

---

① Bastion Host

② Dual Homed Gateway

③ Screened Subnet Gateway

④ Screened Host Gateway

6 ㉠ 대칭키 암호화 알고리즘
- 암호화와 복호화에 동일한 비밀키를 사용하는 암호화 알고리즘
- 현재 가장 널리 쓰이는 암호화 방식은 미국표준방식인 AES이며, 128, 192, 256 비트 등의 다양한 키를 적용할 수 있으며, 보안성이 뛰어나다.
- 종류 : Diffie-Hellman, AES, DES, DES3, SEED, IDEA 등

㉡ 비 대칭형 암호화 방식
- 암호화, 복호화 과정에서 사용되는 비밀키가 서로 다른 암호화 알고리즘.
- 종류 : Diffie-Hellman, DSS, ElGamal, ECC, RSA 등

㉢ ECC(타원곡선암호)
- 타원곡선 시스템을 이용한 공개키 암호방식
- 타원곡선이라고 불리는 수식에 의해서 정의되는 특수한 가산법을 기반으로 하여 암호화, 복호화를 하는 암호화 방식
- 특징
  - 짧은 키 사이즈로 높은 안전성이 확보
  - 서명할 때의 계산을 고속으로 할 수 있는 것

㉣ SEED 알고리즘 : 전자상거래, 금융, 무선통신 등에서 전송되는 개인정보와 같은 중요한 정보를 보호하기 위해 1999년 2월 한국 인터넷진흥원과 국내 암호 전문가들이 순수 국내 기술로 개발한 128비트 블록의 암호 알고리즘

㉤ AES 알고리즘
- 미국 표준으로 사용되고 있는 대칭 암호 알고리즘
- 국가표준으로 사용되었던 DES의 취약점을 보완하기 위해 고안된 암호 알고리즘

㉥ IDEA 알고리즘(기타 대칭형 알고리즘) : 1990년 머시와 라이가 개발한 공개키 암호화 알고리즘의 일종으로 개량형 데이터 암호화 알고리즘이다.

7 • DoS(Denial of Service) 공격 : 시스템이나 네트워크의 구조적 취약점을 공격하여 정상적인 서비스를 지연시키거나 마비시키는 해킹 공격
① Race Condition : 멀티프로세싱 시스템 환경에서 특정자원에 대하여 여러 프로세스 가동시에 자원을 획득하려고 경쟁하는 상태
② TearDrop : 프로토콜은 목적의 차이는 있으나 기본적으로 데이터 전송에 있어 신뢰성 있는 연결을 제공하려 하기 때문에 신뢰성이 확인되지 않는 데이터 전송에 대하여 반복적인 재요구와 수정을 하게 되는데 Boink, Bonk 및 Teardrop은 모두 공격 대상이 이런 반복적인 재요구와 수정을 계속하게 하여 시스템이 자원을 고갈시키는 공격
③ SYN Flooding : 네트워크에서 각 서비스를 제공하는 시스템에는 동시 사용자 수에 대한 제한이 있다. 설정상의 차이는 있지만 무제한은 아니기 때문에 존재하지 않는 클라이언트가 접속한 것처럼 속여서 다른 정상적인 사용자가 접속이 불가능하게 하는 공격방법
④ Land Attack : 패킷을 전송할 때 출발지 IP와 목적지 IP 주소 값을 공격대상의 IP 주소와 똑같이 만들어서 공격 대상에게 보내는 것

8 ④ Screened Host Gateway : 스크리닝 라우터와 베스천 호스트의 혼합구성으로 네트워크, 트랜스포트 계층에서 스크리닝 라우터가 1차로 필터링 하고 어플리케이션 계층에서 2차로 베스천 호스트가 방어한다.
① Bastion Host : 침입 차단 소프트웨어가 설치되어 내부와 외부 네트워크 사이에서 일종의 게이트 역할을 수행하는 호스트
② Dual Homed Gateway : 두 개의 네트워크 인터페이스를 가진 베스천 호스트를 이용하여 구성
③ Screened Subnet Gateway : 일반적으로 DMZ 구간을 운영하는 구축형태로 가장 안전하지만 가장 비싸고 가장 느리다.

정답 및 해설   6.② 7.① 8.④

9 다음에서 설명하는 보안 기술은?

> • 해시 함수를 이용하여 메시지 인증 코드를 구현한다.
> • SHA-256을 사용할 수 있다.

① HMAC(Hash based Message Authentication Code)

② Block Chain

③ RSA(Rivest-Shamir-Adleman)

④ ARIA(Academy, Research Institute, Agency)

10 스미싱 공격에 대한 설명으로 옳지 않은 것은?

① 공격자는 주로 앱을 사용하여 공격한다.

② 스미싱은 개인 정보를 빼내는 사기 수법이다.

③ 공격자는 사용자가 제대로 된 url을 입력하여도 원래 사이트와 유사한 위장 사이트로 접속시킨다.

④ 공격자는 문자 메시지 링크를 이용한다.

11 디지털 포렌식을 통해 획득한 증거가 법적인 효력을 갖기 위해 만족해야 할 원칙이 아닌 것은?

① 정당성의 원칙

② 재현의 원칙

③ 무결성의 원칙

④ 기밀성의 원칙

9 ① HMAC(Hash based Message Authentication Code) : 암호화 해시 함수와 기밀 암호화 키를 수반하는 특정한 유형의 메시지 인증코드
② Block Chain : 가상 화폐로 거래할 때 해킹을 막기 위한 기술
③ RSA(Rivest−Shamir−Adleman) : 공개키와 개인키를 세트로 만들어서 암호화와 복호화를 하는 인터넷 암호화 및 인증 시스템
④ ARIA(Academy, Research Institute, Agency) : 전자정부 구현 등으로 다양한 환경에 적합한 암호화 알고리즘이 필요하게 됨에 따라 국가보안기술연구소 주도로 학계, 국가정보원 등의 암호기술 전문가들이 힘을 모아 개발한 국가 암호화 알고리즘. 128/192/256 비트의 ISPN 구조

10 • 스미싱 공격
　－휴대폰 상에서 SMS를 이용해 실행되는 피싱 공격 유형
　－스미싱 메시지는 링크를 클릭하거나 전화번호로 통화해 민감한 정보를 넘겨주도록 위협하거나 유혹
　• 파밍 : 사용자들로 하여금 진짜 사이트로 오인하여 접속하도록 유도한 뒤에 개인정보를 훔치는 새로운 컴퓨터 범죄

11 ㉠ 디지털포렌식 : 컴퓨터 관련 조사/수사를 지원하며, 디지털 데이터가 법적 효력을 갖도록 하는 과학적/논리적 절차와 방법을 연구하는 학문으로 정의한다.
㉡ 포렌식 : 1991년 미국 오레곤주 포틀랜드의 국제 컴퓨터 수사 전문가 협회(IACIS)에서 개설한 교육과정에서 '디지털포렌식'이라는 용어를 처음 사용하면서 많이 쓰이게 되었다.
㉢ 디지털포렌식 기본원칙 : 포렌식을 통해서 증거를 획득하고, 이 증거가 법적인 효력을 갖기 위해서는 그 증거를 발견하고, 기록하고, 획득하고, 보관하는 절차가 적절해야 하며 이를 만족하기 위해서는 기본원칙이 반드시 지켜져야 한다. 정당성의 원칙, 재현의 원칙, 신속성의 원칙, 절차연속성의 원칙, 무결성의 원칙과 같이 5가지 원칙이 있다.
• 정당성의 원칙 : 모든 증거는 적법한 절차를 거쳐서 획득한 것이어야 하며, 위법한 절차를 거쳐 획득한 증거는 증거 능력이 없다.
• 재현의 원칙 : 법정에 이 증거를 제출하기 위해서는 똑같은 환경에서 같은 결과가 나오도록 재현이 가능해야 한다.
• 신속성의 원칙 : 컴퓨터 내부의 정보는 휘발성을 가진 것이 많기 때문에 비교적 신속하게 이루어져야 한다.
• 절차연속성의 원칙 : 증거는 획득되고, 이송 – 분석 – 보관 – 법정제출이라는 일련의 과정이 명확해야 하며, 이러한 과정에 대한 추적이 가능해야 한다.
• 무결성의 원칙 : 수집된 정보는 연계보관성을 만족시키고 각 단계를 거치는 과정에서 위조·변조되어서는 안 되며, 이러한 사항을 매번 확인해야 한다. 하드디스크 같은 경우에는 해시값을 구해 각 단계마다 그 값을 확인하여 무결성을 입증할 수 있어야 한다.

정답 및 해설 9.① 10.③ 11.④

12 「개인정보 보호법」상의 개인정보에 대한 설명으로 옳지 않은 것은?

① 개인정보 보호위원회의 위원 임기는 3년이다.

② 개인정보는 가명처리를 할 수 없다.

③ 개인정보 보호위원회의 위원은 대통령이 임명 또는 위촉한다.

④ 개인정보처리자는 개인정보파일의 운용을 위하여 다른 사람을 통하여 개인정보를 처리할 수 있다.

12 「개인정보 보호법」

제1조(목적) 이 법은 개인정보의 처리 및 보호에 관한 사항을 정함으로써 개인의 자유와 권리를 보호하고, 나아가 개인의 존엄과 가치를 구현함을 목적으로 한다.

제2조(정의)

1. "개인정보"란 살아 있는 개인에 관한 정보로서 다음 각 목의 어느 하나에 해당하는 정보를 말한다.

　가. 성명, 주민등록번호 및 영상 등을 통하여 개인을 알아볼 수 있는 정보

제2장 개인정보 보호정책의 수립 등

제7조(개인정보 보호위원회)

① 개인정보 보호에 관한 사무를 독립적으로 수행하기 위하여 국무총리 소속으로 개인정보 보호위원회(이하 "보호위원회"라 한다)를 둔다.

　나. 해당 정보만으로는 특정 개인을 알아볼 수 없더라도 다른 정보와 쉽게 결합하여 알아볼 수 있는 정보. 이 경우 쉽게 결합할 수 있는지 여부는 다른 정보의 입수 가능성 등 개인을 알아보는 데 소요되는 시간, 비용, 기술 등을 합리적으로 고려하여야 한다.

　다. 가목 또는 나목을 제1호의2에 따라 가명처리함으로써 원래의 상태로 복원하기 위한 추가 정보의 사용·결합 없이는 특정 개인을 알아볼 수 없는 정보(이하 "가명정보"라 한다)

1의2. "가명처리"란 개인정보의 일부를 삭제하거나 일부 또는 전부를 대체하는 등의 방법으로 추가 정보가 없이는 특정 개인을 알아볼 수 없도록 처리하는 것을 말한다.

2. "처리"란 개인정보의 수집, 생성, 연계, 연동, 기록, 저장, 보유, 가공, 편집, 검색, 출력, 정정(訂正), 복구, 이용, 제공, 공개, 파기(破棄), 그 밖에 이와 유사한 행위를 말한다.

3. "정보주체"란 처리되는 정보에 의하여 알아볼 수 있는 사람으로서 그 정보의 주체가 되는 사람을 말한다.

4. "개인정보파일"이란 개인정보를 쉽게 검색할 수 있도록 일정한 규칙에 따라 체계적으로 배열하거나 구성한 개인정보의 집합물(集合物)을 말한다.

5. "개인정보처리자"란 업무를 목적으로 개인정보파일을 운용하기 위하여 스스로 또는 다른 사람을 통하여 개인정보를 처리하는 공공기관, 법인, 단체 및 개인 등을 말한다.

6. "공공기관"이란 다음 각 목의 기관을 말한다.

　가. 국회, 법원, 헌법재판소, 중앙선거관리위원회의 행정사무를 처리하는 기관, 중앙행정기관(대통령 소속 기관과 국무총리 소속 기관을 포함한다) 및 그 소속 기관, 지방자치단체

　나. 그 밖의 국가기관 및 공공단체 중 대통령령으로 정하는 기관

7. "영상정보처리기기"란 일정한 공간에 지속적으로 설치되어 사람 또는 사물의 영상 등을 촬영하거나 이를 유·무선망을 통하여 전송하는 장치로서 대통령령으로 정하는 장치를 말한다.

8. "과학적 연구"란 기술의 개발과 실증, 기초연구, 응용연구 및 민간 투자 연구 등 과학적 방법을 적용하는 연구를 말한다.

제2장 개인정보 보호정책의 수립 등

제7조(개인정보 보호위원회) ① 개인정보 보호에 관한 사무를 독립적으로 수행하기 위하여 국무총리 소속으로 개인정보 보호위원회(이하 "보호위원회"라 한다)를 둔다.

제7조의2(보호위원회의 구성 등)

① 보호위원회는 상임위원 2명(위원장 1명, 부위원장 1명)을 포함한 9명의 위원으로 구성한다.

② 보호위원회의 위원은 개인정보 보호에 관한 경력과 전문지식이 풍부한 다음 각 호의 사람 중에서 위원장과 부위원장은 국무총리의 제청으로, 그 외 위원 중 2명은 위원장의 제청으로, 2명은 대통령이 소속되거나 소속되었던 정당의 교섭단체 추천으로, 3명은 그 외의 교섭단체 추천으로 대통령이 임명 또는 위촉한다.

제7조의4(위원의 임기) ① 위원의 임기는 3년으로 하되, 한 차례만 연임할 수 있다.

정답 및 해설 12.②

13 DoS 및 DDoS 공격 대응책으로 옳지 않은 것은?

① 방화벽 및 침입 탐지 시스템 설치와 운영

② 시스템 패치

③ 암호화

④ 안정적인 네트워크 설계

14 국제 공통 평가기준(Common Criteria)에 대한 설명으로 옳지 않은 것은?

① CC는 국제적으로 평가 결과를 상호 인정한다.

② CC는 보안기능수준에 따라 평가 등급이 구분된다.

③ 보안목표명세서는 평가 대상에 해당하는 정보보호 시스템의 보안 요구 사항, 보안 기능 명세 등을 서술한 문서이다.

④ 보호프로파일은 보안 문제를 해결하기 위해 작성한 제품군별 구현에 독립적인 보안요구사항 등을 서술한 문서이다.

15 생체인증(Biometrics)에 대한 설명으로 옳지 않은 것은?

① 생체 인증은 불변의 신체적 특성을 활용한다.

② 생체 인증은 지문, 홍채, 망막, 정맥 등의 특징을 활용한다.

③ 얼굴은 행동적 특성을 이용한 인증 수단이다.

④ 부정허용률(false acceptance rate)은 인증되지 않아야 할 사람을 인증한 값이다.

13 ㉠ DoS(Denial of Service) **공격** : 시스템이나 네트워크의 구조적 취약점을 공격하여 정상적인 서비스를 지연시키거나 마비시키는 해킹 공격

㉡ DDoS(Distributed Denial of Service) **공격** : DoS 공격의 업그레이드 판으로 DDoS 공격은 수많은 DoS 공격이 한 사람의 공격자에 의해 동시에 일어나게 하는 것

㉢ DoS와 DDoS 공격에 대한 대응책

- 방화벽 설치와 운영
- 침입탐지 시스템 설치와 운영
- 안정적인 네트워크의 설계
- 홈페이지 보안 관리
- 시스템 패치
- 스캔 및 서비스별 대역폭 제한

14 국제 공통 평가기준(Common Criteria) : 국가마다 서로 다른 정보보호시스템 평가기준을 연동하고 평가결과를 상호 인증하기 위해 제정된 평가기준

㉠ 평가 : 보안기능과 보호기능으로 나누어 평가

㉡ 보안등급체계

- EAL 부여
- EAL0 : 부적절
- EAL1-EAL7 : 평가 보안 등급 체계

※ 관련작성문서

- 보호프로파일(PP : Protection Profile)
- 정보보호제품이 갖추어야 할 공통적인 보안 요구사항들 목록
- CC의 기능과 보증요구사항을 이용하여 특정제품의 구현과 상관없이 보안 요구 사항을 정의한 문서
- 보안목표명세서(ST : Security Target)
- 보호프로파일을 기초로 보안 기능을 서술한 문서
- 시스템 사용환경, 보안 환경, 보안기능 명세서 등을 포함

15 생체인증(Biometrics) … 살아있는 사람의 신원을 생리학적 특징이나 행동적 특징을 기반으로 하여 인증하는 기술로 인간의 특성을 디지털화하여 보안용 패스워드로 활용

- 생체인식 정보
- 생체인식을 위한 신체정보는 생리학적 정보와 행동적 정보로 나눈다.
- 생리학적 정보 : 홍체, 망막, 손모양, 정맥, 지문, 얼굴 등
- 행동적 정보
- 음성, 필체, 키스트로크, 걸음걸이 등
- 생체 인식의 정확도
- **부정 거부율** : 이 매개변수는 인식돼야 할 사람이 얼마나 자주 시스템에 의해서 인식이 되지 않는지를 나타내는 값
- **부정허용률** : 이 매개변수는 인식되어서는 안될 사람이 얼마나 자주 시스템에 의해서 인식이 되는지를 나타내는 값

정답 및 해설 13.③ 14.② 15.③

16 「정보통신망 이용촉진 및 정보보호 등에 관한 법률」 제45조의3(정보보호 최고책임자의 지정 등)에 따른 정보보호 최고책임자의 업무가 아닌 것은?

① 정보보호 사전 보안성 검토

② 정보보호 취약점 분석·평가 및 개선

③ 중요 정보의 암호화 및 보안서버 적합성 검토

④ 정보통신시설을 안정적으로 운영하기 위하여 대통령령으로 정하는 바에 따른 보호조치

17 정보보호 및 개인정보보호 관리체계 인증에 대한 설명으로 옳은 것은?

① 인증기관 지정의 유효기간은 2년이다.

② 사후심사는 인증 후 매년 사후관리를 위해 실시된다.

③ 인증심사 기준은 12개 분야 92개 통제 사항이다.

④ 인증심사원은 2개 등급으로 구분된다.

16 「정보통신망 이용촉진 및 정보보호 등에 관한 법률」 제45조의3(정보보호 최고책임자의 지정 등)에 따른 정보보호 최고책임자의 업무

제45조의3(정보보호 최고책임자의 지정 등)

① 정보통신서비스 제공자는 정보통신시스템 등에 대한 보안 및 정보의 안전한 관리를 위하여 대통령령으로 정하는 기준에 해당하는 임직원을 정보보호 최고책임자로 지정하고 과학기술정보통신부장관에게 신고하여야 한다. 다만, 자산총액, 매출액 등이 대통령령으로 정하는 기준에 해당하는 정보통신서비스 제공자의 경우에는 정보보호 최고책임자를 신고하지 아니할 수 있다.

② 제1항에 따른 신고의 방법 및 절차 등에 대해서는 대통령령으로 정한다.

③ 제1항 본문에 따라 지정 및 신고된 정보보호 최고책임자(자산총액, 매출액 등 대통령령으로 정하는 기준에 해당하는 정보통신서비스 제공자의 경우로 한정한다)는 제4항의 업무 외의 다른 업무를 겸직할 수 없다.

④ 정보보호 최고책임자의 업무는 다음 각 호와 같다.

    1. 정보보호 최고책임자는 다음 각 목의 업무를 총괄한다.

        가. 정보보호 계획의 수립·시행 및 개선

        나. 정보보호 실태와 관행의 정기적인 감사 및 개선

        다. 정보보호 위험의 식별 평가 및 정보보호 대책 마련

        라. 정보보호 교육과 모의 훈련 계획의 수립 및 시행

    2. 정보보호 최고책임자는 다음 각 목의 업무를 겸할 수 있다.

        가. 「정보보호산업의 진흥에 관한 법률」 제13조에 따른 정보보호 공시에 관한 업무

        나. 「정보통신기반 보호법」 제5조 제5항에 따른 정보보호책임자의 업무

        다. 「전자금융거래법」 제21조의2 제4항에 따른 정보보호최고책임자의 업무

        라. 「개인정보 보호법」 제31조 제2항에 따른 개인정보 보호책임자의 업무

        마. 그 밖에 이 법 또는 관계 법령에 따라 정보보호를 위하여 필요한 조치의 이행

17 제2조(용어의 정의) 이 고시에서 사용하는 용어의 정의는 다음 각 호와 같다.

    1. "정보보호 및 개인정보보호 관리체계 인증"이란 인증 신청인의 정보보호 및 개인정보보호를 위한 일련의 조치와 활동이 인증기준에 적합함을 한국인터넷진흥원(이하 "인터넷진흥원"이라 한다) 또는 인증기관이 증명하는 것을 말한다.

    2. "정보보호 관리체계 인증"이란 인증 신청인의 정보보호 관련 일련의 조치와 활동이 인증기준에 적합함을 인터넷진흥원 또는 인증기관이 증명하는 것을 말한다.

    3. "인증기관"이란 인증에 관한 업무를 수행할 수 있도록 정보통신망법 제47조 제6항과 제47조의3 제3항, 「개인정보 보호법 시행령」 제34조의6 제1항 제2호 및 제2항에 따라 과학기술정보통신부장관, 행정안전부장관 및 방송통신위원회가 지정하는 기관을 말한다.

    4. "심사기관"이란 인증심사 업무를 수행할 수 있도록 정보통신망법 제47조 제7항과 제47조의3 제3항, 「개인정보 보호법 시행령」 제34조의6 제1항 제2호 및 제2항에 따라 과학기술정보통신부장관, 행정안전부장관 및 방송통신위원회가 지정하는 기관을 말한다.

    5. "업무수행 요건·능력 심사"란 인증기관 또는 심사기관으로 지정받고자 신청한 법인 또는 단체의 업무수행 요건·능력을 심사하는 것을 말한다.

    6. "인증심사"란 신청기관이 수립하여 운영하는 관리체계가 인증기준에 적합한지의 여부를 인터넷진흥원·인증기관 또는 심사기관(이하 "심사수행기관"이라 한다)이 서면심사 및 현장심사의 방법으로 확인하는 것을 말한다.

    7. "인증위원회"란 인터넷진흥원 또는 인증기관의 장이 인증심사 결과 등을 심의·의결하기 위해 설치·운영하는 기구로서 위원장과 위원으로 구성된다.

    8. "인증심사원"이란 인터넷진흥원으로부터 인증심사를 수행할 수 있는 자격을 부여받고 인증심사를 수행하는 자를 말한다.

    9. "최초심사"란 처음으로 인증을 신청하거나 인증범위에 중요한 변경이 있어서 다시 인증을 신청한 때 실시하는 인증심사를 말한다.

    10. "사후심사"란 인증(인증이 갱신된 경우를 포함한다)을 받고난 후 매년 사후관리를 위하여 실시하는 인증심사를 말한다.

    11. "갱신심사"란 유효기간 만료로 유효기간 갱신을 위해 실시하는 인증심사를 말한다.

18 PGP(Pretty Good Privacy)에 대한 설명으로 옳지 않은 것은?

① RSA를 이용하여 메시지 다이제스트를 서명한다.

② 세션 키는 여러 번 사용된다.

③ 수신자는 자신의 개인키를 이용하여 세션 키를 복호화한다.

④ 세션 키를 이용하여 메시지를 암·복호화한다.

19 다음에서 설명하는 블록암호 운영 모드는?

• 단순한 모드로 평문이 한 번에 하나의 평문 블록으로 처리된다.
• 각 평문 블록은 동일한 키로 암호화된다.
• 주어진 하나의 키에 대하여 평문의 모든 블록에 대한 유일한 암호문이 존재한다.

---

① CBC(Cipher Block Chaining Mode)

② CTR(Counter Mode)

③ CFB(Cipher−Feed Back Mode)

④ ECB(Electronic Code Book Mode)

20 BCP(Business Continuity Planning)에 대한 설명으로 옳지 않은 것은?

① BCP는 사업의 연속성을 유지하기 위한 업무지속성 계획과 절차이다.

② BCP는 비상시에 프로세스의 운영 재개에 필요한 조치를 정의한다.

③ BIA는 조직의 필요성에 의거하여 시스템의 중요성을 식별한다.

④ DRP(Disaster Recovery Plan)는 최대허용중단시간(Maximum Tolerable Downtime)을 산정한다.

18 PGP(Pretty Good Privacy)
- 인터넷에서 전달하는 전자우편을 다른 사람이 받아 볼 수 없도록 암호화 하고, 받은 전자우편의 암호를 해석해주는 프로그램
- 전자우편의 내용을 암호 알고리즘을 이용하여 암호화시키므로 암호를 해독하는 특정 키를 가지고 있어함 → 공개키 암호화 기술

19 ECB(Electronic Code Book Mode)
- ㉠ 평문(M)을 일정한 크기의 블록(M1, M2, …, Mn)으로 나누어 동일한 키로 암호화하는 모드이다.
- ㉡ Mn이 일정한 크기보다 작은 경우 패딩을 해주고 암호화를 수행
- ㉢ ECB 모드의 특징
  - 특정 블록에 에러가 나도 다른 블록에 영향을 미치지 않는다.
  - 키가 동일하기 때문에 키가 변경되지 않는 한 같은 평문에 대해서 항상 같은 암호문이 나온다.
  - 각각의 블록만을 암호화하기 때문에 모든 블록을 수신하지 않아도 이미 수신한 블록은 복호화가 가능하다.
  - 능동적인 공격자가 암호문 블록을 바꾸는 경우 복호화 할 때 평문 블록도 바뀌게 된다.

20 ㉠ BCP(Business Continuity Planning) : 각종재해, 장애, 재난 등의 위기관리를 기반으로 재해복구, 업무복구 및 재개, 비상계획 등의 비즈니스 연속성을 보장하는 체계
- ㉡ BIA(Business Impact Analysis)_사업 영향 평가 : 업무 프로세스를 상실 했을 때 손실의 규모를 평가, 복구 우선순위 파악
- ㉢ DRP(Disaster Recovery Plan)_ 재난 복구 계획
  - 지진, 화재, 홍수 등 재난에 대비하여 하드웨어, 소프트웨어에 대하여 계획을 미리 마련하는 것
  - 정보시스템의 기밀성, 무결성, 가용성 등을 확보하기 위함
  - 사고 발생 시 의사결정 시간을 최소화해 복구시간 단축 위함

정답 및 해설 18.② 19.④ 20.④

당신의 꿈은 뭔가요?

MY BUCKET LIST !

꿈은 목표를 향해 가는 길에 필요한 휴식과 같아요.

여기에 당신의 소중한 위시리스트를 적어보세요. 하나하나 적다보면 어느새 기분도

좋아지고 다시 달리는 힘을 얻게 될 거예요.

- [ ] _____
- [ ] _____
- [ ] _____
- [ ] _____
- [ ] _____
- [ ] _____
- [ ] _____
- [ ] _____
- [ ] _____
- [ ] _____
- [ ] _____
- [ ] _____
- [ ] _____
- [ ] _____
- [ ] _____
- [ ] _____
- [ ] _____
- [ ] _____
- [ ] _____
- [ ] _____
- [ ] _____
- [ ] _____
- [ ] _____
- [ ] _____
- [ ] _____
- [ ] _____
- [ ] _____

- [ ] _____
- [ ] _____
- [ ] _____
- [ ] _____
- [ ] _____
- [ ] _____
- [ ] _____
- [ ] _____
- [ ] _____
- [ ] _____
- [ ] _____
- [ ] _____
- [ ] _____
- [ ] _____
- [ ] _____
- [ ] _____
- [ ] _____
- [ ] _____
- [ ] _____
- [ ] _____
- [ ] _____
- [ ] _____
- [ ] _____
- [ ] _____
- [ ] _____
- [ ] _____
- [ ] _____

창의적인 사람이 되기 위해서

정보가 넘치는 요즘, 모두들 창의적인 사람을 찾죠.
정보의 더미에서 평범한 것을 비범하게 만드는 마법의 손이 필요합니다.
어떻게 해야 마법의 손과 같은 '창의성'을 가질 수 있을까요. 여러분께만 알려 드릴게요!

01. 생각나는 모든 것을 적어 보세요.

아이디어는 단번에 솟아나는 것이 아니죠. 원하는 것이나, 새로 알게 된 레시피나, 뭐든 좋아요.
떠오르는 생각을 모두 적어 보세요.

02. '잘하고 싶어!'가 아니라 '잘하고 있다!'라고 생각하세요.

누구나 자신을 다그치곤 합니다. 잘해야 해. 잘하고 싶어.
그럴 때는 고개를 세 번 젓고 나서 외치세요. '나, 잘하고 있다!'

03. 새로운 것을 시도해 보세요.

신선한 아이디어는 새로운 곳에서 떠오르죠. 처음 가는 장소, 다양한 장르에 음악, 나와 다른 분야의 사람.
익숙하지 않은 신선한 것들을 찾아서 탐험해 보세요.

04. 남들에게 보여 주세요.

독특한 아이디어라도 혼자 가지고 있다면 키워 내기 어렵죠.
최대한 많은 사람들과 함께 정보를 나누며 아이디어를 발전시키세요.

05. 잠시만 쉬세요.

생각을 계속 하다 보면 한쪽으로 치우치기 쉬워요. 25분 생각했다면 5분은 쉬어 주세요.
휴식도 창의성을 키워 주는 중요한 요소랍니다.